KB074814

조선으로 떠나는
시간여행자를 위한 안내서

조선으로 떠나는 시간여행자를 위한 안내서

초판 1쇄 발행 2019년 7월 10일

글쓴이 한봉희
펴낸이 김정한
디자인 전병준
펴낸곳 어마마마

출판등록 2010년 3월 10일 제 300-2010-03호
주소 서울특별시 종로구 율곡로 191-1 디그낙빌딩 3층
문의 070-4213-5130 (편집) 02-725-5130 (팩스)
이메일 ermamama@gmail.com

ISBN 979-11-87361-08-4 03910

이 도서의 국립중앙도서관 출판예정도서목록(CIP)은 서지정보유통지원시스템
홈페이지(http://seoji.nl.go.kr)와 국가자료종합목록 구축시스템(http://kolis-net.nl.go.kr)에서
이용하실 수 있습니다. (CIP제어번호 : CIP2019024689)

조선으로
떠나는
시간여행자를
위한 안내서

한봉희 지음

어:어마마마

이제 인문여행을 떠나자!

달을 볼 때 손가락은 필요 없을 수도 있다.

하지만 망원경이 있으면 훨씬 더 선명하고 다양한 달의 장면들을 들여다볼 수 있다. 오래전의 작은 렌즈 하나가 지금의 천문학을 탄생시켰고, 우주라는 경이로운 선물을 인류에게 안겨주었다. 여행도 그러한 망원경이 아닐까 싶다. 한 개인이 삶을 살아갈 때 여행은 굳이 필요없을 수도 있다. 그러나 여행이 함께 한다면 훨씬 더 재미있고 다양한 삶의 장면들을 만날 수 있다. 우연히 떠난 여행이 시야를 넓혀주거나 새로운 만남을 맺어줄 수도 있고, 우리에게 전혀 다른 인생을 안겨줄 수도 있다.

여행을 떠날 때도 달을 보는 망원경과 같은 것들이 있다.

사람마다 다르겠지만, 그중 하나가 바로 인문 지식이다. 이것을 챙겨 떠난다면, 훨씬 더 알차고 만족스러운 여행이 될 수 있다. 특히나 우리나라 곳곳의 땅은 어디든 수천 년 동안 누적된 역사의 흔적이 배인 곳이다. 어디에 가든 오래된 이야기가 있고, 선조들의 삶의 흔적이 있다. 물론 그 따위 지식 없이도 즐겁게 다닐 수 있다. 단지 눈만 있어도 자연을 즐기는 데 지장은 없다. 또한 현재의 연인이 곁에 함께 한다면 굳이 과거의 인물이나 역사를 몰라도 충분히 황홀한 시간을 보낼 수도 있다. 하지만 초장이나 와사비 없이 생선회를 먹을 때와 같은 뭔가 허함을 느낀다면, 역사가 들려주는 이야기가 좋은 양념이 될 수 있다. 좋은 양념은 때론 그 허함을 채워주는 데 그치지 않고 맛의 경계를 새롭게 확장하기도 한다.

김장 김치 속 청각처럼 새로운 맛의 향내를 풍기기도 하는 것이다.

이 책은 그러한 목적으로 써 내려갔다.

길 떠나는 사람들에게 좀 더 풍성한 감성과 의미를 줄 수 있는, 그러면서 여행의 깊은 맛을 우려낼 수 있는 양념이 되었으면 좋겠다. 사실 인문 지식이라고 하면 대개의 사람들에겐 모호할 수 있다. 우리 사회에 인문학 열풍이 불었을 때, 대체 인문학이 뭐냐고 묻는 사람들도 많았다. 태초에 인문 지식이란 것이 별도로 존재했던 것도 아니다. 그러니 쉽게 생각하자. 역사든, 철학이든, 종교든, 문학이든, 과학이든, 그리고 그 속의 수많은 인물이든, 우리가 접하는 대개의 이야기들이 모두 인문 지식이라고 편하게 받아들이자. 인문 지식만 따로 솎아서 편식하는 방법은 없다. 기실 인문 지식이라는 것은 결과론적인 의미가 더 강하다. 애초에 어떤 지식이 인문 지식으로 규정되어 있다기보다는,

우리가 알고 있는 어떤 지식을 인간 혹은 인간의 삶과 연결하여 음미하고 되새김질하도록 하는 것이 있다면, 그럼으로써 인류의 보편성 및 각 개인의 특수성에 대한 이해를 확장하는 데 조금이라도 기여한다면, 그것이 바로 인문 지식이다. 그러다 보니 우리가 그 전부를 알 수도 없다. 그렇지만 이 또한 그리 걱정할 필요는 없다. 세상의 모든 요리에 세상의 모든 양념 재료가 똑같이 다 들어가는 것은 아니다. 요리마다 그 맛을 극대화할 수 있는 재료를 선택해 넣어주면 된다. 즉 자기가 떠나려고 하는 여행지를 하나의 요리라고 가정한다면, 그 요리의 맛을 내는 데 적합한 인문 지식만 챙겨 떠나면 된다. 세상의 이치는 대개 비슷하다. 우리 아이들이 이런저런 장난감을 만지작거리며 놀다 보면 어느새 장난감 박사가 되어 있듯이, 우표를 수집하다 보면 어느새 우표 박사가 되어 있듯이, 그렇게 하나둘씩 요리를 만들다 보면 자기도 모르는 사이에 요리책을 내도 될 만큼의 지식이 모이게 되는 법이다. 그리고 어느 순간 그렇게 섭취한 지식의 덩어리는 마치 어느 요리에나 일정한 맛을 내주는 비법 양념처럼, 어느 곳을 가더라도 이런저런 이야기 보따리를 풀 수 있게 해준다.

이렇듯 인문 지식도 만지작거리며 놀거나 수집하는 맛이 있는 것이다.

다시 처음에 얘기한 달과 손가락 이야기를 좀 더 진전시키면서 인문 여행의 맛이 어떤지 간을 보도록 하자.

'손가락으로 달을 가리키는데 왜 손가락만 보느냐'라는 말이 있다. 웬만한 사람은 알고 있는 문장이다. 하지만 거기까지다. 이 말이 어떤 의미인지, 언제 어떤 상황에서 나온 것인지, 요즘 식으로 연관 검색어에 누구 혹은 무엇이 연결되는지는 알지 못한다. 이는 마치 다산 정약용이라는 이름은 누구나 알고 있지만, 그의 삶에 대해서는 단 몇 줄 이상을 말하지 못하는 것과 마찬가지다. 물론 몰라도 사는 데 지장은 없다. 그러나 적어도 전남 강진의 다산초당을 찾아간 사람이라면, 소소하게라도 주워 모은 '지식'이라는 양념이 훨씬 더 다양하고 맛난 여행을 만들어주지 않겠는가. 양념이란 이런저런 재료를 섞어 그것들이 하나하나 제 역할을 다함으로써 새로운 맛을 창조하는 것 아니던가. 각자의 경계를 넘어 새로운 맛의 경계로 넘어가는 것이다.

무릇 여행도 좋은 양념이 있으면 그 맛의 경계가 확장되고, 즐거움 또한 배가되는 법이다.

그렇다면 인문여행이라는 콘셉트에 맞게 양념을 버무려보자.

연관 검색어로는 혜능과 무진장, 지월록, 남종선, 당나라 등등이 나타날 것이다. 여기서 양념의 메인 재료는 혜능이다. 혜능이 누구인가. 중국 선불교(선종)의 6조로서 남종선의 창시자로 불린다. 그는 당나라 때 중국 남부의 광동성에서 홀어머니를 모시고 장작을 팔면서 가난하게 살고 있었다. 애초에 공부를 한 적도 없었다. 시장에서 장작을 팔다가 우연히 「금강경」 독송 소리를 듣고 불교에 귀의할 결심을 하고, 중국 북부에 있는 황매산으로 선불교 5조인 홍인대사를 찾아간다. 그 문하에 들어가서도 혜능은 장작이나 패고 마당만 쓸었다. 가방끈 짧고 무식한 그에게 아무도 관심을 주지 않았다. 그러던 어느 날이었다.

홍인의 수제자인 신수(神秀)가 시를 지었는데, 이렇다. "마음은 밝은 거울과 같으니, 티끌이나 먼지가 끼지 않도록 하라." 이를 들은 혜능은 "밝은 거울은 언제나 깨끗하니 어느 곳에 먼지나 티끌이 끼겠는가?"라고 읊었다. 그러자 여러 스님들이 모여들었다. 그중에는 혜능의 말에 탄복하는 사람도 여럿이었다.

밖이 시끌시끌하니 스승인 홍인도 나와 그 내막을 들었다.

그 일이 있고 나서 홍인은 혜능을 따로 불러 자신의 의발(衣鉢, 가사와 바리때)을 전수해주며, 자신의 법맥을 잇게 했다. 다만 수제자인 신수의 무리가 알면 가만두지 않을 것이니 그들을 피해 다시 남쪽으로 가라고 했다. 혜능은 신수 일당을 피해 조계산에 16년 동안 숨어있다 나와 남종선을 창시했다. 혜능이 설파한 남종선만의 차별화된 수행 키워드가 우리가 한 번쯤 들어봤을 바로 그 '돈오(頓悟)'다. 혜능의 일화에서 보듯 '단박에 깨닫는' 것이다. 이와 비교해 신수가 중심이 된 북부의 선종을 북종선이라 하는데, 그 키워드는 그때까지 선종의 전통적인 수행법인 '점오(漸悟)' 혹은 '점수(漸修)'다. 즉 수행을 통해 점점 깊은 깨달음에 도달한다는 것이다. 혹 노파심에 덧붙이면, 돈오나 점오 중에 어느 것이 더 나은 수행법이냐를 따지는 건 무의미하다. 수행을 하는 궁극의 목적은 깨달음에 도달하는 것이지, 그 기록을 재서 등수를 매기는 게 아니다. 즉 그에 소요되는 시간이 중요한 건 아니라는 말이다. 또한 수행자에 따라 돈오의 길이 맞는 사람이 있고, 점오의 길이 맞는 사람이 있다. 그래서 남종선과 북종선의 차이를 두 수행법의 차이라고 획일적으로 구분하는 건 맞지 않다. 남종선에서도 점오의 수행법을 하고, 북종선에서도 돈오의 수행법을 한다. 그리고 앞서 말한 혜능과 신수의 일화는 사실이 아닐 가능성이 크다. 혹자는 혜능과 신수는 서로 만난 적이 없다고 주장하기도 한다. 다만 혜능이 선종의 6조로 인정받은 것에서 알 수 있듯 남종선과 북종선으로 갈라진 후 남종선이 더 세를 얻었고, 우리나라에 유입된 것 또한 주로 남종선이었다. 그러니 은연중에 신수보다는 혜능의 이야기 위주로 전설처럼 각색되었을 가능성을 배제할 수 없다. '승자의 기록'이란 말은 꼭 전쟁이나 정치 등 속세의 일에만 한정된 명제는 아니다. 인간이 개입한 모든 역사에는 무릇 그런 각색의 유혹을 뿌리칠 수 없는 게 인지상정이다.

우리는 구도자가 아니라 여행자다.

여행자는 혜능과 그 수행법에 대해 이 정도만 알아도 충분하다. 그럼 다시 손가락 이야기로 돌아가자. 이 이야기는 혜능이 홍인에게 의발을 전수받은 뒤 고향으로 돌아온 다음에 만난 비구니 스님 무진장과의 일화에서 비롯되었다. 어느 날 무진장이 경전을 가져와 그 뜻을 묻자, 혜능은 자신은 글자를 모르지만 경전의 뜻을 묻는다면 답해줄 터이니 물어보라고 말한다. 그러자 글을 모른다는 혜능에게 무진장은 "글을 모르는데 어찌 진리를 아느냐"고 묻는다. 의당 그 눈빛에는 의심이 가득 찼을 것이다. 손가락 이야기의 유래는 그에 대한 혜능의 대답에서 출발한다. 들어보자. "진리는 하늘의 달과 같고 문자는 손가락과 같다. 달을 보는데 손가락을 거칠 필요가 있겠는가." 역시 고승은 고승이다. 이해하는 데 어렵지 않고 의미도 명료하다.

이들의 대화를 명나라 때 구여직이라는 사람이 『지월록(指月錄)』에 기록한 내용이 바로 우리가 알고 있는 '손가락으로 달을 가리키는데 왜 손가락만 보느냐' 이다.

연인과 놀러간 남쪽의 어느 바닷가에서, 검은 구름 사이로 달이 뜨면 이런 양념을 얹어주는 것도 좋지 않을까?

더불어 달에 있다는 궁궐, 광한전을 떠올린다면 둘이 함께 할 미래가 더 아름다워지지 않겠는가. 춘향이가 놀던 전북 남원의 광한루가 이 광한전에서 따온 이름이고, 이 책에서도 언급하는 허난설헌이 8살 때 그 광한전의 백옥루라는 누각을 위한 상량문을 지었다는 신화 같은 이야기뿐만 아니라 『십팔사략』에 등장하는 여인 항아가 어찌어찌 달에 가서 두꺼비로 산다는 이야기 등도 좋은 양념이 될 수 있다. 과학에 관심이 많은 사람이라면, 1969년 인류가 처음 달에 도착한 이야기부터, 우리는 늘 달의 똑같은 한쪽 면만 보고 있다거나 달의 탄생과 관련된 이야기 등을 첨가해도 좋을 것이다. 그 많은 시간을 사랑하는 사람의 손만 잡고, "별도 달도 다 따 줄게"라고 속삭일 수만은 없지 않은가. 그러기엔 시간도 너무 길고 뭔가 허전하다. 이렇듯 달과 손가락에만도 고구마 넝쿨처럼 많은 이야기가 달려 있다.

양념을 좀 더 치고 싶으면 좀 더 공부하면 된다.

중국 선종의 개조인 달마대사를 공부해도 좋고, 우리나라 최대 불교 정파인 조계종의 '조계'라는 단어가 혜능이 숨어 지낸 조계산에서

부터 출발한다는 것도 좋은 양념이 된다. 또한 자신만의 양념을 새로 만들 수도 있다. 이런 식이다. "으음, 혜능이 홍인대사의 문하로 들어가 장작이나 패고 마당이나 쓸다가 홍인의 수제자인 신수를 보기 좋게 물먹이고 홍인의 의발을 전수받는 장면은 마치 대학 복도에서 최고 난이도의 수학 문제를 단박에 풀던 영화 「굿 윌 헌팅」의 젊은 천재 청소부 맷 데이먼을 떠올리게 하는군."

이렇듯 역사는 길고 버무릴 양념은 많다.

또한 양념은 사람의 입맛을 바꾸기도 한다.

양파를 먹지 않는 아이에게 양념에 양파를 갈아 섞은 후 먹이다 보면, 자기도 모르는 사이에 양파의 맛이 몸에 밴다. 그렇게 되면 생양파를 먹어도 그 맛을 즐길 수 있다. 음식만 그러겠는가. 인문여행도 마찬가지다. 요즘은 자녀들과 함께 많은 여행을 한다. 어떤 곳에 가서 부모가 아이들에게 조곤조곤 그곳의 역사나 인물 이야기를 들려준다면, 이를 섭취한 아이들은 역사에 익숙해지고, 그 맛에 감염된다. 그러다 보면 이런저런 공부 욕구도 충동질시키지 않겠는가. 공부의 과정이란 기실 그러한 섭취와 감염의 반복인 셈이다. 그것이 언젠가는 우리 아이들의 꿈도 바꿀 수 있다. 나비효과는 애초부터 엄청난 결과를 예상하지 않는다. 사소한 날갯짓이 허리케인을 발생시키는 것이다.

물론 무작정 섞는다고 맛난 양념이 되는 건 아니듯이, 그 맛이 제빛을 발하려면 요리사의 솜씨가 전제되어야 한다. 이 책을 쓰면서 가장 염두에 둔 부분이 바로 그것이다. 이 책에 놀러 온 사람들에게 좋은 여운을 주는 깊은 맛을 찾기 위해 글을 쓰는 사이사이 책에서 언급하는 전국의 여행지를 돌아다니며 새로운 양념을 찾아다닌 것도 그 때문이다.

우리는 혜능이 아니다.

돈오와 점오 중에 어느 수행법이 더 나은지 고민하는 건 수행자들의 몫이지만, 우리 인생은 돈오가 아니다. 단박에 원하는 능력을 얻을 수도 없고, 단박에 지금 하고 있는 고민을 해결할 수도 없다. 누군들 꿈이 없고, 누군들 걱정이 없겠는가. 단박에 꿈을 이루고 걱정을 모두 없애면 좋겠지만, 그런 인생은 거의 없다. 인문여행도 마찬가지다. 단박에 어떤 지식에 통달하는 방법은 없다. 꾸준한 섭취와 감염을 통해 우리 머릿속에 하나둘 퇴적되는 과정이 필요하다. 그렇더라도 좀 더 쉽게 그 과정을 통과하는 방법은 있을 것이다.

인문여행의 콘셉트에 맞게 추천하는 방법은 인물을 따라 공부하는 것이다. 한 인물에 대해 집중적으로 공부하다 보면 생각보다 많은 장점이 있다. 한 인물의 생애는 그 자체가 하나의 완전체로서의 매력이 있기도 하고, 그 속에는 당대의 사건들이 얼기설기 엮여 있기 마련이다. 즉 시대사를 반영한다. 또한 그 친구들이나 제자들뿐만 아니라 반대파나 정적의 삶이 혼융되어 있어 역사를 입체적으로 재구성할 수 있다. 특히 인문여행의 관점에서 보면, 어느 여행지를 갔을 때 사건을 중심으로 단순히 역사를 기억하는 것보다 해당 인물의 입장에서 역사를 느끼는 것이 중요하다. 인간의 삶이 결부되지 않은 사건은 없다. 인문여행이란 역사 속 인물에 빙의하여 인간의 삶을 들여다보고, 자신의 삶을 돌아보는 것이다. 다산초당에 가면 다산 정약용의 심정에 빙의해보고, 지리산 산천재에 들르면 남명 조식에 빙의해 그 생각의 일단을 들여다본다. 그러면서 '현재의 나'를 돌아본다.

그것이 이 책의 취지이자, 책의 구성 방식이다.

기실 역사란 인물들의 삶의 총합인 셈이다.

인간의 행위는 시대의 영향을 받고 시대를 반영하기 마련이다. 그러니 역사를 공부하고, 인문여행을 즐기러 시간여행을 떠나는 사람들에게 이렇게 추천하고 싶다. 일단 자기가 좋아하는 어떤 인물을 정해 그에 대해 공부한다. 그런 다음 그의 발자취가 남겨진 장소를 찾아가 그에게 빙의하여 그의 심정을 느껴보기도 하고, 더불어 자신의 삶을 반추해보기도 한다. 그런 다음에는 또 다른 인물을 정해 동일하게 해보자. 그렇게 열 명, 스무 명, 백 명의 인물을 차곡차곡 공부하면 그 결과가 어떨지는 상상할 수 있지 않을까. 장담컨대 그렇게 스무 명 정도의 인물만 따라다니며 시간여행을 다녀와도 역사에 해박할 수 있다. 만약 백 명의 인물을 따라간다면 어디 가서 역사 전문가 소리를 듣기에 손색이 없을 것이다. 특히 인문여행을 꿈꾸는 사람들에게는 이처럼 인물 중심으로 공부하길 권한다.

아울러 동서고금의 수많은 사람들이 가장 효율적인 공부의 방식으로 추천하는 게 하나 있다. 바로 메모이다.

다산 정약용은 둔필로 쓴 메모일망정 총명한 머리로 하는 기억보다 낫다고 했으며, 에디슨을 발명왕으로 만든 건 3400권의 메모 노트였다. 링컨은 큰 모자 속에 늘 노트와 연필을 넣고 다녔으며, 아인슈타인은 만년필과 종이, 휴지통, 이 세 가지만 있으면 어디든지 연구실이라고 말했다. 사실 이런 격언이나 무용담은 수두룩하다. 그런 데에는 다 그만한 이유가 있는 법이다. 특히 요즘은 스마트폰이 그동안 우리 뇌가 해오던 역할을 일정 부분 대신하고 있는 시대이다. 아무리 외우려고 해도 잘 안 된다는 하소연은 이제 특정 개인의 문제가 아니다. 그러니 그럴수록 메모를 해야 한다. 기억 연장의 꿈은 메모만이 실현해줄 수 있다. 우리의 기억력을 잠식했던 스마트폰을 역으로 활용할 수도 있다. 시대가 변하면 메모하는 방식도 바뀐다. 기억해야 할 내용이 생기면 스마트폰에 있는 메모장에 입력할 수도 있고, 자신을 수신자로 해 메시지 형태로 보내놔도 좋다. 즉 스마트폰을 우리 뇌의 외장하드로 이용하는 방법이다. 그러면 지하철이나 버스에서, 그리고 여행지에서 언제든 쉽게 다시 되새김질할 수 있다. 그리고 책을 읽다가 기억하고 싶은 구절이 있으면 해당 챕터를 필사하는 것도 좋은 방법이다. 이는 메모의 다른 형태이기도 하지만, 소리 내어 책을 읽는 것과 함께 오랜 세월 우리 선조들의 기억법이었다. 시간이 걸리더라도 분명 효과가 있다.

이제 무엇이든 한 번 스치기만 해도 기억할 수 있다고 자랑하는 무용담의 시대는 끝났다.

사랑하는 연인을 대하듯 보고 또 보고, 보고 또 보고 해야 그나마 우리 뇌에 조금 남는다. 인문 지식의 암기에도 말 그대로 데자뷰

(Dejavu, 旣視感)가 반복되어야 한다. '이미 본 것' 같은 자극을 계속 느껴야 한다. 분명한 건, 어떤 형태의 메모가 되든지 어느 정도 습관으로 몸에 밸 때까지는 의식적으로 노력해야 한다. 그러니 처음에는 꼭 인문지식이 아니더라도, 책에서 읽은 내용이 아니더라도, 길을 걷다가, 혹은 텔레비전을 보다가 무엇이든 문득 떠오르는 게 있으면 간단하게라도 메모장에 기록하거나 스마트폰 메시지로 보내는 것을 연습해야 한다.

"수학도 암기과목이다"라는 말이 있는 것처럼, 중요한 것이나 기본 틀이 되는 내용은 외워두는 것이 좋다. 대개의 공부는 암기가 바탕이 되어야 한다. 암기가 이해의 폭을 넓혀줄 뿐 아니라, 전체적인 큰 그림을 볼 수 있는 시야를 제공하기 때문이다.

이렇듯 기본적인 건 자기 나름의 방식을 만들어 체계적으로 공부하고 외워야 한다. 천리 길도 한걸음부터이고, 호랑이 그리려고 덤벼야 고양이 그림이라도 얻는다는 말이 어찌 옛말로만 머물겠는가. 그렇게 하나씩 하나씩 알아가다 보면 어느 순간 공부하는 재미에 탄력이 붙는 건 시간문제이다. 그러면 자연스레 길 떠나는 마음이 훨씬 즐겁다. 그렇게 떠난 여행지에서 옛사람을 만나고 옛이야기를 되새김질하다 보면 인문여행의 묘미에 빠져드는 자신을 발견할 수 있다.

인문여행의 또 다른 묘미 중 하나는 과거를 통해 현재를 돌아보는 데 있다. 시공간이 다르고 문명이 다르더라도, '인간이란 무엇인가'라는 질문은 변하지 않는다. 그렇기에 고전의 중요성이 아직까지도 유효한 것이다. 옛사람으로부터 스마트폰 사용법을 배울 수는 없지만,

인간이 추구해야 하는 삶의 가치가 무엇인지는 배울 수 있다. 시대를 막론하고 그 근본은 크게 다르지 않기 때문이다.

예를 들어 현대사회가 발전할수록 가장 많이 등장하는 표현 중에 '기울어진 운동장'이라는 말이 있다. 불공정한 선거판에서 주로 사용 되던 이 말이 지금은 정치, 경제, 사회, 문화 등 모든 영역에서 쓰이고 있다. 빈부격차가 심해진 운동장, 남녀차별의 운동장, 갑을관계의 운동장, 80대 20의 운동장 등 전방위적이다. 그만큼 우리 사회가 불공정한 환경으로 가득 찼다는 방증이다. 이러한 현실은 사람들의 마음도 한쪽으로 기울게 만들었다. 그래서 무슨 수를 쓰더라도 운동장의 높은 쪽으로 바득바득 기어오르려고 한다. 하지만 그러면 그럴수록 운동장은 더 기울어졌다. 운동장 저 위에 군림하는 사람들은 밑에서 올라오지 못하게 이미 기울어진 운동장에 또 다시 왁스칠을 해댔다. 일종의 사다리 걷어차기다. 그런 와중에 타인에 대한 이해나 배려, 염치나 측은지심, 공동체 정신 등과 같은 삶의 가치는 점점 사라졌다. 오로지 자본만이 모든 사람의 목적이 되었다. 자본 축적만이 상층부로 올라가는 유일한 승차권이기 때문이다.

이럴수록 우리는 잠시 숨을 가다듬고, 옛사람의 이야기에 귀를 기울일 필요가 있다.

인간의 탐욕이 발현된 이후로 인간은 평평한 운동장에서 공정하고 합리적인 룰에 의해 살아온 기억이 거의 없다. 한 번쯤 '마태효과(Matthew effect)'라는 말을 들어봤을 것이다. '우위는 더 나은 우위를 가져오고, 열위는 더 못한 열위를 가져옴으로써, 가진 자와 못가진 자의 차이가 계속 커질 수밖에 없는 현실'을 표현한 말이다. 흔히 말하는 '부익부 빈익빈' 현상을 일컫는다. 신약의 마태복음에 나오는 '무릇 있는 자는 받아 풍족하게 되고, 없는 자는 그 있는 것까지도 빼앗기리라'는 구절에서 비롯되었기에 마태효과라고 부른다.

이렇듯 운동장이 기울어진 건 그 연원이 깊다.

조선시대에도 신분차별이라는 기울어진 운동장이 존재했고, 이는 곧 부의 차별로 이어졌다.

사다리 걷어차기 또한 존재했다. 서얼차별이 대표적이다. 옛날에도 그랬으니 당연하게 받아들이고 포기하자는 게 아니다. 어느 시대에나 구조적 문제점이 있을 때 이를 해결하려는 사람들이 있었다. 그들의 노력이 무엇이었는지 알아보는 것도 현재를 사는 우리들에게 의미가 있다. 예를 들어 다산 정약용은 '부익부 빈익빈'의 해결책으로 '손부익빈(損富益貧)'을 제시하였다. '부자의 부를 덜어다가 가난한 사람을 도와주자'고 주장한 것이다. 이는 다산만의 생각은 아니었다. 그가 사숙했던 성호 이익도 비슷한 해결책을 제시했었다. 바로 '손상익하(損上益下)'였다. 둘 다 요즘으로 치면 종부세(종합부동산세)인 셈이다. 이들만 그런 건 아니다. 우리 역사의 뛰어난 사람들은 불공정하거나 부당한 사안에 대해 이와 같은 목소리를 냈다.

역사 속에서 그들의 목소리를 듣는다면, 불평등과 종부세 문제처럼 현재 우리가 당면한 현안들에 적용할 만한 해법과 혜안을 찾을 수도 있다. 반면교사(反面教師)도 공부이고, 역지사지(易地思之)도 공부인 것이다.

　지금까지 인문여행이 무엇인지부터 보다 쉽게 인문 지식을 섭취하는 법, 왜 인문여행이 필요한지 등을 살짝 맛보기로 살펴보았다.

　우리 사회가 지금처럼 자유롭고 간편하게 여행을 떠나기 시작한 건 얼마 되지 않는다. 조선시대만 해도 여행이라는 게 그리 녹록하지 않았다. 공적인 일이 아니면 길을 떠나는 것 자체도 쉽지 않았지만, 집을 나서더라도 일단 잠잘 곳이 마땅치 않았다. TV 속 사극에 익숙한 사람들은 그냥 "주막에서 먹고 자면 되지"라고 편하게 말하지만, 그나마 주요 통행로에 주막이 세워진 것도 조선 후기에 와서다. 주막이라고는 하지만 요즘처럼 이부자리나 세면도구를 제공하지 않으니 집을 나설 때부터 직접 챙겨야 했다. 그뿐인가. 지금처럼 곳곳에 마트가 있는 것도 아니니 쌀과 콩 등의 식량과 말리고 절인 생선, 채소 등 반찬으로 쓸 만한 것들도 챙겨서 들고 다녀야 했다. 언제 어디서 잠을 자고 한 끼 식사를 해결해야 할지 모르는 상황에서 웬만하면 직접 지니고 다녀야 했다. 혹여 말이라도 있으면 이동에는 수월하겠지만, 말 먹이용 식량도 따로 챙겨야 했다. 명문가나 고위 관료 출신이라면 지방의 아는 양반집이나 지방 관료의 도움을 받을 수 있겠지만, 그렇더라도 챙겨 떠나야 할 품목이 적은 건 아니었다. 하지만 아무리 챙길 게 많아 힘들더라도 대개의 일반 백성들에게 여행은 그림의 떡이었다. 먹고 살기도 빠듯한 삶에서 여행은 엄두도 못내는 일이었다.

그에 비하면 지금은 맘만 먹으면 아무런 준비물을 챙기지 않아도 어디든 떠날 수 있는 시대이다.

지갑에 신용카드 한 장과, 손에 스마트폰만 있으면, 어디든 가서 맛난 음식을 먹고, 좋은 잠자리에서 자며, 재미난 구경을 할 수도 있다. 그러니 가벼워진 손 대신에 머리는 좀 더 채워서 떠나도 좋지 않을까. 현지에 가서 스마트폰으로 급조해낸 정보가 아닌, 자신의 머릿속에서 오랜 시간 발효된 지식이라면, TV로 「알쓸신잡」을 시청하는 것보다 더 재미있지 않을까. 그런 희망을 안고, 이 책 속의 이야기들이 독자들의 머릿속에서 서서히 발효되기를 꿈꿔본다. 예능은 예능일 뿐이고 방송의 한 프로그램일 뿐이다. 한 장면, 한 대사 후에 바로 다음 화면이 밀고 들어온다. 음미해야 하는데 그럴 틈을 주지 않는다. 멈춤의 미학이 존재할 수 없다. 그러니 발효는 고사하고 머릿속에 저장할 여유도 주지 않는다. 예전엔 책장을 넘기다가 잠시 멈추는 게 큰 기쁨이었다. 기억해야 하는 내용이나 무언가 상념을 불러일으키는 대목에서 잠시 멈추다가 다시 책장을 넘기곤 했다. 이제는 그리운 풍경이 되었지만, 아직 우리 안에 그와 같은 욕구는 남아 있다. 그리고 언제든 마음만 먹는다면 충분히 다시 활성화되는 날이 올 거라 믿는다.

이 책이 거기에 조금이라도 기여할 수 있기를 바란다.

허균은 자신의 서재에 '사우재(四友齋)'라는 이름을 붙여주었다.

옛사람 중에 도연명, 이태백, 소동파를 벗으로 삼고, 자신도 그들과 함께 노니는 방이란 의미이다. 나 또한 이 책에서 나름대로 내가 좋아하는 세 명의 옛사람을 모셨다. 다산 정약용, 남명 조식, 교산 허균이 그들이다. 나는 허균처럼 감히 그들과 벗하지 못한다. 다만 그들을 찾아갔을 때 말벗 정도는 되어야지 싶은 생각에 간간이 내 서재에 그들을 청해 배움을 얻을 뿐이다. 원래는 추사 김정희를 비롯해 다른 분들도 모시고 싶었지만, 내 안의 방이 비좁아 이번엔 그러지 못했다. 혹 기회가 더 주어진다면 추사뿐 아니라 삼봉 정도전으로부터 새 나라를 설계할 때의 가슴 뛰는 혁명 이야기를 듣고, 충무공 이순신으로부터 두려움을 용기로 바꾸는 법에 대해 배울 수 있기를 기대한다.

나는 역사 연구자가 아니다.

단지 여행을 좋아하고, 여행지에서 만나는 옛사람들의 옛이야기들을 좋아하는 사람이다. 그렇다고 역사의 문외한은 아니다. 반백의 삶의 궤적에서 늘 함께 했다. 본격적인 연구자는 아니지만, 그들의 성과를 이해하고 받아들이려고 하는 좀 괜찮은 소비자쯤은 될 것이다. 셰프는 아니지만 먹방 연예인이나 맛 칼럼니스트는 된다는 말이다. 음식을 한 입 넣어보면 어떤 맛인지, 어떤 양념이 과하고 부족한지, 어떻게 하면 더 맛있는 요리가 될 수 있는지, 대중의 입맛은 어떠한지 알 수 있는 정도는 된다. 앞에도 언급했듯이 기본적으로 이 책은 역사연구서가 아니고 인문여행서다. 역사와 여행 이야기를 메인 요리로 차려놓고, 이런저런 가담항설(街談巷說)을 밑반찬으로 깔아놓았다. 그리고 내가 이성적으로 납득할 수 없거나 '팩트' 여부가 의심되는 것들은 상식적이고 합리적인 인간의 삶을 토대로 상상해보았다. 또한 이번 시간여행의 가이드로 선정된 사람의 주변 인물들의 삶도 함께 간추려보았다. 그러니 우리나라의 어떤 땅, 어떤 곳에 발걸음을 하더라도 그곳에 스며있는 옛사람들 이야기, 그들의 삶과 생각을 들여다보길 바란다면 한 번쯤 읽어도 좋을 것이다. 어차피 내친걸음이면 그런 것들을 함께 버무려서 놀러 다니면 더 맛나지 않겠는가.

이 책은 이왕 길을 떠나는 김에 인문여행을 하자고 제안한다.

중국에서는 흔히 여행을 '무자지서(無字之書)'에 비유한다. 곧 '글자 없는 책'이다. 사마천이 『사기』를 완성할 수 있었던 토대는 20살 때 천하를 누비던 긴 여행이었다. 여행을 통해 우임금이 죽어서 들어간 동굴을 탐험하고, 공자가 남긴 풍속을 살피고, 지역 사람들에게 옛이야기를 묻고 다녔다. 당시 그가 했던 여행이 바로 인문여행이었다. '글자 없는 책'을 통해 '만대에 전해질 명저'를 완성한 것이다. 이제 우리도 사마천의 심정이 되어 조선으로 시간여행을 떠나보자. 그 가이드로 세 명의 선조를 초대했다. 그들을 따라다니며 그들이 전해주는 이야기를 들어보도록 하자.

초보 시간여행자를 위한 역사 공부법

1. 역사적 사건이 발생한 연도를 외우는 방법을 알면 좋다

대개의 중요한 역사적 사건은 천간과 지지로 구성된 갑자가 함께
표시된다. 그중 천간(天干)을 활용하면 보다 쉽게 그 연도를 외울
수 있다. 천간 열 개는 모두 특정 숫자와 고정적으로 연결되어 있
다. 즉 갑(4), 을(5), 병(6), 정(7), 무(8), 기(9), 경(0), 신(1), 임(2), 계(3)이
다. 이렇게 연결된 숫자는 그 사건이 일어난 연도의 마지막 자리를
의미한다. 그래서 갑신정변(1884), 갑오개혁(1894)의 연도가 모두 '4'
로 끝나고, 을미사변(1895)과 을사늑약(1905)이 모두 '5'로 끝난다.
자신이 알고 있는 사건의 갑자에 대입해 보면 금방 이해할 수 있다.

더 나아가 천간 열 개와 지지(地支) 열두 개(자, 축, 인, 묘, 진, 사, 오, 미,
신, 유, 술, 해)가 순서대로 조합되는 육십갑자의 조성 원리를 알면,
갑오년 다음에는 항상 을미년이 온다는 것쯤은 쉽게 알 수 있다.

그래서 육십 년 내에 발생한 사건이라면 을미사변은 늘 갑오개혁 다음해에 일어날 수밖에 없다.

역사 공부를 하면서 개별적으로 이런 사례들을 개발하여 외우면 그만큼 외우기도 쉽고, 기억 또한 오래 남는다. 무슨 연도까지 다 외워야 되나 싶은 사람도 있을 테지만, 중요 사건의 연도를 알면 역사의 전체 흐름을 이해하는 데 상당한 도움이 된다. 더군다나 타임머신을 타고 떠나는 시간여행자에게는 연도가 매우 중요하다. 그래야 원하는 시공간에 정확히 도착해서 자신을 기다리는 이야기를 만날 수 있다.

2. 자기 나름의 키워드 편집기를 작성하면 좋다

예를 들어 숫자 '18'이라는 키워드로 편집하면 많은 것을 보다 쉽게 기억할 수 있다. 이 책에서 다룬 내용을 살펴보면 이렇다. 다산의 유배 기간이 18년이고, 강진 유배에서 풀려난 해가 1818년이고, 해배되어 죽을 때까지 산 기간도 18년이다. 광해군의 인목왕후 폐모 사건이 일어난 해가 1618년이고, 허균이 역적으로 처형당한 해도 1618년이다. 문묘에 배향된 성현이 18명이고, 임진왜란 후 선조가 책봉한 선무공신이 18명이고, 남명 조식이 처가인 김해에 산해정을 짓고 머물던 기간이 18년이다. 그리고 정조가 승하한 해가 1800년이다.

이 외에도 왕건이 고려를 건국한 해가 918년이고, 그 18년 전인 900

년에 견훤이 후백제를 건국했으며, 그 18년 후인 936년에 고려가 후백제를 멸망시키고 통일을 완성했다. 또한 조선 최고의 성군인 세종이 왕세자에 책봉된 지 두 달 만에 즉위한 해는 1418년이다.

이렇게 한 가지 키워드로 몇 개의 사건들을 외워 두면 그와 연관된 다른 사건의 연도도 보다 쉽게 기억할 수 있다. 예를 들어 정조가 승하한 다음해에 천주교 박해 사건인 신유사옥이 일어났으니, 그 해가 1801년이란 걸 쉽게 알 수 있다. 또한 인목왕후 폐모 사건이 1618년에 일어난 걸 기억한다면, 그 사건과 연관되어 앞뒤 5년 간격으로 일어난 중요한 사건을 기억하기도 쉽다. 그 5년 전인 1613년에는 흔히 '폐모살제(廢母殺弟)'로 통칭되는 사건의 '살제'에 해당하는 영창대군 살해 사건이 일어났고, 그 5년 후인 1623년에는 '폐모살제'의 죄목으로 광해군이 폐위되는 인조반정이 일어났다. 이처럼 키워드를 정해 정리하고, 그 연관 사건들을 얼기설기 엮다보면 더 쉽게, 그리고 오래 기억할 수 있다.

3. 유사한 이야기별로 정리하여 공부하면 좋다

흔히 "역사는 반복된다"고 말한다. 나는 이 말에 빗대어 이렇게 말하고 싶다. "역사 속 이야기도 반복된다." 실제 역사가 유사하게 반복되기도 하지만, 현대 문학작품의 표절처럼 과거에 있었던 이야기를 끌고 와 주인공을 바꿔 각색하는 경우도 많다. 예를 들어 이 책에 나오는 다산 정약용과 진묵대사의 각 이야기는 그 구조나 목적이 유사하다. 둘 다 책『강목』을 매개로 젊은 날의 천재성을 강조하고 있다. 또 역성혁명을 통해 조선을 개국한 이성계는 이전 왕조의 건국자인 왕건과 견훤의 이야기와 비교해 공부하면 재미있다. 이성계가 둘째부인인 신덕왕후와 처음 만나는 장면은 왕건이 나주로 진군했을 때 둘째부인인 장화왕후를 만나는 장면과 거의 똑같다. 두 이야기 모두 둘째부인과 관련되며, 남자가 우물가에서 물을 청하자 그곳에 있던 처녀가 바가지에 버드나무 잎을 띄워준다. 이런 야사뿐만이 아니다. 이성계와 견훤의 경우는 그 후계 구도와 관련된 스토리가 거의 판박이처럼 닮았다. 둘 다 첫째부인의 장성한 아들들을 배제한 채 후처 소생의 아들에게 왕위를 물려주려다 쫓겨나고, 후처 소생의 아들마저 결국 형들에게 죽임을 당한다.

이처럼 정사든 야사든 유사한 사례들을 묶어서 공부하면 이야기가 좀 더 풍성해진다. 시간여행자의 목적은 표절 시비를 하는 게 아니다. 길을 떠났을 때 풀어놓을 이야기보따리를 가능한 한 많이 채울 수 있으면 족하다. 좀 더 확대하면 중국의 이야기와 유사한 내용도 많다. 우리 옛사람들이 하는 이야기의 원천 중 하나가 그곳이기 때문이다.

4. 사건의 중요도에 따라 몇 개 그룹으로 나누어 공부하면 좋다
통에 자갈과 작은 돌 부스러기, 모래와 흙과 물을 가장 많이 채우는 방법은 모두 알고 있다. 맨 처음 제일 큰 자갈부터 넣고, 그 사이

를 작은 돌 부스러기로 채우고, 다시 빈틈에 모래를 채운 후, 그 사이사이를 흙으로 채운 다음, 물을 부으면 가장 많이 채울 수 있다. 역사 공부도 마찬가지다. 우리의 뇌를 하나의 통으로 생각하면 이해하기 쉽다. 먼저 자갈에 해당하는 사건부터 정리하여 머릿속에 저장한다. 조선의 역사를 예로 들면 자갈에 해당하는 사건들은 위화도 회군, 4대 사화, 임진왜란, 붕당정치, 병자호란, 세도정치, 갑오농민혁명 등이 될 것이다. 이런 정도만 알아도 조선 역사 흐름의 큰 틀을 세울 수 있고, 이를 공부하고 저장하다 보면 고구마 넝쿨처럼 주변의 이런저런 사건들도 따라오기 마련이다. 그런 다음에 돌 부스러기에 해당하는 왕자의 난, 계유정난, 중종반정, 인조반정, 3대 환국, 탕평정치, 신유사옥, 갑신정변, 을사늑약 등으로 채운다. 그런 다음 모래와 흙은 인물 중심으로 선정하는 것이 좋다. 여기서부터는 좀 더 세밀하게 채울 필요가 있기 때문이다. 모래에 해당하는 주요 인물들인 정도전, 세종, 세조, 조광조, 조식, 이순신, 이황, 이이, 허균, 최명길, 송시열, 정조, 박지원, 정약용, 김정희, 흥선대원군, 전봉준 등을, 그다음 흙에 해당하는 인물로는 사육신, 의병장, 북학파 등등을 채우면 될 것이다. 그리고 나머지 물에 해당하는 빈 곳은 자신이 특별히 관심이 더 있거나 혹은 부족하다고 생각하는 사건이나 인물을 찾아 채우면 된다. 예시와 상관없이 각자 자신이 생각하는 중요도에 따라 분류하면 좋다. 모두 느끼겠지만, 이런 고민을 하는 것만으로도 상당한 공부가 된다.

5. 유교, 불교, 도교에 대해 기본적인 내용을 습득하면 좋다

우리나라의 역사는 사상적으로 보면 크게 유불선의 역사이다. 그러다 보니 역사 속 인물들의 말이나 행동에는 모두 자신이 선택한 사상의 토대 위에서 이루어지기 마련이다. 따라서 각 사상의 핵심적 요체나 전래 과정, 정치세력과의 관계, 핵심 인물 등을 알고 있으면 역사를 이해하는 데 도움이 된다. 예를 들어 주자의 학문을 알아야 조선 성리학을 이해할 수 있고, 그래야 조선 후기에 정조가 왜 육경학을 강조하는지 알 수 있다. 불교도 마찬가지다. 원효와 의상을 알아야 선종과 교종을 더 잘 이해할 수 있고, 고려의 불교를 알아야 왜 정도전이『불씨잡변』을 썼는지 이해할 수 있다.

일단 대략 다섯 가지로 정리했다. 돌아서면 자꾸 까먹는 게 현실이다. 누구나 마찬가지지만, 스마트폰을 손에 달고 산 이후부터는 무엇을 외우는 게 더 힘들어졌다. 그렇지만 역사에 관심이 있고 이와 같이 활용할 만한 방법을 찾는다면 보다 수월하게 기억할 수 있다. 더 필요하다면 각자가 공부하면서 스스로 찾아 정리하면 좋다. 그래야 공부하는 데 재미도 붙는다.

2장 남명 조식의 발길 따라 떠나는 시간여행 169

Guide's Pick

3장 교산 허균의 발길 따라 떠나는 시간여행

Guide's Pick

시간여행자를 위한 인문여행 지도

세검정

수종

마현

화성

봉곡사

함열

월명암

유형원 유적지

매창기념관

물염정

동림사지

고성사

사의재

백련사

다산초당

가우도

녹우당

허균 시비　교문암

허균 · 허난설헌 기념관

초당 순두부촌

배론 성지

정여창 고택　부음정

학사루

용암서원

장기

뇌룡정

산해정

덕천서원

산천재　남명기념관

1장

다산 정약용의
발길 따라 떠나는
시간여행

다산을 위하여

누군가를 아는 것과 좋아하는 것은 다르다. 그냥 아는 친구로 지내다가 연인이 되었다는 흔한 이야기들처럼, 누구를 좋아하는 건 그 계기가 있기 마련이다. 내가 다산 정약용을 좋아하기로 맘먹은 건 그가 위대한 인물이라서가 아니다. 세상에 위대하다는 소리를 듣는 인물은 많다. 그러니 특별히 좋아하려면 그럴 만한 마음의 발화가 생겨야 한다. 그리고 그러한 발화는 의도치 않게 문득 찾아오기도 한다. 그날은 십 년도 넘은 오래전이다. 그의 시 〈가난〉을 우연한 기회에 읽고 나서였다. 그 일부를 인용하면 이렇다(원제는 '탄빈(歎貧)'이다).

안빈낙도하리라 말을 했건만
막상 가난하니 '안빈(安貧)'이 안 되네

아내의 한숨 소리에 그만 체통이 꺾이고

굶주린 자식들에겐 엄한 교육 못하겠네

당시 나는 대학을 졸업하고 취직한 지 칠팔 년차의 월급쟁이였으니, 내 자식 굶길 걱정을 할 때는 아니었다. 하지만 시를 읽는 순간, 내 아버지와 어머니가 생각났다. 네 번째 줄이 내 기억의 어느 한 장면을 긁은 게 틀림없었다. 내 부모는 자식들에게 평생 엄한 소리 한 번 안 하셨다. 이런저런 삶의 여정을 거치면서 지방의 도시에 정착해, 때론 일수를 끌어와 장사를 하시면서도 엄한 말로 자식들을 다그친 법이 없었다. 넉넉하지 않다는 말보다 가난했다는 말이 더 정확했던 당시에, 덩치 큰 4남매의 먹성을 만족시킬 수 없었던 부모의 심정이라면, '굶주린 자식들에게 엄한 교육'을 시키겠다고 강하게 몰아세우진 못했을 것이다. 시대가 바뀌어도 부모가 자식을 대하는 본성은 그리 크게 바뀌지 않는다. 그때 다산의 심정이 그러했을까? 그의 속살을 들여다본 느낌이었다. 당시는 내가 다산에 대해 조금씩 알아가고 있던 때였다. 우연한 기회에 강진의 다산초당을 다녀온 후부터 그와 관련된 책들을 짬짬이 탐독하던 시기였다. 그러던 와중에 『뜬세상의 아름다움』이라는 책에서 이 시를 접했다. 결국 그의 현실적이고 인간적인 모습에 내 부모가 오버랩되면서, 요즘 식으로 말하자면 다산이 내 마음속에 '저장' 되었다.

그런데 내 자식들이 어느 정도 장성하고, 내 삶의 조건이 이래저래 바뀌고, 세상이 하수상하다 보니, 요즘은 '막상 가난하니 안빈이 안 되네'라며 상심하는 다산의 모습이 더 진실하게 눈에 들어온다. 왕조 시대 양반 계급과 자본주의 시대 노동 계급의 처지는 완전히 다르므로 다산 당시의 '안빈'을 지금 꿈꾸는 건 언감생심이기도 하지만, 인간이 생존 걱정 안 하면서 마음 편하고 행복하게 살고자 하는 욕망은 시대를 막론하고 동일하다. 그러니 다산의 저 마음을 요즘 식으로 바꾸면 이쯤 되지 않을까. '막상 가난하니 행복이 안 되네.'

하지만 시에 대한 감동과 공감이 어느 정도 진정되려고 하니, 한 가지 의문이 들었다.

모두 아시다시피 감동도 유효기간이 있는 법이다. 그것이 만료되면 감정보다는 이성이 작동하는 게 인간이다. 삐딱하게 따지고 드는 것이다. '다산이 저 정도로 가난하게 살았을까?' 일반적인 정보로만 보면, 18년이라는 긴 유배 시절의 고통을 겪긴 했지만, 조선시대에 남부럽지 않은 양반 가문에서 태어나 과거에 급제하고, 정조의 신임을 얻어 수원 화성을 쌓는 데 혁혁한 공을 세운 사람이 아내가 한숨 쉬고 자식들이 굶주릴 정도로 가난했을까? 더군다나 이 시는 강진 유배 시절에 쓴 것도 아니었다. 기록에 의하면, 그가 정조의 무한 신임을 얻어 정치적으로 가장 활발히 활동하던 10년의 한가운데 토막인 1795년에 쓴 시다. 물론 그해에는 중국인 신부 주문모의 밀입국 사건으로 떠들썩하던 시기였고, 이로 인해 그가 금정역(지금의 충남 청양) 찰방으로 좌천된 시기였지만, 그 얼마 전까지만 해도 병조참의의 신분으로 정조의 현륭원 행차에 동행했던 때였다.

그런데 아무리 찾아봐도 시를 쓴 당시 다산의 경제 형편을 알려줄 만한 책이나 자료를 구하지 못했다. 하지만 그의 삶을 하나씩 공부하다 보니, 개인적으로는 납득할 만한 몇 가지 단서가 있었다. 첫째는 그의 아버지인 정재원의 삶이다. 그의 집안은 명문 집안으로 알려졌다. 5대조까지 연이어 홍문관의 벼슬을 했다고 해서 '8대 옥당'으로 불렸던 집안이다. 조선시대에 이는 대단한 가문의 증거였다. 다만 그 이후에는 다산이 31살에 홍문관 수찬이 되기 전까진 옥당을 배출하지 못했다. 문과 급제자조차 없었으니 벼슬살이도 여의치 않았다. 그러니 과거의 아무리 훌륭한 족보인들 현재의 가정 경제에 얼마나 보탬이 되겠는가. 만석꾼도 여차하면 3대를 못 가는 세상이고, 아무리 지체 높고 재산 많은 정승집도 사화나 당쟁에 잘못 걸리면 패가망신하던 시대였다. 그나마 그가 태어나던 해에 아버지가 작은 벼슬살이를 하고 있었기에 입에 풀칠을 못했겠냐마는, 문제는 아버지의 성품이다.

이렇게만 말하고 끝내면 다산의 고조부나 증조부, 조부는 억울할 법도 하니 우선 한마디 덧붙이고 넘어가야겠다. 이 선조들이 공부를 게을리하거나 머리가 부족해서 벼슬을 하지 않은 건 아니다. 그동안 집안에 인재가 없어서 그런 것도 아니다. 숙종 연간 갑술환국 이후 노론에 의한 남인의 처참한 몰락이 결정적 이유였다. 5대조 정시윤이 다산이 태어난 광주 마현에 정착한 것도 그 사건의 여파였다.

다산이 태어난 1762년은 조선 후기 정치계에서 가장 충격적인 사건이 일어난 해다.

바로 '임오화변'으로 불리는 사도세자의 죽음이다. 임금이 자신의

마현 마을(생가터)
다산이 나고 자랐으며, 18년의 긴 유배 후에 이곳에 머무르다
회혼례 날 아침에 세상을 떠났다. 왼쪽 언덕 위에 그의 묘소가 있다.

대를 이어 왕위에 오를 세자를 뒤주에 8일 동안 가둬 굶주리고 목이
말라 죽도록 방치했다. 설령 뒤늦게 영조가 '애달프게 생각(思悼)'했지
만, 이 일은 다산의 아버지에게도 충격으로 다가왔다. 이 사건을 겪고,
작은 벼슬일망정 관직에 환멸을 느끼고 고향인 마현으로 낙향한 것이
다. 다산은 사도세자가 죽고 한 달 조금 지나 태어났다. 아버지는 이
런 세상에서는 그냥 농사나 짓고 살라며 그에게 '귀농(歸農)'이라는 이
름을 지어줬다. 어쩌면 집안 살림 형편이 빤하니 농사라도 지으라고
하지 않았을까. 전답이 넉넉한 집안이었다면, 갓 태어난 아들에게 벼슬

살이를 하지 말라는 취지로 '귀농'보다는 이왕이면 '안빈' 같은 이름을 지어주는 게 당시 시대에는 더 어울릴 법한데 말이다. 뒤에 다시 언급하겠지만, 조선시대는 양반이라 할지라도 벼슬이 끊어지면 녹봉을 받을 수 없으니, 가진 전답 외에는 달리 수입이 없었다.

다른 하나는 『목민심서』를 짓는 근간이 되었을 다산의 성품이다.

다산 연구의 선구자 중 한 분이신 박석무 다산연구소 이사장은 다산이 『목민심서』에서 강조한 키워드는 공렴(公廉)과 애민(愛民)이라고 했다. 공렴이란 사적인 욕구가 아닌 공적인 가치(공정, 공평, 공익)를 위해 일하고, 청렴해야 한다는 말이다. 애민이란 불특정한 모든 백성을 사랑하라는 뜻이 아니라 특정한 사회적 약자들, 즉 노인, 유아, 병자, 4궁인(4窮人, 홀아비/과부/고아/독거노인), 사람이 죽은 집, 재난을 당한 집, 이렇게 여섯 부류의 사람들을 돌보고 보살펴주는 일이라고 했다. 그러한 공렴의 행실로 백성들을 위한 애민 정책을 펴면 만인이 원하는 복지국가가 된다는 주장이 바로 『목민심서』이다. 중요한 점은 그가 이러한 생각을 젊은 시절부터 꾸준히 고민하면서 축적해왔다는 것이다. 1789년의 시에서도 공렴이라는 단어가 나온다. 28살의 나이로 문과에 급제한 후 집에 돌아와, 벼슬살이에 대한 각오를 피력한 시다. 해당 부분만 인용하면 이렇다.

둔졸난충사(鈍拙難充使) : 둔하고 졸렬해 임무 수행이 어렵겠지만

공렴원효성(公廉願效誠) : 공정과 청렴함으로 정성을 다 바치기를 원하노라

이렇듯 다산과 그 아버지의 성품을 이해하고 나니, 다산이 〈가난〉이라는 시를 지을 만한 형편일 수도 있겠다는 생각이 들었다. 비록 벼슬살이를 하고 임금의 총애를 받는다 할지라도 다산은 공정과 청렴, 두 가지를 지키려고 애를 썼다. 아무리 명문 집안이더라도 경제적으로 여유 있는 집은 아니었고, 터를 잡고 사는 고향 마을인 마현은 당시에는 마을 자체가 본시 논은 거의 없고 밭만 조금 있는 땅이었다. 그가 관직에 나아간 지 그리 오래 되지 않으니 받는 녹봉도 빤하지 않겠는가. 더군다나 그 얼마 전에는 아버지의 죽음으로 3년간 시묘 생활을 했었다.

또한 그해에는 금정찰방으로 좌천되기도 했지만, 개인적으로 거대한 프로젝트를 추진한 해였다. 온양에 있는 봉곡사에서 남인 학자들을 모아 성호 이익의 유고 편찬대회를 직접 주도한 것이다. 요즘으로 치면 무슨 무슨 콘퍼런스쯤 될 터이다. 발제와 토론, 검토를 통해 성호의 글들을 정리해 한 권의 책, 『가례질서』를 엮었다. 지금도 마찬가지지만, 이러한 프로젝트에는 비용도 많이 들어간다. 재원을 어떻게 충당했는지 모르지만, 남의 호주머니 함부로 탐하지 않는 다산의 성정이라면, 이래저래 자신의 호주머니도 털어야 하지 않았을까.

마지막으로, 다산이 젊은 시절에 경제적으로 그리 여유롭지 못했다는 걸 알려주는 시가 있다. 1784년 여름에 쓴 〈호박〉(원제는 '남과탄(南瓜歎)'이다)이라는 시다. 전년도에 진사 시험에 합격한 23살의 다산이 성균관에서 공부할 때였다. 내용은 이렇다. 장마가 열흘 넘게 계속되던

봉곡사

다산은 이곳에서 남인 학자들과 함께 성호 이익의 유고집인 『가례질서』를 엮었다.

어느 날 다산이 대문을 들어서니 집이 시끌시끌했다. 어린 여종은 훌쩍거리고, 아내 홍씨는 화난 얼굴이었다. 사연인즉, 긴 장마에 호박죽으로 연명하고 있었는데 그나마 호박도 떨어지자, 여종이 옆집 호박을 훔쳐 와서 죽을 끓이려다 아내에게 혼나는 중이었다. 한 집안의 가장으로서 참으로 난감한 상황인 셈이다. 다산은 어떻게 대처했을까? 그의 반응이 시에 잘 드러난다. "아서라, 그 아이 죄 없다. 꾸짖지 마라. 이 호박은 내가 먹을 테니, 다시는 이러쿵저러쿵하지 말라"고 짐짓 타이른 후, "만 권 책을 읽은들 아내가 배부르랴, 두 이랑 밭만 있어도 계집종이 죄짓지 않아도 될 것을"이라고 한탄한다. 그러면서도 "나도 출세하는 날 있겠지. 하다못해 안 되면 금광이라도 캐러 가리라"면서 동서고금을 막론하고 그 나이 때 가졌을 법한 희망을 살짝 보태놓는다. 과거에 급제해 벼슬살이를 하면, 아무리 공렴을 지키며 살아도 받는 녹봉이 있으니 여종이 호박은 안 훔쳐도 되지 않겠는가. 그도 안 되면, 하다못해 몸을 놀려서라도 가족을 부양하겠다는 의지인 셈이다. 그러면서 지금은 그 과도기로 열심히 공부하며 노력하고 있으니 조금만 기다려달라는 의미도 느껴진다. 이 시까지 읽고 보니 다산이 훨씬 친근하고 가깝게 다가왔다.

어찌하다 보니 서두가 길었다.

다산의 삶은 크게 네 단계의 시공을 이동하는 여정이다. 태어나서 자란 광주 마현에서의 삶, 정조의 총애를 받으며 관료 생활을 하던 서울의 삶, 신유사옥으로 긴 유배 생활을 했던 강진에서의 삶, 그리고 해배되어 다시 돌아온 고향 마현에서의 삶이다. 역사학자 이이화 선생님은 "참된 사상가는 책 속에 파묻혀 공염불이나 외지 않는다. 그 시대의 처절한 삶을 보고 이를 해석하고 분석하고 처방을 내린다. 이런 점에서 볼 때, 정약용을 '우리나라가 낳은 위대한 사상가'로 일컫는 것은 참으로 적절하다"고 말했다. 네 곳의 경로를 뒤쫓아 가면, 다산의 파란만장한 삶과 위대한 사상, 백성을 아끼는 마음, 가족을 위하는 인간적인 면모, 하고자 하는 일에 모든 열정을 쏟는 부지런함과 때때로 주어진 삶을 최대한 즐기는 모습 등을 알 수 있는 좋은 여정이 될 것이다.

이제 다산과 함께 길을 떠나보자.

고산 윤선도 유물전시관

해남 윤씨의 녹우당은 당시 조선에서 가장 책이 많은 곳 중 하나로,
다산이 방대한 저술을 할 수 있는 토양이 되었다.

이기적 유전자

다산은 1762년에 북한강과 남한강이 만나는 두물머리인 광주(지금의 남양주) 마현(마재)에서 태어났다. 고향 마을의 이름은 몇 가지로 불리는데, 다산은 주로 소천(苕川)과 열상(洌上)을 사용했다고 한다. 소천은 원래 그곳 이름이 소내여서 우천(牛川)이라고 썼는데, 다산은 '우'자 대신 '소'자를 사용했다. 열상은 한강의 옛 이름이 열수이므로 '한강 상류에 있는 마을'이라는 뜻이다. 이곳에서 다산은 4형제의 막내아들로 태어났다(이후에 서모 김씨가 동생 정약횡을 낳는다).

이미 언급했듯, 다산은 8대 옥당을 배출한 핏줄을 타고났는데, 그런 친가뿐 아니라 외가 쪽 DNA도 만만치 않았다. 어머니는 아버지의 둘째 부인인 해남 윤씨로, 공재 윤두서의 손녀다. 우리에게 〈자화상〉으로 유명한 공재는 겸재 정선, 현재 심사정과 함께 조선 후기의 삼재(三齋)로 불렸던 인물이며, 고산 윤선도의 증손자다. 고산 윤선도가 누구인가. 〈어부사시사〉를 쓴 탁월한 시인이자, 우암 송시열과의 예송논쟁으로 유명한 학자이며, 모든 걸 내려놓고 삶을 즐길 줄 아는 숨은 고수 아니던가. 우리가 지금도 보길도 가는 배에 몸을 싣는 건 대부분 고산의 흔적을 더듬기 위해서다. 짐작컨대, 다산은 고산의 유전자를 많이 받은 듯하다. 또한 고산의 학맥과 시맥이 같은 남인 계열인 성호 이익과 번암 채제공으로 이어졌으니, 다산이 사숙한 성호의 학문에는 고산의 향기가 묻어 있었던 셈이다.

남인 가문들

당파로 따지면, 다산이 속한 나주 정씨는 압해 정씨의 일파로 남인 계열에 속한다. 당시 남인 중에 명문 가문이라 하면, 경주 최씨, 여주 이씨, 나주 정씨, 해남 윤씨였으니, 다산의 집안은 두 남인 명문가인 기호지역 남인과 호남지역 남인의 결합이었다.

사람들은 흔히 조선 당쟁의 역사를 동인과 서인의 대결로만 기억하는데, 실상 인조반정 이후의 당쟁은 서인과 남인이 권력을 주고받는 다툼의 역사다. 동인은 남인과 북인으로 갈라지고, 광해군 때 권력을 잡은 북인이 인조반정으로 몰락하면서, 결국 남인으로 헤쳐모여 한다. 서인이 갈라진 건 한참 뒤였다. 경신환국으로 송시열과 윤증 간에 틈이 벌어지기 시작하더니, 급기야 숙종의 후사 문제로 돌이킬 수 없는 강을 건넜다. 숙빈 최씨(동이)의 아들(영조)을 미는 노론과 장희빈의 아들(경종)을 미는 소론으로 완전히 갈라섰다. 왕위에 오른 경종이 불과 4년 만에 죽자, 이후는 우리에게 익숙한 노론의 시대가 계속된다.

남인 가문은 숙종 재위 마지막 환국인 갑술환국 당시 서인에 의해 거의 궤멸당한 후 간신히 명맥만 유지해 오다 정조 때에 다시 기회를 잡는다. 마현에 정착한 다산의 5대조인 정시윤도 갑술환국의 와중에 삭직을 당한 경험이 있다. 이런 흐름에서 보면, 노론의 절대 권력이 작동하는 기간 동안 다산 가문이 5대조 이후에 옥당을 배출하지 못한 게 이해된다.

참고로 경주 최씨는 신라의 최치원을 시조로 하는 전통의 가문이다. 동학의 교조인 수운 최제우와 조선 말 위정척사 운동의 대명사인 최익현의 본관이며, 사람들에게는 한국판 노블레스 오블리제인 경주 최부자댁으로 유명하다. 그리고 여주(여강) 이씨로는 조선 중기의 성리학자인 이언적과 『성호사설』을 지은 이익이 있다. 지금도 경주 양동마을에 많이 살고 있으며, 그 인근에 이언적을 기리는 옥산서원이 있다.

이처럼 다산은 두 명문 가문의 유전자를 두루 받았다.

사람들은 다산이 외증조부인 공재 윤두서를 많이 닮았다고 말했다. 다산 또한 "나의 정분(精分, 정기와 성분)은 외가에서 받은 것이 많다"고 했다.

비록 유전적으로는 전혀 관련이 없지만, 이왕 다산의 주변 관계를 살펴보는 김에 아내 쪽 이야기도 해보자. 다산은 15살에 한 살 연상인 아내와 혼인한다. 아내는 풍산 홍씨다. 영·정조 시대 전후로 가장 잘 나가는 명문 가문을 지칭하는 말이 있다. 바로 '풍홍달서'이다. 당시에 정승, 판서나 문사를 많이 배출한 풍산 홍씨와 달성 서씨를 함께 부르는 명칭이다. 혜경궁 홍씨의 부친인 홍봉한을 비롯하여 대개 노론 계열이 많지만, 다산의 장인인 홍화보는 남인 계열로 분류된다. 풍산은 안동의 옛 지명으로 풍산견으로 유명한 북한의 지명과는 다르다. 안동 하회마을의 류성룡 일가도 같은 풍산에서 유래된 풍산 류씨다.

다산의 처가는 서울 회현동에 있었는데, 홍화보는 무인 출신으로는 드물게 승지를 지낼 정도로 문무에 두루 능력을 갖춘 사람이었다. 다산은 혼인과 함께 마현에서 서울로 올라와 생활하는데, 이는 더 많은 친구를 사귀고 더 깊은 공부를 하는 계기가 되었다.

떡잎부터 다른 어린 시절

위대한 인물들은 모두 어린 시절 그 총명함이나 비범함을 드러내는 일화가 전해지곤 한다. 나는 그러한 신화를 그리 믿지도 않을뿐더러 맘에 담아두지도 않는다. 나에게 그런 경험이 없기도 하지만, 아무리 천재적 재능을 타고났다 하더라도 상식적으로 그게 말이 될까 싶기도 해서다. 다산 또한 그 범주에서 벗어나지 않았다. 4살 때 천자문을 익히고, 7살 때 〈산〉이라는 시를 지어 신동으로 이름이 났다. 그때 지은 시는 이렇다. '작은 산이 큰 산을 가리니, 멀고 가까움이 달라서라네.' 다산의 아버지는 이 시를 보고 "분수에 밝으니 자라면 틀림없이 역법과 산수에 통달할 것"이라며 기특해했다. 또한 10살도 되기 전에 『삼미자집』이라는 문집도 만들었다. 다산은 어릴 적 앓은 마마의 흔적이 오른쪽 눈썹에 남아 있었다. 그래서 눈썹이 3개라며 스스로 삼미자(三眉子)라고 했다. 그때까지 지은 글을 쌓으면 자신의 키만큼 되었다고 하니, 그의 저술 재능은 타고난 듯하다.

사도세자의 죽음 이후 관직에서 물러났다가 다시 벼슬에 나아간 다산의 아버지는 다산이 10살 되던 무렵부터 5년 정도 관직에서 물러나 있었다. 요즘으로 치면 실업자인 셈인데, 이 시기에 다산의 공부를 직접 가르쳤다. 다산은 아버지 말고는 사사했던 스승이 따로 없었다. 그러니 평생을 스스로 공부하고 연구하여 터득한 셈이다.

공부와 관련하여 다산의 어린 시절 일화가 황현이 지은『매천야록』
에 전해진다. 이후에 이 글을 인용하는 책마다 조금씩 다르긴 하지만
그 내용은 대략 이렇다.

어느 날 정승 이서구가 고향인 영평(지금의 포천)에서 대궐로 오다가 길에서
책 한 짐을 수레에 싣고 북한산에 있는 절로 가는 한 소년을 만난다. 10여 일
후 고향으로 돌아가는데 한 짐의 책을 싣고 나오는 그 소년을 다시 만난다.
이서구는 이상히 여겨 물었다.
"너는 누구인데 책을 읽지는 않고 왔다갔다만 하느냐?"
"다 읽었습니다."
이서구가 놀라 물었다.
"싣고 가는 게 무슨 책이냐?"
"『강목(綱目)』입니다."
"『강목』을 어찌 열흘 만에 다 읽을 수 있단 말이냐?"
"읽었을 뿐만 아니라 욀 수도 있습니다."
이서구가 수레를 멈추고 책 하나를 뽑아서 시험을 해보니 거의 외우고 있었
다. 이 소년이 바로 다산 정약용이었다.

다산의 천재성을 보여주는 일화지만, 나는 고개가 갸우뚱거려졌다.
요즘 말로 '팩트 체크'가 필요해 보였기 때문이다. 기록에 의하면, 다
산은 6살 무렵 연천 현감으로 가는 아버지를 따라 갔을 때 말고는 15

살에 결혼해 서울로 가기 전까지 고향인 마현에 살면서 공부했다. 다산의 집에서 그리 멀지 않은 곳에 운길산이 있고, 그 중턱에 수종사라는 절이 있다. 어릴 때 다산은 책 상자를 메고 오르내리며 이 절에서 독서를 했다는 건 잘 알려진 사실이다. 어디 독서뿐이겠는가. 그런 곳에 가면 옛 성현들이 사색도 공부라고 말하는 이유를 금세 이해할 수 있다. 수종사는 북한강을 내려다보며 저절로 사색에 빠질 수밖에 없는 곳이다.

그런데 위의 일화를 보면 다산은 북한산에 있는 절로 들어간다.

내가 '팩트 체크'가 필요하다고 느꼈던 이유는 여기서 출발한다. 북한산 어디쯤에 있는 어느 절인지 명시되어 있지 않지만, 다산의 집이 있는 마현에서 북한산까지는 산 넘고 물 건너 아주 먼 거리이다. 가까운 곳에 자주 다니던 수종사라는 훌륭한 배움터가 있는데 굳이 어린아이가 그렇게 힘들게 갈 이유가 없다.

더 이상한 건, 이서구와 다산의 나이 차다.

사실 이서구는 다산보다 8살 연상일 뿐이다. 소년 다산이 마현에 살 때이니 15살 이전의 일화이고, 최대 15살 때 일이라고 해도 이서구 나이 고작 23살이다. 아무리 봐도 23살짜리가 지나가는 동생뻘을 붙잡고 위와 같은 대화를 하는 건 왠지 어색하다. 또한 이 일화를 자신의 책에 인용하여 전하는 사람들은 이서구에게 정승이나 대감이라는 호칭을 붙였다. 대개 이런 류의 일화가 그렇듯이, 이서구가 맡은 배역이 정승이나 판서 정도의 연륜과 내공이 있는 직급이 맡아줘야 어울리니 그러했겠지만, 23살의 이서구는 자신 또한 한창 공부에 매진했을 때였다. 만약 일화를 일부 수정하여, 다산이 북한산이 아니라 운길산 수종사로 가던 중 이서구를 만날 가능성은 없을까?

이 또한 상식적으로 말이 안 된다.

이서구의 고향인 포천에서 대궐로 가는 길은 의정부를 거쳐 북한산 자락을 따라 가는 게 일반적이다. 이서구가 일부러 유람하면서 길을 돌아가면 모를까, 포천과 대궐(한양)을 오가면서 마현이나 수종사 쪽으로 다닐 이유는 없다. 이는 지도만 펴보면 금방 알 수 있다. 그래서 내 생각에는 이 일화는 황현의 기억 착오가 아닐까 싶다. 일단 이서구가 아닐 가능성에 추측의 무게가 실린다. 물론 역사 연구자가 아닌 여행자로서 나는 이 일화의 팩트를 확인할 만한 능력은 없다. 그러니 팩트일 가능성도 무시할 수 없다. 따라서 이후의 이야기는 여행가의 소설쯤으로 받아들이면 된다.

착오일 가능성을 고민하는 이유 중 하나는 '영평'이 아니라 '양평'의 누군가라면 모든 게 납득이 되기 때문이다.

다산이 운길산 수종사에 오르내리며 책을 읽은 건 팩트다. 양평 사는 누군가라면 한양으로 가는 길에 책을 싣고 가는 다산을 발견할 수 있다. 예를 들어 이서구가 아니라 녹암(鹿菴) 권철신이라면 일화의 아귀가 딱 맞아 떨어진다. 녹암은 다산보다 26살가량 연상으로 양평에 살았으며, 성호 이익의 수제자 중 한 명이다. 『사암연보』에 따르면 다산이 이익의 유고를 처음 본 게 16살 때라고만 적혀 있을 뿐, 유고를 보게 된 경로는 밝혀놓지 않았다. 그렇다면 이런 상상도 가능하지 않을까. 녹암은 양평과 한양을 오가면서 어린 다산을 몇 번 보았다.

그런데 일화에서처럼 아이가 꽤 야무지고 기억력도 뛰어나니 훌륭한 학자가 될 자질이 보였다. 더군다나 알고 보니 자신과 같은 남인 계열이다. 다산이 혼인하고 16살이 되자, 녹암은 다산에게 자신의 스승인 · 이익의 유고를 읽어보라고 권한다. 실제로 16살 이후에 다산은 녹암이 신유사옥으로 죽기 전까지 양평에 있는 그의 집을 자주 찾았다. 이렇듯 권철신이라면 이 일화의 배역과 전후 스토리가 딱 맞아 떨어진다. 다만 단 하나, 녹암은 일찍이 과거를 포기했기 때문에 일화의 등장인물이 정승이 아니라면 말이다.

하지만 이건 순전히 개인적인 추측이다.

팩트를 확인할 능력은 안 되니 상상만 할 뿐이다. 사람들은 흔히 "역사에는 가정이 없다"고 말하지만, 사실 역사 공부는 "만약?"이라는 질문을 많이 할수록, 그리고 그 질문에 대한 대답을 궁리할수록 그 의미가 명료해지고 공부에도 재미가 붙게 된다. 특히 여행자는 어디에 발길을 하든 자유롭게 추측할 수 있어야 한다. 안내판이나 책에 쓰인 글을 곧이곧대로 받아들이기만 하면 재미없다. 대신 팩트라는 확신이 들지 않는 한, 우기지만 않으면 된다. 우리가 생각하는 것보다 역사 인물들에 대한 이야기는 여기저기 쓰여 있는 내용이 상충하는 경우도 많고, 상식적인 의문에 부합하지 못하는 경우도 많다. 기실 역사란 남겨진 정보의 차이와 바라보는 시각에 따라 다양한 해석을 낳는다. 그게 역사의 재미이기도 하다.

'팩트 체크'가 필요하다

역사 공부를 하다 보면, 가끔 "이게 말이 돼?" 싶은 것들이 있다. 때론 동일한 사건이나 인물에 대해 책마다 조금씩 다르게 서술되어 있기도 하다. 이는 역사의 모든 정보가 기록되어 전해지는 게 아닐뿐더러, 기록하는 주체인 인간이 가지는 어쩔 수 없는 편견이나 왜곡, 누락이 발생할 소지가 있기 때문이다. 그래서 그런 경우에는 '팩트 체크'가 필요하다. 특정 인물의 기록은 실록 등 국가의 공식 기록, 개인의 저작물, 문집 등의 자손이나 후학의 기록물, 후대의 저서 속에 인용된 기록, 그리고 야사나 가담항설 등이다. 이 모든 곳에는 '팩트'가 아닌 내용이 개입할 여지가 있다.

실록이라 하더라도 당파의 이해관계가 개입할 수 있다.
때론 부풀려지기도 하고 때론 왜곡되기도 한다. 「선조실록」, 「광해군일기」, 「선조수정실록」이 대표적이다. 「선조실록」은 광해군 때 북인 중심으로 편찬되었다. 따라서 선조 치하 인물들 중 서인이나 남인에 대한 사실이나 평가가 왜곡되었을 수 있다. 마찬가지로 「광해군일기」는 인조반정을 일으킨 서인 중심으로 편찬되었으며, 「선조수정실록」은 광해군 대에 북인이 편찬한 「선조실록」을 믿지 못한 서인이 인조 대에 다시 수정을 시작해 효종 대에 간행한 것이다. 그러니 당파의 목적에 부합하게 편찬되거나 수정되었을 개연성은 충분하다.

그래서 「선조실록」에서는 이이나 류성룡 등 서인과 남인의 대표 주자에 관한 내용이 누락되거나 축소되었다. 단적인 예로 이조 판서 이이의 '졸기(卒記)'는 딱 한 줄만 적혀 있었다. "이조 판서 이이(李珥)가 졸(卒)하였다." 통상 졸기는 실록에 어떤 인물의 죽음을 기록하면서 그의 일생과 업적을 회고하는 것이다. 그러니 역사에 한 획을 그은 대학자의 졸기로는 초라한 것이었다. 그러자 「선조수정실록」에서 서인들은 이를 보완하였다. 북인들이 적은 한 줄 뒤로, 죽기 전 이이의 충정과 죽은 후 선조의 위문과 백성의 슬픔을 적고, 이이의 일생과 품성을 정리해 추가하였다.

물론 「선조수정실록」에서는 그 반대의 사례도 발견된다.

이 책에서도 언급하는 남명 조식에 대한 졸기를 축소, 왜곡한 것이다. 그 결과 「선조실록」과 「선조수정실록」 간에 그 양이나 내용에서 큰 차이를 보였다. 남명의 제자들이 광해군 대 북인 정권의 실세였기 때문이다. 사실 「선조수정실록」을 작업할 때 선조 대를 기록한 모든 사초는 이미 세초한 후였다. 그러므로 류성룡의 『징비록』처럼 개인의 글이나 문집, 작업자의 기억에 의존해서 수정 작업을 진행할 수밖에 없었다. 그들이 참고한 글 또한 주로 서인과 남인의 글이었다.

문집 같은 기록도 일부 미화되거나 찬양조의 문장이 추가될 수 있고, 불미스런 내용은 삭제될 여지가 있었다. 유학자의 경우 불교 관련 저술이나 활동이 의도적으로 누락되기도 했다. 또한 시간이 흘러 후대의 누군가에 의해 인용되는 기록은 기억의 착오가 개입할 여지가 있으며, 야사나 가담항설은 이야기가 돌고 도는 동안 각색이 이루어지기도 한다.

어떤 이들은 "자녀를 회의주의자로 키우라"고 강조한다. 맞는 말이다. 책이나 어른들의 말을 곧이곧대로 받아들이기만 하는 공부는 한계가 명확하다. 모든 공부의 마지막은 의심이다. 역사도 마찬가지다. 공부하다 보면 어떤 의심(의문)이 들 때가 있다. 그럴 땐 잊지 말고 '팩트 체크'를 해보자. 이러한 팩트 체크 또한 공부의 한 방법이다.

수종사 해탈문
어린 시절 다산은 집에서 멀지 않은 수종사에서 책을 읽곤 했다.

『매천야록』에 전하는 다산 이야기가 사실이든 아니든, 그 인물이 이서구이든 다른 사람이든, 다산이 어린 시절에 꽤 똑똑했다는 것을 보여주는 일화로는 부족함이 없다. 옛날 얘기 속에는 그와 같은 이야기 구조를 가진 일화들이 간혹 있다. 그 주인공들 또한 모두 그만한 평가를 받을 만한 인물이기에 그런 일화가 탄생한 것이다. 다산의 일화와 비슷하지만 살짝 결이 다른 일화를 하나 살펴보자. 비교해서 보면 흥미롭다. 다산보다 앞 세대인 조선 중기에 전북 변산의 월명암을 중건하는 등 주로 호남 지역에서 활동했던 진묵대사의 어린 시절 일화다. 등장하는 책은 우연히도 다산과 같은 『강목』이다.

> 진묵은 불경뿐 아니라 성리학 서적 등 읽지 않은 책이 없었다. 어느 날 아는
> 사람 집에서 『강목(綱目)』 59권을 빌려서, 그 집 하인에게 짊어지게 하고 절로
> 돌아가던 길이었다. 걸어가던 진묵이 책을 한 권씩 뽑아서 읽고, 다 읽으면 그
> 책을 길가에 던져 버렸다. 따라오던 하인은 길가에 버려진 책을 다시 주워 담

수종사에서 내려다본 북한강
오른쪽 끝 남한강과 만나는 두물머리에 다산의 생가가 있다.

앉다. 진묵은 절의 일주문에 도착하자 마지막 책을 다 읽고 길가에 던진 다음, 빈손을 훌훌 털고 들어갔다. 나중에 그 이야기를 들은 책 주인이 그 까닭을 물으니, 진묵은 "고기를 잡았으면 통발은 버리는 것"이라고 했다. 그러자 호기심이 생긴 책 주인이 시험 삼아 아무 권이나 뽑아들고 진묵에게 물었다. 그러나 진묵은 단 한 자의 착오도 없이 길에서 걸어가면서 읽었던 내용을 모두 외우고 있었다.

다산은 16살에 성호 이익의 유고를 읽었다.

혹자는 이때가 다산이 실학에 눈을 뜨는 시점이라고도 말한다. 이익의 문집을 읽고 나서 유교 경전과 주자 집주에 비판적 태도를 가졌다고 말한다. 이익의 학문은 다산에겐 신천지였던 모양이다. 비록 다산이 태어난 이듬해에 이익이 죽었지만, 그의 제자들이 광주와 양주 일대에 퍼져 있었다. 앞에 이야기했듯, 가까운 양평에 이익의 수제자인 권철신이 살고 있었으니 이런저런 경로를 통해 이익의 학문을 접할 기회가 많았을 것이다. 다산은 평소에 자식들과 조카들에게 "꿈속 같은 내 생각이 성호를 따라 사숙하는 가운데 깨달은 것이 많다"고 말했다.

Guide's Pick

성호 이익

『성호사설』로 우리에게 익숙한 이익은 대사헌을 지낸 아버지 이하진이 유배된 평안도 운산에서 태어나, 아버지가 유배지에서 죽자 어머니와 함께 고향인 안산으로 내려와 살았다. 이하진은 책 읽기를 좋아해 집안에는 수천 권의 장서가 있었다. 일설에는 중국에 사신으로 간 이하진이 임무를 너무 잘 수행해서 조선과 청에서 일종의 성과급을 준다고 했더니, 돈이 아니라 책으로 달라고 했다고 전한다.

1706년 9월, 이익의 형이자 첫 스승인 이잠이 장희빈(남인 세력을 등에 업고 중전까지 오른 장희빈은 갑술환국 때 남인과 함께 몰락한 후 죽음을 맞는다)을 변호하는 상소를 올렸다가 역적으로 몰려 투옥당한 뒤, 18차례의 고문을 받다 47세에 옥사한다. 그러자 이익은 과거를 포기하고 학문에 몰두했다. 후일 다산은 이때의 불행을 두고 "성호 선생께서 집안에 화를 당한 뒤로 이름난 학자가 되셨으니, 권세 있는 부호가의 자제들이 미칠 수 있는 바가 아니다"고 평했다. 우리는 다산의 이 말을 그에게 다시 돌려줘야 하지 않을까. 다산 또한 스승처럼 집안에 화를 당한 뒤로 이름난 학자가 되고, 방대한 저술을 남길 수 있었으니 말이다.

발원지의 물이 내려오면서 중간중간 지류를 흡수해 큰 물줄기가 되어 바다로 들어가듯, 흔히 실학은 반계 유형원과 성호 이익을 거쳐 연암 북학파라는 큰 물줄기가 되어 다산학으로 흘러들어갔다고 평가받는데, 그 중심에는 이익이라는 거대한 폭포가 있었다.

이익의 제자로는 안정복, 권철신, 권일신 등이 있는데, 안타깝게도 이들은 표면적으로는 천주교 수용 문제로 천주교를 반대하는 안정복 등의 공서파와 천주교를 받아들이는 건 물론 그로 인해 고난과 죽음을 맞게 되는 권철신 형제와 이가환 등의 신서파로 분열되었다.

바람과 구름이 만나다

다산은 1777년 화순 현감이 된 아버지를 따라 화순에 내려간다. 이 듬해에는 둘째 형 정약전과 함께 동림사에 겨울 내내 머물면서 독서도 하고, 인근에 있는 적벽과 물염정을 유람하면서 〈유물염정기〉를 쓴

동림사독서기비

다산은 겨울의 넉 달 정도를 정약전과 동림사에
머물며 공부한 후, 이를 〈동림사독서기〉로 남겼다.

동림사지 다산 동상

다산의 손에 들린 책은 『맹자』일 가능성이 높다. 동림사에
머물 때 다산이 가장 깊이 천착한 책이 바로 『맹자』였다.

다. 또한 서석산(무등산)을 등산하고 〈유서석산기〉를 쓴다.

나중에 회갑이 되는 해에 동림사에서 독서하던 시절을 회상하며 〈동림사독서기〉를 지었는데, 40일 만에 『맹자』 한 질을 다 읽고, 정약전과 요순시대의 이상사회를 이룩하는 방법에 대한 토론을 밤 새워 했다고 적었다. 다산은 이 시기 정약전과 함께한 추억을 평생 잊지 못했다. 동림사는 터도 없는 폐허로만 남아 있었는데, 다산연구소에서 개인의 지원을 받아 '동림사독서기비'를 세웠다.

요즘 주변 지인들과 어데 여행이라도 가려고 날을 잡으려면 쉽지 않다.

각자의 삶이 바쁘기도 하고, 누구는 언제가 좋다, 누구는 이런저런 사정을 고려해야 한다며, 의견을 조율하기도 쉽지 않다. 만약 그런 상황이라면 다산이 17살의 젊은

물염정

16세기 중엽 송정순이 화순적벽 중 하나인 물염적벽 옆에 건립한 정자다.

나이에 했던 말이 참고가 될 수도 있다. 당시 청년 다산은 사람들과 지역 명승지인 물염정(勿染亭)을 언제 갈 것인가로 의견이 갈렸다. 그러자 다산은 이렇게 말한다. "유람하려는 사람은 일단 마음을 먹었으면 즉시 가야지, 날을 받아서 가려 하면 꼭 우환이나 병으로 일을 망치는 이가 생기게 마련입니다." 이 말에 모든 논란은 바로 정리가 되었다. 물염정은 '더러움에 물들지 않는다'라는 뜻으로 조선 중기에 세워진 정자였다. 화순에서 생을 마감한 방랑시인 김삿갓이 죽기 전에 자주 찾

김삿갓 시비

전국을 떠돌던 방랑 시인 김삿갓(김병연)은 적벽의 선경에 취해 이곳에 머물다 57살에 한 많은 세상을 떠났다.

던 곳으로 그의 시비가 있다.

서울에 올라와 공부에 매진하던 1780년에 다산은 아버지가 계신 예천과 진주를 유람하고 돌아온다. 아내와 함께 간 진주에서는 병마절도사로 있는 장인의 부탁으로 논개 사당의 〈진주의기사기〉를 지었다.

1782년에는 처음으로 서울에 집을 사고, 봉은사에서 과거를 준비했다. 그리고 이듬해 22살에 진사에 합격한 후 선정전에 입궐해 정조와 만난다. 이로써 성군(聖君)과 현신(賢臣)의 첫 만남이 이루어진다. 다산연구소 박석무 이사장은 이 둘의 만남을 풍운지회(風雲之會)라고 말한다. 어진 임금과 능력 있는 신하가 만나는 걸 이르는 말이다. 그래서 사람은 주변 사람을 잘 만나야 하나 보다. 바람과 구름, 상상만으로도 따뜻하고 평화롭다. 봄바람에 일렁이는 하얀 구름이 떠오른다. 우리가 사는 이 세상에도 풍운지회 같은 만남이 많이 있다. 나는 누구에게 따뜻한 바람이 되어주거나 포근한 구름이 되어준 적이 있는지 한 번쯤 생각해보는 것도 좋겠다. 눈을 감고 기억을 더듬다 보면, 그나마 풍운지회가 아닌 걸 다행으로 여기는 만남도 있다. 바람과 비는 서로 달려들어 더 큰 태풍을 만들 뿐이다. 좋은 만남은 연달아 일어나기도 한다. 같은 해에 아들 학연도 태어났다.

이때부터 다산의 성균관 생활이 시작된다.

새로운 삶이 시작된 것이다. 정조는 성균관 학생들에게 과제를 자주 내렸다. 다산은 답안이 매번 높은 점수를 받아 정조로부터 종이와 붓, 책을 계속 선물 받았다. 최근에 발간한 책까지도 모두 선물하고 나자, 정조는 이제 줄 것이 없다면서 술을 내리기까지 했다. 정조는 다산보다 10살 연상으로, 다산은 훌륭한 개인 지도교수를 만난 셈이었다.

임금의 총애를 받으며 공부에 매진하던 나날이 어느덧 6년이 흘러가고, 다산은 드디어 문과에 급제한다. 그의 나이 28살이었다. 그리고 곧바로 초계문신(抄啓文臣)으로 선발된다. 초계문신은 당하관 중에서 뽑았다. 신분이 보장되고 잡무도 면제되며 경제적으로도 뒷받침을 받으면서 창덕궁 후원 깊숙이 있던 규장각에서 집중적으로 공부에 매진할 수 있었다. 정조는 필요할 경우 직접 교육시키기도 하면서 이들에 대한 지원을 아끼지 않았으며, 이들의 행동 규칙을 직접 적어 보내기도 했다. 예를 들면 이런 것이다. 객래불기(客來不起), 즉 어떤 손님이 와도 의자에서 일어나지 말고, 공부와 연구에 매진하라는 의미이다. 아무리 정승이라 해도 함부로 규장각 안에 들어갈 수 없었으며, 초계문신을 사사로이 불러낼 수도 없었다. 초계문신들 또한 공무가 아니면 함부로 규장각을 나가선 안 되었다. 다산 하면 떠오르는 한강 배다리 건설도 초계문신이 된 해에 정조의 명을 받아 그 법도를 작성해 올린 것이었다.

다산 인생의 최초의 유배는 29살이던 1790년에 일어났다.

예문관 한림학사 시절에 한림 선발과 관련해 남인 쪽에서 많이 선발되었다는 지적을 듣고 사의를 표한 적이 있었다. 그러자 정조는 임금의 뜻에 순종하지 않았다며 충남 해미로 10일짜리 단기 유배를 보냈다. 실질적인 유배라기보다는 노론의 공격으로부터 그를 보호하기 위한 유배인 셈이었다. 정조는 이후에도 천주교 등의 문제로 다산이 곤란해질 때면 지방의 관직으로 내려 보내 화를 피하도록 했다.

다산의 'right now!' 정신

어데 좋은 구경거리가 있거나 가고 싶은 데가 있으면 엉덩이부터 들썩들썩하는 나 같은 여행자의 입장에서 다산이 맘에 드는 것 중 하나는 그의 'right now!' 정신이다. 마음이 동하면 지금 당장 박차고 일어나야 한다. 그렇지 않으면 누군가에게 이런저런 일들이 일어나기 마련이어서 길 떠나기가 쉽지 않다. 나 또한 농담 반으로, 천재지변이 있거나 직계 4촌 이내의 가족 중에 상을 당한 분이 없으면, 늘 '지금 당장' 떠나는 걸 강조하곤 했었다.

다산의 'right now!' 정신을 엿볼 수 있는 에피소드는 상당히 많다. 앞에서 물염정의 사례는 언급했으니, 이번엔 세검정 이야기를 해보자.

1791년 서른 살이던 어느 여름날, 벗들과 함께 놀고 있는데 갑자기 먹구름이 사방에서 일어나고 우레 소리가 들려왔다. 그러자 다산은 슬슬 분위기를 잡았다. 우선 그럴싸한 밑밥부터 깔았다. "세검정의 제1경은 소나기가 쏟아질 때의 폭포인데도, 세검정과 가까운 성중에 사는 사대부 가운데 이 아름다움을 만끽한 사람은 드물다"고 한탄하고는, 그 이유로 비가 쏟아질 때는 사람들이 비에 젖어가면서까지 나서질 않고, 비가 개인 후 나서봤자 이미 물도 그 기세가 줄어들기 때문이라고 말한다. 옷이 젖더라도 '지금 당장!' 출발해야 좋은 구경거리를 놓치지 않는다고 꼬드기는 것이다. 그러면서 다산은 술병을 들고 자리를 박차고 일어났다. 친구 몇이 따라나섰다. 그렇게 해서 기어코 고래가 물을 뿜는 듯한 폭포의 장엄한 아름다움을 만끽하고 만다. 뒤늦게 친구 몇이 뒤쫓아 왔다. 다산은 그들에게 뭐라고 훈수를 뒀을까? 당신이라면 뭐라 퉁을 놓으며 우쭐댈 것인가? 우리 주변에서도 흔히 있는 일이니, 그런 상황극을 상상하는 것 또한 여행의 한 맛이다.

어쩌면 이것이 500여 권의 저작을 남긴 다산에게 내재된 성공 요인일지 모른다.

사실 그는 모든 부분에서 바로 이 정신을 적용했다. 공부 또한 생각나고 시간 날 때 지금 당장 몰두했다. 유배 가는 길 중간중간마다 아들이나 지인에게 편지를 썼던 것도 마찬가지다. 그 시간, 그 장소에서 지금 당장 쓰지 않으면 그 편지는 쓰지 못한다. 당시의 감정을 가장 잘 드러내는 건 바로 '그때'이다. 시간이 지나면 순전한 감정이 아니라 기억된 감정이 글을 쓰게 된다. 우리도 모두 알고 있다. 알지만 실행하기 쉽지 않다.

이런 정신은 여러 곳에서 나타난다. 강진 시절 제자인 황상에게 내린 삼근계(三勤戒) 또한 마찬가지다. '부지런하고, 부지런하고, 부지런하라'는 말은 '지금 당장' 하라는 말의 다른 표현일 뿐이다. 이러한 품성은 다산을 메모의 왕으로 만들었다. 다산은 '둔필승총(鈍筆勝聰)'을 강조했다. 둔필로 쓴 메모일망정 총명한 머리로 하는 기억보다 낫다는 의미이다. 다산은 관료 생활을 할 때도 정조와의 일화를 상세히 기록해 두었으며, 좋은 일이건 슬픈 일이건 머무는 곳마다 시를 짓거나 편지를 쓰거나 글을 써두었다. 그러한 메모가 『사암연보』의 바탕이 되고, 우리가 읽는 그의 아름다운 문장의 근간을 이루었다. 5개월의 금정찰방 시절엔 매일의 일을 기록한 『금정일곡』이 전할 정도이다. 오죽하면 유배 갈 때조차 머무는 곳곳에서 시를 지었겠는가. 그러니 그 힘이 모여 500여 권의 책을 집필할 수 있었다.

다산의 'right now!' 정신을 극명하게 보여주는 일화가 또 하나 있다.

때는 1797년 5월, 다산의 나이 36살이었다. 석류가 처음 꽃을 피우고 보슬비가 막 개니, 다산은 고향인 소내(소천)에서 물고기 잡기에 가장 알맞은 때라는 생각이 문득 들었다. 그래서 그길로 출발하여 고향으로 갔다. 당시에는 대부(大夫)의 지위에 있는 사람은 휴가를 청해 허락을 받아야만 도성을 나설 수 있었다. 그러나 다산은 휴가를 얻기가 어렵다고 생각하고는 그대로 출발했다. 그때 마침 4형제가 다 고향에 있었나 보다. 강에 그물을 쳐서 물고기를 잡아 배불리 먹은 후 형제들은 함께 천진암으로 가서 고사리, 두릅 등 산나물을 먹고, 시를 읊으며 즐거운 하루를 보냈다고 한다.

Guide's Pick

세검정 VS. 세초정

세검정은 도성의 창의문 밖에 있는 정자로, 영조 대인 1747년에 지어졌다. 그러나 그 이름은 그보다 124년 전에 일어난 인조반정과 관련이 있다. 당시 이귀, 김류 등 반정의 주역들이 이곳에 모여 광해군의 폐위를 모의하고, 칼을 씻은 데서 생긴 이름이다. 혹자는 거사 후에 이곳에 와서 맑은 물로 칼을 씻었다고도 하는데 어느 말이 정확한지는 알 수 없다. 다만 상식적으로 보면 대사를 도모하기 전에 결의를 다지면서 행한 의식일 가능성이 높아 보인다. 반정 성공 직후라면, 이들이 한가하게 계곡에 모여 칼의 피를 닦았을 가능성보다는 남아 있는 반대 세력을 색출해 역공을 방지하느라 정신이 없었을 것이다. 혹 어떤 의식을 행하더라도 궁궐 어디쯤에서 성대하게 잔치판을 벌여놓고 하지 않았을까 싶다.

꼭 검을 씻지 않았더라도, 세검정이 있던 자리는 조선 역사에서 가장 중요한 일을 하던 곳 중 하나였다. 바로 실록이 편찬된 후의 마지막 작업을 이곳에서 했다. 실록 원고와 사초를 세검정 차일암에서 세초(洗草, 씻어서 파기함)했던 것이다. 종이가 귀했던 시절이었기에 재활용하는 목적도 있었지만, 실록에 쓰인 기초원고의 유출을 막는다는 의미가 더 큰 의식이었다. 실록에 쓰인 모든 자료를 다 파기했다. 요즘으로 치면 1급 기밀문서 작성에 필요한 초안을 모두 파기하는 정보 보안 업무인 셈이다. 세초 작업이 끝나면 그동안의 노고를 치하하면서 임금이 베푼 연회인 세초연을 벌였다.

개인적으로는 반정의 칼을 씻은 곳으로 기억하기보다는 왕조실록의 사초를 세초한 곳으로 기억하는 게 더 좋을 듯한데, 조선시대에 이미 '세검'을 채택했으니 어찌할 것인가. 궁궐 바로 근처에서 누군가 칼을 씻고 있다고 하면, 임금이 반면교사로 삼아 좀 더 국정을 잘 살필지도 모를 일이다. 또한 인조반정의 성공이 없었다면 그 이후의 임금은 임금이 될 수 없었을 것이니, 영조도 자신에게 임금의 운명을 안겨다준 이들을 그렇게라도 기억하고 싶었는지도 모른다. 그게 아니라면, 이런 상상도 가능하다. 영조 때 그곳에 군사기구인 총융청을 설치하면서 으레 정자를 하나 지었는데, 마땅한 이름이 떠오르지 않았다. 그때 군사들이 계곡에서 칼을 씻고 있었다. 이를 본 순간 장수의 머릿속에 정자 이름이 떠올랐다. 총융청의 정자 이름으로 손색이 없었다. 그리고 후일 누군가가 인조반정 이야기를 끌고 와 그럴 듯한 스토리를 입혀 재구성하지 않았을까?

세검정을 다녀온 다음해인 1792년은 31살이 된 다산에게 여러모로 특별히 기억되는 해였다. 앞서 다산의 집안 이야기를 할 때 내리 8대 옥당을 지낸 명문 가문이라고 했는데, 한동안 배출하지 못하다가 다산이 홍문관 수찬이 되어 옥당에 들어간 해이기도 하지만, 4월에 아버지가 진주에서 작고한 해이며, 그해 겨울에 정조가 시묘하는 다산에게 연구해보라며 화성 설계를 주문한 해였다.

악연도 인연이다

아버지의 삼년상을 마친 1794년에 다산은 경기 북부의 암행어사로 나가 농민의 고통을 직접 보고 겪었다. 어쩌면 이때의 경험이 목민심서의 씨앗으로 잉태되었을지도 모른다. 하지만 이 일로 악연의 씨앗도 잉태되었다.

아무리 '내 인생은 나의 것'이라고 목청껏 노래를 불러도, 우리의 삶에는 알게 모르게 타자들이 개입한다. 어쩌면 그것이 사회의 속성이다. 사회 속에 사는 개인은 사회라는 시스템이 제공하는 조건들, 그리고 그 속의 타자들과 끊임없이 관계하며 살아간다. 그래서 가끔은 보이지 않는 어떤 손이 자신의 인생에 개입한다고 느끼기도 하고, 설령 개입한다는 걸 알더라도 어쩌지 못하는 상황에 처하기도 한다. 다산의 인생에도 끊임없이 개입하는 인물이 있었다. 정조처럼 긍정적으로 개입한다면야 두 손 들고 환영할 일이다. 하지만 부정적으로 개입하는 인물도 있기 마련이다. 문제는 거기서 발생한다. 그가 바로 서용보다.

서용보와의 악연은 그가 경기도 관찰사로 있을 때 다산이 암행어사로 가면서 시작되었다.

서용보는 가난한 백성에게 곡식을 빌려주고 돌려받을 때 폭리를 취했다. 당연히 다산은 그의 죄를 낱낱이 보고했고, 그는 파직되었다. 하지만 역사는 늘 아이러니하게 흘러갔다. 서용보는 얼마 후 복직되어 승승장구하면서 오랫동안 정승의 자리를 꿰차고 권력을 누렸다. 그러면서 다산과 엮일 때마다 딴지를 걸며 개입했다. 신유사옥 때 서용보는 우의정이었다. 재판 초기에는 심문을 받고 있는 다산에게 유리하게 흘러갔다. 곧 풀려날 거라는 소식도 들렸다. 다산은 1797년에 이미 〈변방사동부승지소〉라는 장문의 자명소를 올려 천주교와 관련된 혐의에 대해 해명한 바 있었다. 당시 상소문을 본 노론 벽파들도 글이 명문이라고 칭찬하며, 관련 혐의가 소명되었다고 했다. 그 일로 인해 곡산부사로 좌천되는 처벌을 받았지만 상소문이 『일성록』에 원문 그대로 실릴 정도로 정조에게 인정받기도 했다. 곡산부사로 보낸 건 당시 다산을 시기하는 조정을 잠시 떠나 있으라는 정조의 배려였다.

하지만 서용보는 다산에게 죄를 물어야 한다고 강력하게 주장했다.

암행어사 시절에 당한 앙심을 계속 품고 있었다. 우의정이 그러니 다산을 구해줄 사람은 없었다. 정조는 이미 죽었고, 세상은 노론 벽파의 시대였다. 그중 몇몇은 이참에 다산을 죽여야 한다고 생각했다. 그러니 유배는 피할 수 없었다.

악연은 그걸로 끝난 게 아니었다. 긴 유배 생활을 마치고 돌아온 다산에게 관직에 나갈 기회가 있었다. 하지만 그때 서용보는 영의정이었다. 결과는 굳이 밝히지 않아도 알 터이다.

동시대에 같은 공간에 살고 있어도 인연이 되는 건 극히 일부일 뿐이다.

요즘은 같은 아파트 위아래 층에 살아도 평생 옷깃 스치지 않고 사는 사람들도 많다. 사실 다산의 삶이나 인간관계에서 서용보의 존재 가치는 아주 미미하다. 그냥 옷깃만 스친 인연이다. 그런데 악연도 인연이라 한다면, 그 짧게 스친 순간이 엄청난 인연으로 작동했다. 불가의 인연으로 따진다면 억겁의 윤회를 통해 스친 인연이고, 현대 과학이 밝혀낸 우주적 상상력으로 따져도 가늠할 수 없는 공간 속에서 부유하던 먼지의 스침과도 같으니, 일상의 삶을 사는 우리네들이 실감하기는 쉽지 않은 극히 짧은 인연이었다. 그러나 그 짧은 인연은 결과적으로 엄청난 영향을 미쳤다.

그래서 이런 상상도 가능하다.

서용보와의 인연이 없었다면, 다산이 유배를 갔을까? 갔더라도 그렇게 오래 있었을까? 이런 상상은 자꾸 꼬리를 물기 마련이다. 유배를 가지 않았으면 그 방대한 저술과 학문적 성과를 지금 우리들이 향유할 수 있을까? 정조도 없고 노론 벽파가 집권한 조정에서 그냥 그렇고 그런 관료로서의 삶을 살지 않았을까? 그러니 다산의 전체 인생에 실질적으로 가장 많은 영향을 끼친 것은 정조도 아니고, 천주교도 아니고, 서용보이지 않았을까? 그 짧은 스침이 가져온 엄청난 나비효과인 셈이다. 기실 나비효과란 불가에서 말하는 연기설과 통한다. 모든 것은 연관되어 있고 그에 따라 변화하는 법이다.

궁궐에서 야근할 때 저녁은 어떻게 해결할까?

1795년은 다산이 병조참의로 현륭원 행차를 수행하는 등 정조의 측근에서 한창 왕성하게 일할 때였다. 그러나 그해에 중국인 신부 주문모의 밀입국 사건이 터졌고, 검거 실패에 따른 여파로 다산은 금정찰방으로 좌천된다. 그리고 약 5개월 후 규장각으로 돌아왔다. 당시 규장각에는 유득공, 박제가, 이서구, 홍석주 등이 있었는데, 이들을 만나 서구의 과학 사상과 중국의 새 학풍을 접한다.

이 시기 궁궐의 야근 풍경을 알려줄 만한 글이 있어 살짝 들여다보고 가자.
『교영부교서기』에 나오는 글이다. 다산이 교영부에서 책 교정 등의 업무를 할 때 적은 글이다.

저녁밥이 집에서 오면 어떤 때는 규장각 직원이 들러서 "오늘 저녁은 배불리 먹지 마시오"라고 하는 경우가 있다. 그러면 그날 밤에는 어김없이 임금께서 진귀한 음식을 내려주어 배불리 먹었으니, 영광됨이 특별하지 않은가.

조선시대 궁궐에서 야근할 때 저녁은 어떻게 해결했을까?

이 글로 보아 다산의 경우는 집에서 배달을 해줬나 보다. 재미있는 글이다. 밤늦게까지 일하려면 끼니는 챙겨먹어야 하는데, 요즘처럼 배달 음식이 있을 리 만무하다. 또한 궁궐이란 공간은 임금의 허락 없이 먹을 것을 맘대로 구할 수도 없는 곳이다. 더구나 규장각은 구중궁궐의 가장 깊은 곳에 자리하고 있었다. 그러니 집에서 도시락을 만들어 배달해주었나 보다. 또한 예나 지금이나 일이 있고 사람이 모인 곳이면 가끔은 회식도 했다. 물론 지금과는 다른 풍경이겠지만, 임금은 야근하는 신하들에게 간간이 음식을 하사했던 모양이다.

명재판관의 명판결

앞에서 이야기한 것처럼, 1797년 36살의 다산은 천주교 관련 혐의에 대한 해명으로 〈변방사동부승지소〉라는 상소문을 올린 후 곡산부사로 발령받아 간다. 당시는 진산 사건이나 주문모 밀입국 사건 등 잊을 만하면 천주교 관련 사건이 터지고 있던 때였고, 노론 벽파나 남인 공서파는 다산을 천주교와 엮으려고 혈안이 되어 있던 때였다. 정조는 아끼는 신하가 소나기를 피할 수 있도록 지방으로 잠시 내려 보냈다.

그렇게 곡산으로 부임하는 길에 누군가 다산의 길을 막고 나섰다.

그는 전임 부사 시절 1000여 명의 집단 시위를 주동한 혐의로 수배 중인 이계심이었다. 그가 백성을 병들게 하는 12가지 조항을 적은 글을 가지고 자수한 것이다. 다산 또한 출발하기 전에 그 사건에 대해 이미 알고 있었다. 정조가 다산을 보낸 건 일을 잘 수습해 능력을 인정받아 서울로 돌아오라는 의도도 있었다.

아전들이 "죄인을 포승줄로 결박해 칼을 씌워 끌고 가야 한다"고 하자, 다산은 "한번 자수한 사람은 스스로 도망가지 않는다"며 그냥 압송토록 했다. 이계심을 심문하는 과정은 여타 사건들과 비슷하니 생략하자. 여기서 중요한 것은 다산의 최종 판결문이다. 이것이 또한 명문이다.

> "관장(고을 원님)이 밝아지지 못하는 까닭은 백성들이 자기 몸을 위해서만 교활해져 폐막(弊瘼, 고치기 어려운 폐단)을 보고도 관장에게 항의하지 않기 때문이다. 너 같은 사람은 관에서 마땅히 천 냥의 돈을 주고라도 사야 할 사람이다."

다산 연구자들은 곡산부사의 경험이 이후 『목민심서』 등의 저술에 깊은 영향을 끼쳤을 거라고 생각한다. 경기 암행어사 시절과 달리 다산이 목민관으로서 농민의 참상을 직접 겪으면서 세밀히 목격한 시절이기 때문이다. 사람이 어떤 결심을 할 때는 단지 하나의 원인 때문은 아니다. 이런저런 요인이나 사정이 한꺼번에 작동해 어느 순간 우리의 머릿속에 강하게 박힐 때도 많다. 방대한 저술 작업을 추동하는 힘은 암행어사와 곡산부사의 경험들, 강진 유배 생활에서 보고 느낀 감정들, 공부를 통해 함양한 가치관, 측은지심이 체화된 성정 등등, 다산의 삶을 구성했던 모든 것이 영향을 미쳤을 것이다. 더구나 임금의 총애를 받으며 잘나가던 사람이 한 순간 급전직하하듯 추락해야만 했던 좌절과 고통, 억울함과 분노는 때론 창작 의지의 불쏘시개가 되기도 한다. 다산 또한 장기로 유배 갔을 때 아들들에게 비슷한 편지를 보냈다.

> "내가 저술에 매진하는 이유는 근심을 잊고자 해서만이 아니다. 사람의 아버지나 형이 되어 귀양살이하는 지경에 이르러서 저술이라도 남겨 나의 허물을 벗고자 하는 것이니, 어찌 그 뜻이 깊다고 하지 않겠느냐?"

어쩌면 다산은 당시 정치 지형에서 당대에는 자신이 제대로 평가받지 못할 걸 예감했을지도 모른다. 이미 폐족이 된 집안에서 어찌해야 억울함을 풀고 다시 본래대로 되돌릴 수 있을까. 다산의 글을 통해 유추하건대, 두 가지의 해법을 찾은 듯하다. 하나는 자신의 저술을 통해 허물을 벗는 것이고, 다른 하나는 아들들이 독서를 통해 학문의 일가를 이루는 것이다. 늘 그렇듯 아비의 걱정이란, 자신의 몫은 자신이 감당하면 되지만 자식의 문제는 부모 맘대로 안 된다는 데 있다. 그래서 유배 중에 틈만 나면 아들들에게 독서를 강조하고, 때론 "너희들이 독서하는 것이 내 목숨을 살려주는 것"이라며 짐짓 협박하는 편지를 보낸 것이리라.

사실 다산은 유배 가기 전에도 이미 많은 책을 쓴 저술가였다.

다산은 곡산부사 시절 중요한 저술을 마무리한다.

바로 『마과회통』을 집필해 총 12권으로 정리한 것이다. 다산 자신도 어릴 적 마마를 앓았다. 또한 6남 3녀를 낳아서 4남 2녀를 잃었는데, 대개는 마마를 앓다가 짧은 생을 마감했다. 곡산에서도 아들이 마마로 죽었다. 이때 아내 홍씨는 임신 중이었던 자식을 또 낳았는데 열흘 만에 또 죽고 말았다.

다산이 『마과회통』을 쓴 이유의 일단을 엿볼 수 있는 그의 말을 들어보자.

"아아! 병든 사람에게 의원이 없어진 지 오래되었다. 모든 병이 다 그렇지만 홍역이 더욱 심한 것은 어째서인가. 의원을 업으로 삼는 것은 이익을 위해서다. 홍역은 대개 수십 년 만에 한 번 발생하니, 이 홍역 치료를 업으로 삼으면 기대할 만한 이익이 없다고 하여 업으로 삼지 않는다. 또한 환자를 치료하지 못하는 것도 부끄러운 일인데, 더구나 억측으로 약을 써서 사람을 일찍 죽게 하니 정말 잔인한 일이다."

지금도 우리는 잊을 만하면 메르스나 신종플루를 겪고 있다.

어쩌다 한 번 발생하는 병이니 의원들은 별로 신경 쓰지 않는다. 당연히 치료 방법에 대한 연구도 이루어지지 않는다. 그러니 한번 발생하면 그 피해는 실로 엄청났다. 사실 이러한 부분은 예나 지금이나 국가가 개입해야 할 문제다. 다산도 의원만을 비난하지 않는다. 결국 자신이 팔을 걷어 부친 것이다. 실제로 다산은 나중에 강진에서 유배가 풀린 후 의원 자격으로 궁궐에 불려가기도 했으니 꽤 뛰어난 의술을 익혔다고 한다. 이와 관련하여 현대에 살고 있는 다산의 후손이 했던 증언이 흥미롭다. 그는 어떤 방송에 나와 "어릴 적에는 다산이 훌륭한 의원이라는 말만 들었다"고 했다. "이토록 위대한 사상가인 줄은 나중에 알게 되었다"는 것이다.

Guide's Pick

가장 믿을 만한 신하, 채제공

번암 채제공은 정조 시대 남인의 영수로, 학문적으로도 퇴계와 성호로 이어지는 남인계 학통을 이어받았다. 그는 정조의 세손 시절에 교육과 보호를 담당하면서 정조와 인연을 맺었다. 정조 또한 사도세자를 죽게 만든 집권 노론과 외척 세력을 견제하기 위해 남인인 채제공을 중용한다. 그러니 정조와 채제공의 비호 아래 다산을 비롯한 수많은 남인계 젊은 인재들이 관직에 진출할 수 있었다. 숙종 연간 갑술환국 이후 중앙 정계에서 간신히 명맥만 유지해오던 남인이 다시 일부나마 전면에 등장한 것은 이렇듯 두 사람이 있었기 때문이다. 이는 또한 정조 치세 기간에 남인 중심의 천주교 사건들이 잘 무마된 이유이기도 했다.

채제공이 결정적으로 정조의 신임을 받은 사건은 정조가 아직 어린 왕손 시절에 일어났다. 1758년 그가 도승지로 승정원에 입궐하니, 숙직했던 동료들이 그에게 임금의 비망기(備忘記, 임금이 명령을 적어서 승지에게 전하던 문서)를 전해주며, "그대를 기다려 반포하려 하니 그대께서 살펴보시오"라고 말한다. 읽어보니 사도세자의 비행을 열거하며 세자를 폐위하는 전교였다. 그는 곧장 영조가 있던 함인정으로 찾아가, 울면서 비망기를 도로 받으시라고 사정했다. 진노한 영조가 전향소로 자리를 옮기자, 그도 따라가면서 영조의 옷자락을 붙들고 호소했다. 영조가 노기를 띠고 있는데도 그는 소매 속에서 비망기를 꺼내 영조의 소매 속에다 넣고는 엎드린 채 죽여달라고 청했다. 결국 그 모습을 지켜보던 영조가 감동하여 당시에는 사건이 무마되었다. 하지만 그 일이 있고 4년 뒤, 사도세자는 결국 비운의 죽음을 맞이한다. 공교롭게도 그때는 채제공이 모친상을 당해 관직에서 물러나 있던 때였다.

사도세자를 위해 죽음을 무릅쓰고 임금의 옷자락을 부여잡고 따라가는 일을 마다하지 않았고, 무릎을 꿇고 엎드려 대신 죽여달라고 울부짖던 충성심에 영조는 감복했다. 훗날 영조는 왕손인 정조에게 "채제공은 진실로 나의 사심 없는 신하이고 너의 충성스러운 신하다"라고 말했다. 나중에 영조가 한 말의 의미를 알게 된 정조는 채제공을 가장 믿을 만한 대신으로 여겼다. 그는 조선 말 대원군이 사색당파 등용 정책을 펴면서 남인계에서 정승을 발탁하기 전까지 마지막 남인 정승이었다. 그는 정조가 승하하기 1년 전인 1799년 초에 죽음을 맞는다.

정조의 죽음

다산은 황해도의 곡산부사로 약 2년을 보낸 후 내직으로 들어가 차례로 병조참의, 동부승지, 형조참의를 역임한다. 결과적으로 형조참의가 다산의 마지막 벼슬이 된다. 다산은 형 약전에 대한 반대파의 공격이 계속되고. 자신도 탄핵 상소를 받게 되자, 스스로 〈사형조참의소〉라는 사직 상소를 올린 후 위험을 느끼고 마현으로 낙향한다. 1800년 봄이었다.

얼마 지나지 않아 낙향 소식을 들은 정조는 다시 다산을 불러들였다.

다산은 어쩔 수 없이 서울로 돌아갔다. 그 얼마 후 정조는 아전을 시켜 『한서선』 10건을 전해주며 5건은 집안의 가보로 전하고 5건은 제목을 써서 기일을 정해 궁궐로 들이라고 했다. 그때가 되면 오랜만에 얼굴이나 보자는 의미였다. 하지만 그 며칠 후, 다산이 5건을 궁궐로 들이기로 정한 기일의 하루 전에 정조는 갑자기 승하하고 만다. 아직도 세간에는 정조의 독살설이 떠돌고 있지만, 현재로선 종기로 인해 죽은 것이 정설이다.

그 슬픔이 어떠했을까.

'하루만 먼저 일을 마쳤으면 얼굴이라도 보고 헤어질 텐데' 하는 자책은 또 얼마나 클까. 정조의 죽음 후 목만중과 이기경 등은 "이가환 등이 난을 일으켜 4흉 8적을 제거하려 한다"는 유언비어를 날조해 유포하고 다녔다. 정조의 죽음을 빌미로 반대파는 끝장을 보자고 공격해왔다.

천붕지통(天崩之痛)을 감당할 겨를도 없이 다산은 다시 고향으로 내려왔다.

그리고 서재에 '여유당(與猶堂)'이라는 편액을 걸고 그 의미를 〈여유당기〉에 담아 경계로 삼았다. 여유당이라는 당호는 노자의 가르침에서 가져온 것으로 그 의미는 이러했다.

여(與)가 겨울에 시내를 건너는 것처럼 하고
유(猶)가 사방에서 엿보는 것을 두려워하듯 하라

고문서 및 금석학 연구자인 박철상 씨는 『서재에 살다』에서 '여'는 큰 코끼리를 말하고, '유'는 아주 의심이 많은 동물을 의미한다고 했다. 큰 코끼리가 겨울에 살얼음판 시내를 건너는 것처럼 조심해야겠다고 결심하는 심정은 우리의 상상으론 가늠이 안 되는 영역이다. 그러나 당시 다산이 느꼈을 고통과 두려움의 무게를 얼핏 상상해볼 수는 있을 것 같다.

결국 터지고 말았다.

아무리 조심하고 두려워해도, 정조준하고 달려드는 저들의 칼날을 피해갈 수 없었다. 이듬해 봄에 체포되어 서울로 압송되었다. 살얼음이 깨지고 신유사옥의 서막이 오른 것이다.

풍운지회는 그렇게 막을 내렸다.

올바른 임금 아래서만 올바른 신하가 빛을 발하는 법이니, 올바른 임금이 없는 궁궐에 올바른 신하가 설 자리는 없었다. 물고기는 넓고 깊은 물을 만날 때에만 마음껏 헤엄칠 수 있다. 다산과 정조는 바람과 구름, 물고기와 물의 관계였다. 정조가 규장각의 출입문을 어수문(魚水門)이라고 지은 것도 그래서일 터이다. 물고기가 마음껏 헤엄치듯, 능력 있는 신하가 그 재능을 마음껏 펼치길 바랐을 것이다. 훌륭한 임금과 능력 있는 신하가 부단히 드나들었던 그 문도 이제는 닫혔다. 한번 닫힌 문은 언제 다시 열릴지 장담하지 못한다. 그러니 꼭 훌륭한 임금과 능력 있는 신하가 아니더라도, 만약 당신이 회사의 대표나, 임원, 혹은 부장이나 팀장이라면 한 번은 새겨야 할 교훈이다. "나는 과연 부하직원이나 동료들이 마음껏 헤엄칠 수 있는 넓고 깊은 물이 되어주고 있는지."

죽란시사

유배 가기 전, 다산은 명례방(지금의 명동)에 살았다. 하지만 주변에 고관대작들의 집들이 많아 어데 구경할 만한 경치도 없이 답답하고, 거리엔 마차 지나가는 소리로 시끄러울 뿐이었다. 다산은 마당의 반을 뚝 떼어, 대나무로 울타리를 친 정원을 만들어 갖가지 꽃과 나무를 심은 화분으로 꾸며놓고 그 이름을 죽란(竹欄)이라 했다. 사실 이는 당시 사대부 사이에 유행한 취미였다. 그래 놓고 가까운 친구들을 불러 정원을 구경하며 술도 마시고, 시도 지었다.

당시 다산의 집에 자주 놀러왔던 친구 중에 채제공의 양자인 채홍원이 있었다.

둘은 동갑내기로 마음이 잘 맞았다. 어느 날 이렇게 놀 바엔 모임 하나 만들자고 의기투합했다. 그렇게 해서 죽란시사(竹欄詩社)라는 모임이 탄생한다(간혹 모임의 한자 표기를 '竹蘭'으로 오기하는 경우도 있는데, 정확한 표기는 '竹欄'이다). 요즘으로 치면 일종의 시동인이나 동호회인 셈이다. 지금도 그렇듯, 모임이 있으면 가입 조건과 활동 방향 등을 공유할 규약이 필요한 법이다. 그런데 둘이 만든 모임 규약이 재미있다.

당시에는 대략 위아래로 9살까지는 사회에서 친구로 지냈나 보다. 그런데 그렇게 되면 모임에서 가장 어린 친구와 최고 연장자 사이에 18살이라는 나이 차가 생길 수도 있었다. 그래서 둘이 합의 본 것이 자신들 기준으로 위아래 4살까지만 가입하도록 했다. 그러면 아무리 나이 차가 나봐야 8살이니 모두가 친구로 지낼 수 있었던 것이다. 그리고 7번의 정기 모임과 상황에 따른 번개 모임 조건도 규약에 명시했다. 정기 모임은 이렇다. 살구꽃이 피면 모이고, 복숭아꽃이 피면 모이고, 한여름에 참외가 익으면 모이고, 서늘한 바람이 불어 서쪽 연못에 연꽃이 피면 모이고, 국화가 피면 모이고, 겨울에 큰 눈이 오면 모이고, 세모에 화분의 매화가 피면 모였다. 아울러 번개 모임 조건은 이렇다. 득남하거나, 벼슬살이를 나가거나, 승진하거나, 아우나 아들이 과거에 합격한 경우 등 축하할 일이 있을 때 모였다. 물론 이때는 경사가 있는 쪽에서 술을 산다.

모임의 규약을 정하고 그 서문은 다산이 썼다.

그렇게 만든 죽란시사첩을 하나씩 나눠 가졌다. 요즘으로 치면 다산이 카페지기이고, 채홍원이 부운영자였던 셈이다. 이 모임의 전성기는 1796년 여름부터 다산이 곡산부사로 가는 1797년 6월까지였다. 모임 소식을 들은 채제공은 몇 가지 훈계와 더불어 성상(정조)의 은혜를 잊지 말라고 당부하는데, 그럴만한 이유가 있었다. 전체 회원은 15명이고, 이들은 모두 벼슬아치 명부에 이름이 올라가 있는 사람일 뿐 아니라, 이미 초계문신이 된 사람도 9명이나 되었는데, 모두 남인 출신이었다. 즉 정조가 즉위하고 20년 가까운 기간 동안 상당수의 남인 출신을 등용했기에 가능한 일이었다.

이 시기에 다산이 빠져 있던 취미는 일명 '그림자놀이'였다. 죽란에 18개의 국화 화분을 두었을 정도로 다산은 국화를 좋아했는데, 특히 등잔 불빛에 비친 국화의 그림자를 좋아했다. 야근하고 돌아온 밤이나 친구가 찾아와 술 한잔 걸친 밤이면, 벽과 그 주변을 깨끗이 정돈하고는 국화에 등잔 불빛을 비친 후 말없이 그 그림자를 즐겼다.

운명이다

가끔은 악착같이 살아온 시간들이, 그렇게 보낸 세월이 후회될 때가 있다. 그래 봐야 자신의 삶에서 나아지는 건 없고, 늘 살얼음판을 걸을 뿐이다. 얼음 위를 걷다 보면 안다. 그냥 한 번에 미끄러져 꽈당 넘어지면 오히려 낫다. 조금 아프더라도 툭툭 털고 일어나면 그뿐이다. 그렇듯 육체적 내상만 입으면 삶이 그리 힘들진 않다. 문제는 왼발과 오른발의 힘의 균형이 순간적으로 무너질 때다. 이때는 본능적으로 넘어지지 않으려고 버틴다. 발버둥 친다. 한쪽 날개의 기능을 잃은 나비의 비행 같이 예상치 못한 경로를 헤매다 결국 추락한다. 온몸 여기저기가 아프고 결린다. 몸만 아픈 게 아니다. 정신적으로도 내상을 입는다. 악착같은 마음은 속절없이 무너진다.

조선의 역사는 날개 잃은 나비의 날갯짓과 같았다.

붕당은 애초의 기능을 상실한 채 살육의 칼춤을 춰대기 시작했다. 견제와 균형과 같은 현대판 의회정치의 긍정적인 면은 깡그리 사라지고 권력의 영구 독점을 위한 술수만 열심히 가동되고 있었다. 의도했건 안 했건, 영조가 강조한 탕평책의 결말은 노론 정권의 권력 독점으로 이어졌다. 남인과 서얼을 등용해 실용적인 능력을 중요시하며 국가라는 조직 운용의 변화를 꾀했던 정조의 욕망은 그의 갑작스런 죽음으로 중단되었다. 구심점을 잃은 정치는 곧장 반동에 직면할 수밖에 없었다.

운명이란 어째서 운명일까.

자신이 아닌 외부의 힘에 의해 자기의 삶이 변하는 게 운명이다. 자기도 어찌하지 못한다. 부모든 친구든 당대 권력자든 그들의 삶이 자신에게 미치는 건 외부의 일이다. 먼 우주를 떠돌던 운석이 지구에 찾아옴으로써 당시 지구의 절대 지배자였던 공룡의 시대가 끝났다. 이또한 외부에서 촉발된 지구의 운명이고 공룡의 운명이다. 그리고 이는 다른 생명체에게는 또 다른 운명이 되고, 역사를 관통해 지금의 생명체에게도 계속 영향을 미친다. 이처럼 운명은 흔히 연쇄작용을 일으킨다. 하나의 운명은 다른 운명의 원인이 된다. 불가항력의 모든 것은 운명이다.

다산의 운명은 정조의 죽음과 깊은 관련이 있다.

운명은 흔히 "그때 그랬다면~"이라는 가정법을 쓰기 마련인데, 정조가 그때 죽지 않았다면 다산의 삶도 많이 바뀌었을 것이다. 그랬다면 앞서 언급한 서용보와의 인연도 다르게 흘러갔을 것이다. 그리고 현세를 사는 우리들의 삶도 바뀌었을지 모른다. 다산의 삶이 바뀌어 그 긴 유배를 겪지 않았다면 200여 년이 지난 우리가 그를 그렇게까지는 기억하지 않을 수도 있다. 하지만 운명의 주사위는 이미 던져졌다. 정약전의 말처럼 "그의 정치적 좌절이 개인적으로는 불행이었으나 세상을 위해서는 참으로 다행한 일이었다"고 받아들이면 된다. 그것이 다산과 우리 모두의 운명이다.

다만 어차피 인생은 정해져 있으니 내가 아무리 노력해도 소용없다는 식의 생각은 운명이 아니다. 운명은 마냥 기다리는 게 아니다. 자기 내부의 동력은 외부와 상관없이 돌아가야 한다. 자기가 할 수 있는 것은 다 해야 한다. 다산 또한 "내가 살아서 고향에 돌아가는 것도 운명이고, 내가 살아서 고향에 돌아가지 못하는 것도 운명이다"고 하면서도, 유배 생활 내내 자신이 해야 할 일에 몰두했다. 잘나가다가 하루아침에 무너져 내렸고, 머나먼 남쪽 땅 끄트머리로 외롭게 유배당한 다산의 심정이 오죽했겠는가. 그리고 해서 술에 취해 비탄을 쏟아낸 시간이 없었겠는가. 하지만 운명을 원망만 하고 있진 않았다. 500여 권의 저술은 그래서 탄생할 수 있었다.

갑자년 구상

정조는 세자가 15살이 되는 갑자년(1804)을 기하여 왕위를 넘겨준 후 상왕이 되어 화성으로 물러나고자 하는 이른바 '갑자년 구상'을 수립하고, 1794년부터 화성 신도시 건설을 추진하였다. 이를 위한 사전 정지 작업으로 우선 아버지인 사도세자의 묘소를 화성 인근으로 옮길 계획을 실행에 옮겼다. 그때가 1789년이다.

정조는 이제 막 문과에 급제한 다산에게 한강을 건널 수 있는 부교 건설 방안을 올리라고 지시했다. 정조가 다산을 처음부터 얼마나 신임했는지 알 수 있는 대목이다. 그렇게 해서 탄생한 게 뱃머리의 방향을 서로 교차하면서 연결한 배다리다. 뚝섬에서 강남으로 연결되는 배다리를 놓은 후, 원래 양주(지금의 동대문구) 배봉산 자락(지금의 서울시립대학교)에 있던 사도세자의 묘소를 현재 자리로 옮긴 후 융릉이라고 했다. 융릉이 있는 곳은 원래 오래전 도선국사가 명당으로 점찍어 둔 곳이기도 하며, 고산 윤선도가 효종의 능으로 잡아 놓은 자리였다. 하지만 우암 송시열을 위시한 서인의 반대로 무산되었다. 결국 효종은 지금의 구리시에 있는 동구릉의 태조 건원릉 옆에 묻혔다가, 물이 샌다는 이유로 여주 영릉으로 천장했다. 서인이 반대한 이유는 빤했다. 남인이 정한 곳을 택할 순 없었다. 고산은 남인이었다. 결국 그 덕분에 그 땅은 사도세자의 차지가 되었다. 이장한 후에 순조가 태어났는데 할머니인 혜경궁 홍씨와 생일이 같았다. 그러자 정조는 수원의 지덕 때문이라고 믿었다. 이런 이유로 여주에 가면 영릉이 두 군데 있다. 조선

왕실 최초의 합장릉인 세종과 소헌왕후의 영릉(英陵)과, 효종과 인선 왕후의 쌍릉인 영릉(寧陵)이 같은 산자락 양 귀퉁이에 사이좋게 있다. 둘 다 원래의 자리에서 천장한 사연을 가진 왕릉이었다.

정조에게 갑자년 구상은 오랜 고민을 통한 일생의 계획이었다.

이 계획을 눈치 챈 노론 벽파는 어떡하든 방해하려고 시비를 걸었다. 정조에게는 누구보다 믿을 만한 사람이 필요했다. 그렇게 해서 선택된 사람이 정약용과 채제공이었다. 정조는 300개 고을에 지시해 기존의 읍성 설계도와 그 개선안을 올리라고 지시했다. 그러나 고을 수령들은 임금의 명이니 아니할 수는 없고, 성의라고는 눈곱만큼도 없이 대충대충 해서 보냈다. 정조는 화가 치밀었지만 어쩔 수 없었다. 정조는 1792년에 부친상을 당해 여막살이를 하고 있던 다산에게 화성의 기본 설계를 작성하라고 지시했다. 오죽하면 관직을 내놓고 상중인 사람에게 그토록 중요한 계획을 맡겼겠는가. 정조는 다산에게 이렇게 말하지 않았을까. "여막살이하는 동안은 특별히 할 게 없잖아. 그러다간 머리 굳어. 그러니 시간 나는 대로 짬짬이 화성 설계나 구상해서 올려 봐." 그리고 이듬해 채제공을 화성유수로 발령했다. 이로써 정조, 다산, 채제공이라는 완벽한 라인업이 꾸려지게 되었다.

다산이 거중기와 활차를 고안해 화성 쌓는 데 이용했다는 이야기는 워낙 유명하다.

그런데 이게 실질적으로 중요한 이유는 엄청난 공기 단축을 가져왔다는 점이다. 애초에 정조는 다산과 채제공에게 10년의 기한을 줬는데, 새로운 장비를 이용해 2년 9개월 만에 성을 쌓았다. 그럼으로써 기록에 의하면 4만 냥의 경비를 절약할 수 있었다. 성이 완성되자, 정조는 융건릉의 땅에 살고 있던 사람들을 신도시인 화성으로 옮겨 살도록 했다.

결국 정조의 갑작스런 죽음으로 갑자년 구상은 화성을 쌓는 데에서 멈추고 말았다.

정조는 화성으로 옮겨서 무엇을 하려고 했을까? 정조는 아버지의 죽음에 억울한 마음을 가지고 있었기에 즉위 초부터 사도세자의 복권에 공을 들였다. 즉위하면서 아버지의 존호를 장헌으로 올리고, 1789년 묘를 옮긴 후 능호를 융릉으로 바꾸었다. 하지만 그것으로 억울한 마음이 다 풀릴 수 있을까. 아버지를 좁고 무서운 뒤주 속에서 굶겨 죽인 자들을 아들로서 과연 용서하는 게 맞는가. 용서는 할 수 있는 건가. 수십 년간 정조의 마음속에서 떠나지 않은 화두였을 것이다. 할아버지인 영조는 행여 손자가 복수할까 봐 노심초사하면서 덮고 잊으라고 했지만, 그게 그러란다고 그렇게 될 일인가. 하물며 어린 정조는 아버지가 비참하게 죽임을 당할 때 현장에 있었다. 그게 어찌 쉽게 잊히고 용서가 되겠는가.

그래도 차마 현직 임금의 자리에서는 할 수 없었으리라.

화성을 짓는 동안 정조는 인근의 독산성에 머물기도 했었다. 그곳은 1593년, 임진왜란 때 권율이 왜적을 물리친 성이었다. 그곳에서 벽돌이 하나씩 올라가는 화성을 보면서 자신의 오랜 결심을 굳혔을 것

신풍루

화성행궁의 정문이다.

서장대에서 내려다본 화성행궁

행궁은 정조가 현륭원에 행차할 때 임시 거처로 사용한 곳이다.

이다. 아버지 죽음의 원수를 갚지 않고, 죽어서 어찌 아버지를 볼 것인 가. 하지만 역사는 또 한 번 의도치 않은 쪽으로 흘러가고 말았다.

신유사옥

화불단행(禍不單行)이라고 했던가. 남인의 그늘막이 되어주었던 채제 공이 죽자, 스승이나 다름없었던 정조가 승하하고, 정순왕후를 중심 으로 권력을 잡은 노론 벽파는 천주교 탄압을 본격화해 수많은 사람 들을 반역죄로 심문한 끝에 처형하거나 머나먼 곳으로 유배 보냈다. 재앙이란 그저 한 번으로 끝나지 않고 이렇듯 겹쳐서 오는 법인가. 얼 마 되지도 않는 짧은 기간에 일어난 일이라고는 도저히 믿을 수 없는 일들이 쓸고 지나갔다. 다산도 여기서 자유로울 수 없었다. 아니, 반대 파인 노론의 가장 중요한 목표물이 다산이었다. 차기 재상감의 싹을 이참에 끊어놔야 했다.

다산의 집안은 말 그대로 풍비박산이 났다.

천주교에 연루된 사람들은 다산의 집안과 이런저런 인연을 맺은 사 람들이 대다수였다. 셋째 형인 약종을 비롯한 수많은 사람들이 죽임 을 당했다. 다산은 경북 장기로, 중형인 약전은 전남 신지도로 기약 없는 유배의 길을 떠났다.

다산은 장기로 가는 길에 있는 충주 하담의 부모님 묘소에 들렀다. 묘소에서 아들에게 쓴 편지에 "귀양을 보내도 아버님 묘소가 있는 곳을 지나게 해주시니 어딘들 임금의 은혜가 미치지 않는 곳이 있겠느냐"라는 문구가 있는 걸로 봐서, 당시에는 그게 가능했던 것 같다. 다산은 묘소에 도착하자마자 "걷잡을 수 없는 눈물을 한바탕 뿌렸다." 그런 후 〈하담별(荷潭別)〉이라는 이별시를 쓴다. 어쩌면 정조의 죽음부터 신유사옥으로 이어지는 드라마틱한 상황을 겪은 다산의 당시 심정을 가장 잘 드러내주는 시인 듯해 그 일부를 여기에 옮겨 적는다.

제 목숨 겨우 부지했지만

육신은 애석하게도 이미 이지러졌지요

아들 낳으시고 부모님 기뻐하시며

부지런히 붙들어 기르셨지요

하늘같은 그 은혜 갚으려 했더니

죄인 되어 유배 갈 줄 어찌 알았겠어요

세상 사람들이여

다시는 아들 낳았다 기뻐하지 마오

사람은 누구나 단기간에 엄청난 사건을 겪으면 육체적, 정신적 후유증을 겪게 된다. 다산 또한 그랬다. 부모 묘소에서 "눈물을 한바탕 뿌리고", "세상 사람들에게 다시는 아들 낳았다 기뻐하지 말라"고 탄식한들 고통이 사라지진 않는다. 『유배지에서 보낸 편지』(박석무 편역)에는 다산이 장기에 도착해서 쓴 편지가 있는데, 당시 다산이 겪은 고통이 얼마나 심했는지를 보여준다.

"내 병은 약을 먹고부터는 그런대로 나아지는 듯하고 공포증과 몸을 반듯이 세울 수 없던 증세 등도 호전되었다. 다만 왼쪽 팔의 통증이 아직 정상으로 돌아가지는 못했어도 점점 차도가 있는 것 같다."

호전되고 차도가 있다는 표현은 아내나 아들들에게 걱정하지 말라는 의미로 붙인 것이고, 핵심은 실제 증상이다. 반듯이 세울 수도 없는 몸인데다 팔의 통증은 멈추지 않는다. 당시 다산의 나이는 마흔 살이다. 적은 나이는 아니지만 그리 많은 나이도 아니다. 심문 과정에서 몸은 완전히 고장 나 있었다.

하지만 복수불반분(覆水不返盆)이라 했던가.

한번 엎지른 물은 다시 담을 수 없다. 삶의 행로가 크게 바뀐 것이다. 돌이킬 수 없다. 유사 이래로 인간의 삶은 늘 그래왔다. 요즘도 마찬가지 아니던가. 고용이 불안정해진 이후로 사람들은 툭 하면 회사에서 쫓겨났다. 이는 갈수록 심해졌다. 고용 형태에서 계약직의 비중이 높아지자, 사람들은 이제 무시로 쫓겨났다. 삶에서 강제로 이탈당한 사람들의 처지나 심정은 예나 지금이나 비슷하다.

육체적인 증상보다 더 큰 문제는 공포증을 겪고 있다는 점이다. 요즘으로 치면, 상당한 트라우마에 시달리고 있었다. 아마도 다산은 죽음의 공포를 오랫동안 겪었던 듯하다. 정조가 승하하기 전에 관직을 내놓고 고향으로 내려간 것도 이와 무관하지 않다. 그 공포는 정조가 죽으면서 점점 강력해지고, 신유사옥으로 심문을 받으면서 절정에 이르지 않았을까. 아무리 위대한 사람이라 하더라도 흔히 정신적으로 완벽하진 않다. 위대함이란 그러한 불완전성을 극복하고 수많은 성과를 이루었기에 가능했을 것이다. 당시 다산이 느꼈을 공포를 생각하니 내 속 또한 찌릿하는 건 어쩔 수 없다.

다산 주변의 천주교인들

신유사옥 전후로 활동했던 천주교 관련 인물들의 다산과의 관계와 함께 그들의 삶을 간략히 정리하면 이렇다.

정약종은 다산의 셋째 형이다.

주문모가 만든 최초의 천주교리연구회인 명도회(明道會)의 초대 회장을 맡았다. 신유사옥 당시 시골로 은신할 계획으로 천주교의 성상이나 서적 등을 큰 상자에 담아 솔잎으로 덮어 나뭇짐으로 위장하여 나르도록 시켰는데, 그것이 적발되어 압수당했다. 이른바 '책롱(冊籠) 사건'이다. 그 속에서 천주교도들 간 주고받은 편지들이 많이 나옴으로써 수많은 사람들이 체포되었다. 그나마 편지 내용 중에 정약용과 정약전이 천주교도로 활동하지 않았다는 증거가 나와, 그 둘은 죽음을 면할 수 있었다. 신유사옥 때 아들 정철상과 함께 순교하였다. 이후 1839년에 아들 정하상과 아내 유소사, 딸 정정혜도 순교하였다.

이승훈은 다산의 매형이다.

1783년에 동지사의 서장관인 아버지를 따라 청나라에 갈 때, 이벽의 요청으로 서학 서적을 구하기 위해 북경 천주교당을 찾아가 천주교 서적을 접하고 교리를 연구한 후 입교할 것을 결심했다. 이듬해 중국에서 영세를 받고 한국 최초의 천주교 영세신자가 되어 돌아왔다. 그래서 역사에서는 우리나라 천주교의 원년을 이승훈이 영세를 받고 돌아온 1784년으로 잡는다. 그 후 1785년에 중인인 김범우의 명례동 집에 조선 최초의 천주교회를 세웠다. 다산도 이곳에서 행해진 미사에 참석한 적이 있었다. 신유사옥으로 순교한 후 천진암에 묻혔다. 천진암은 폐사된 사찰로, 지금은 한국천주교회의 발상과 관련된 사적지가 되었다. 이벽, 정약종, 권철신, 권일신, 이승훈 등의 묘소가 이곳으로 이장되었다. 이승훈의 아들과 손자는 1866년에, 증손자 둘은 1871년에 순교하여 4대에 걸쳐 순교하였다.

　이벽은 다산과 사돈 관계다.

　다산의 큰형수가 이벽의 누이다. 이승훈이 중국에서 영세를 받고 돌아오자마자 그가 구해온 천주교 서적을 가지고 본격적으로 교리 연구에 매진했다. 그 얼마 뒤 이벽은 다산의 형수이자 자신의 누이의 기일을 치르고 다산 형제와 함께 두미협을 지날 때 그들에게 처음으로 천주학을 포교하였다. 교리를 완벽히 깨우친 이벽은 이후에 벌어진 여러 논쟁에서 오히려 상대방을 감화시켰다. 그러나 이벽은 1785년에 아직 젊은 나이인 32살로 생을 마감했다.

윤지충은 다산의 외사촌 형이다.

진산(지금의 금산)에 살던 그는 천주교에 입교한 후 1791년에 모친상을 당하자 신주를 불사르고 제사를 지내지 않았다. 그로 인해 자신의 영향으로 입교한 외사촌 권상연과 함께 전라 감영으로 이송되어 전주 남문 밖(지금의 전동성당)에서 순교하였다. 이 사건이 바로 진산사건으로도 불리는 조선 최초의 천주교 박해 사건인 신유박해이다. 사실 초기의 조선 천주교에서는 제사 문제를 강요하지 않았다. 그래서 성호 이익 같은 사람도 천주교에 호의적이었다. 그러나 1790년 북경 교구가 조선 천주교회에 제사 금지령을 내리자 윤지충이 이에 따르다가 순교한 것이다.

권철신은 성호 이익의 수제자로 성호학파의 흐름을 이끌던 당대의 학자였다. 그러나 일찍이 과거를 포기하고, 천주교에 입교해 세례를 받고 교리 연구에 집중하다, 신유사옥 때 순교했다. 그의 동생 권일신은 정약전의 장인이었으며, 형과 함께 성호 이익의 제자였다. 윤지충의 진산 사건으로 인한 신해박해 때 먼저 순교했다.

이가환은 성호 이익의 종손이자 이승훈의 외삼촌이다.

천주교와 관련해 이벽과 3일간 논쟁을 벌인 끝에 입교한다. 1791년 신해박해 때 체포되었다가 풀려난 이후에는 지방관으로서 천주교를 탄압하기도 했으나, 1801년 신유사옥 때 결국 순교했다. 정조가 '정학사(貞學士)'라 부를 만큼 인정한 대학자이자, 스스로 "내가 죽으면 이나라에 수학의 맥이 끊어지겠다"라고 할 만큼 수학의 대가였다.

황사영은 다산의 큰형인 정약현의 사위로 다산의 조카사위다. 그 유명한 백서 사건으로 능지처참당했다. 이 사건은 다산의 인생에도 굉장히 중요한 영향을 끼치므로 뒤에 다시 살펴보기로 하자.

다산 집안에서 천주교에 대한 믿음의 중심은 정약종이었다. 정약전은 심문 과정에서 천주교와의 관련성을 인정했는데, 그 이유는 집안이 몰락하는 결정적인 계기가 된 동생이지만 동생과 조카들을 부정하면서까지 굳이 살고 싶지 않았기 때문이라고 한다. 이에 비해 다산은 화를 피하기 위해 천주교를 부정했다. 다산은 어떤 이유보다도 제사를 지내지 않아야 한다는 교리에 크게 반발하고 천주교에서 손을 떼고 마음을 끊었다. 어쩌면 진산 사건을 보면서 마음을 굳히지 않았을까. 이는 다산이 공부의 근본으로 효제를 강조한 걸 보면 이해가 된다. 다산은 유배지에서 아들들에게 보낸 편지에서 효제를 숭상하라고 여러 번 당부했다. 사실 당시 천주교 탄압의 명분 중 하나는 제사 문제였다. 어쨌든 다산은 천주교에서 마음을 완전히 끊은 것 같다. 그가 금정찰방으로 있을 때 천주신자인 이존창을 체포한 것도 그렇고(이존창은 신유사옥 때 순교한다. 충청도에서 천주교가 처음 전파된 예산의 여사울성지는 그의 생가터다), 자신의 형제들에게 포교를 실패했다고 하는 정약종의 진술 내용을 봐도 그렇다.

천주교 문제를 들여다보면, 당시 젊은 학자들의 관심을 끈 청나라

연행길은 조선 사회의 큰 두 흐름과 연결된다. 하나는 실학이고 하나는 천주학이다. 당시 연경은 이미 세계의 중심이었다. 명나라가 중화사상을 부르짖을 때는 그들만의 외침이었지만, 청의 연경은 경제적, 사상적으로 세상의 중심이었다. 조선의 젊은 학자들은 각자 자신이 처한 처지에서 연경의 신문물과 신학문을 받아들였다. 연암을 필두로 서자 출신이 많은 북학파의 연행길은 실학적 관심에서 중국의 문물과 제도 및 신학문에 더 관심을 두었다. 반면에 오랫동안 권력에서 소외를 받아온 남인 출신들은 천주학에 더 관심을 두었을 가능성이 크다.

황사영 백서 사건

황사영은 남인 명문 가문의 유복자로 태어났다. 전하는 말로는, 16살의 어린 나이에 진사 시험에 합격해 정조가 친히 그의 손목을 어루만졌으며, 당시 풍속에 따라 임금이 만진 손목을 더럽히지 않으려고 붉은 비단을 감고 다녔다고 한다. 흡사 요즘의 아이돌 팬들을 생각나게 하는 이야기다. 그의 인생이 바뀐 건 다산 일가를 만나면서부터다. 다산의 큰형인 정약현의 사위가 되어 처가에 드나들면서 정약종에게 천주교 교리를 배워 입교한다.

황사영은 1795년 밀입국한 중국인 신부 주문모에게 영세를 받고 측근으로 활동할 만큼 독실한 신자였다. 1801년 신유사옥 당시 27살의 황사영은 10일 이내에 체포하라는 특별 수배령이 떨어지자, 수염을 모두 깎고 상복으로 갈아입은 채 충북 제천의 배론 토굴에 숨었다. 토굴에 은신하면서 신유사옥의 전말과 향후 조선 천주교 재건을 위한 방책 등을 적어 북경의 교회에 도움을 청하기 위해서 백서를 작성했다. 그러나 동료가 백서를 전달하러 가는 과정에서 관헌에 체포되고, 1801년 10월 3일 황사영도 토굴에서 체포되었다. 백서(帛書)는 비단에 쓴 글이라는 의미이다. 사실 백서는 죽간(竹簡)과 함께 오래전부터 글을 기록하는 방법이다. 지금도 기원전의 분묘에서 백서가 발견되곤 한다.

황사영이 작성한 백서가 당시뿐 아니라 지금도 사람들에게 비판받는 것은 바로 그 내용이었다. 서양의 전함과 군대를 조선에 파견하여 조정을 협박해 신앙의 자유를 획득하거나 그러지 못하면 조선을 정복해달라는 내용이 대표적이다. 결국 황사영은 능지처참을 당하고, 어머니는 거제도로, 아내는 제주도로, 두 살배기 아들은 추자도로 귀양 가는 비운을 맞는다.

황사영 백서사건은 다산의 삶에 직접적인 영향을 미쳤다.

이 사건으로 인해 다산의 귀양지가 바뀌기 때문이다. 신유사옥은 실질적으로는 정치적 숙청을 겸한 것이었다. 노론 일파가 정조의 통치 아래 어쩔 수 없이 남인들에게 나누어주었던 권력을 회수하는 기회로 삼은 사건이었다. '장래 재상감'으로 정조의 총애와 비호를 받으며 정치적으로 성장하고 있었던 다산은 중요한 표적 중 하나였다. 하지만 신유사옥 때 다산을 죽이지 못한 홍희운, 이기경 등 노론 벽파들은 백

배론 성지

신유사옥 때 황사영은 이곳 토굴에 숨어 지내며,
백서를 작성해 북경 교회에 전달하려다 체포되어 순교한다.

서사건을 핑계로 다산과 정약전을 다시 압송했다. 그들은 "천 사람을
죽이더라도 정약용을 죽이지 않으면" 아무 소용이 없다며 대놓고 다
산의 목숨을 노렸다.

  신유사옥으로 경북 장기로 유배를 갔던 다산은 백서사건으로 서
울로 압송된 뒤 다시 강진으로 유배를 떠났다. 다산연구소 박석무 이
사장은 "강진에 왔기에 지금의 다산이 있었다"고 말한다. 왜 그럴까?
강진과 붙어 있는 해남에는 외가인 해남 윤씨의 녹우당(綠雨堂)이 있
었다. 고산 윤선도가 살았던 집으로, 당시에 조선에서 책이 가장 많은
곳 중 하나였다.

"역사에는 가정이 없다"라는 말이 인구에 회자되는 건 사람들이 그만큼 가정을 많이 하기 때문이기도 하다. 만약 백서사건이 일어나지 않아 다산이 장기에서 18년의 유배 생활을 했다면, 『목민심서』를 비롯한 그 많은 책의 저술이 가능했을까? 물론 다산은 장기에 머물렀던 약 7개월 동안에도 이미 몇 권의 책을 저술했으니, 다산이라면 장소에 구애 없이, 또한 녹우당의 책들이 없더라도 충분히 저작 활동을 했을 것이다. 하지만 당시의 장기는 강진보다 훨씬 척박한 땅인데다, 다산보다 먼저 그곳으로 유배를 왔던 우암 송시열이 지역 주민들의 대접을 받은 것에 비해 다산은 푸대접을 받았다고 하니, 어쩌면 다른 결과물이 나왔을지도 모를 일이다. 어쨌든 역사만큼 나비효과 이론을 실감하게 하는 것도 없는 것 같다.

이제야 겨를을 얻었구나!

임금의 신임을 받았던 장래 재상감은 그렇게 사학죄인의 신세로 역적이 되어 멀고 긴 유배를 떠났다. 언제 다시 돌아갈 수 있을지 기약조차 할 수 없는 길, 무수히 많은 선학들이 걸었던 그 길을 따라 남쪽 끝 강진으로 향했다. 그나마 형 약전이 곁에 있어서 다행이었다. 연초에 장기로 유배 갈 때만 해도 한강을 건너면서, 신지도로 향하는 형과 헤어졌었다. 그때 걸었던 그 길을 형은 음력 11월의 추운 바람과 맞서며 몇 개월 만에 다시 걷고 있었다. 형은 이번에는 흑산도까지 가야 한다.

지난번보다 더 멀어졌다. 여차하면 마음이 무너질 법도 한데 형제는 서로를 의지하며 걸었다. 오래전에도 형제는 이 길을 함께 걸었었다. 다산이 16살 때, 화순 현감으로 부임하는 아버지를 따라 형과 함께 걸었던 길이다. 하지만 함께 걸을 수 있는 기쁨도 나주까지 뿐이었다.

정읍을 지날 때에는 우암 송시열을 한 번쯤 떠올렸을까.

송시열은 지난번 유배지인 장기에서도 어쩔 수 없이 떠올렸던 적이 있었다. 송시열은 제주 유배에서 압송되어 올라오던 길에 정읍에서 사약을 받고 숨을 거뒀다. 노론의 영수였던 사람도 유배길에 속절없이 객사의 운명을 맞은 것이다. 자신과 형이라고 해서 어찌 다시 한양 땅을 밟을 수 있을 거라 장담할 수 있을까. 1801년 11월, 나주 율정(밤남정)에 도착했다. 하룻밤만 자면 형과 헤어져야 한다. 다산은 왼쪽 길을 잡아 강진으로, 형은 오른쪽 길을 잡아 걷다가 다시 배를 타고 흑산도로 가야 한다. 결국 그 날이 서로 지기(知己)가 되어주었던 형제의 마지막 밤이었다. 바다를 건너간 형은 살아서는 다시 바다를 건너오지 못했다.

다산은 강진에 머물면서 거처를 네 군데나 옮겼다.

당시 다산은 역적으로 유배형을 받아 강진에 온 죄인이었다. 조선시대에도 형벌에 관한 법률이 존재했고, 유배객은 의금부 도사가 유배지까지 압송하거나, 너무 먼 거리의 경우 편의상 중간 고을들이 인계받아 릴레이식으로 압송했다. 유배지에 오면 해당 지방관에게 인계하는데, 지방관은 보수인(保授人)을 지정해 집을 제공토록 했다. 그런데 다산은 처음에 강진 읍내에 들어왔으나 머물 거처가 없었다. 백성들은 역적으로 판결을 받고 천주학쟁이로 의심받는 사람을 받아주기는 커녕 피했다. 다산은 그때의 심정을 "마치 큰 해독으로 보아 가는 곳마다 모두 문을 부수고 담장을 무너뜨리면서 달아나버렸다"고 기록했다. 그러니 보수인으로 지정할 만한 집이 없었다. 날도 몹시 추웠다. 그런데 한 사람이 다산을 불쌍히 여겨 자기 집에서 살도록 해주었다. 바로 동문 밖에 있던 주막집 노파였다. 다산은 주막집 한 귀퉁이 방을 차지한 채 한동안 창문을 닫아걸고 밤낮으로 혼자 앉아 있었다.

이럴 때는 당사자의 심정으로 빙의해보는 것도 인문여행의 한 방법이다.

부푼 꿈을 안고 과거에 합격해 임금의 총애를 받으면서 부지런히 일만 했다.

곡산 부사 시절엔 농민들의 고통을 누구보다 공감하면서 그들이 억울하게 당하지 않고, 좀 더 잘살게 하기 위해 밤낮으로 연구했다. 나름 많은 성과도 내면서 보람도 있었다. 그런데 그토록 의지하고 힘이 돼주었던 두 명, 채제공과 정조 임금이 연달아 돌아가시자, 자신을 시기하고 질투하던 반대 세력에 의해 천주학쟁이라는 누명으로 역적으로 몰려 저 멀리 경상도 장기를 돌아 남쪽 끝 강진까지 오게 되었다. 처음엔 몸 하나 누일 방 한 칸도 구할 수 없었다. 때는 음력 11월로 한겨울이었다. 그러니 그 심정이 어쨌겠는가. 눈을 감아도 잠이 오지 않고, 음식을 한 숟갈 입에 넣어도 편히 씹히지 않았을 것이다. 더군다나 사람들은 그를 마치 뭐 보듯 하면서 피했다. 집에 두고 온 아내나 아들들, 특히 이제 갓 핏덩이를 벗어난 어린 아들이 얼마나 보고 싶었을까. 또한 자신을 그토록 어여삐 여겨 주시던 정조 임금은 또 얼마나 보고 싶었을까.

이 고통 저 근심으로 평소 멀리하던 술이 밤마다 늘지 않았을까.

실제로 당시에 지은 시에는 이런 구절이 있었다. "땅의 장기 때문에 겨울옷 외려 얇고, 근심 많아 밤중이면 술을 더 마신다네." 설령 말을 하고 싶어도 함께 이야기할 사람이 없었다. 궁벽한 시골 동네에는 자신의 심정을 하소연할 상대도, 서러움과 억울함을 함께 할 친구도 없었다. 먼 타향의 겨울 날씨는 또 얼마나 뼛속을 파고들었겠는가. 다산은 그렇게 주막에서 한동안 고통 속에서 시간을 보냈을 터이다. 누구라도 그러했을 것이다. 아무리 성인군자라 하더라도 이를 피하긴 힘든 법이다. 그렇게 얼마의 시간을 보낸 후, 아마도 다산은 맘을 다잡고 일어났을 것이다. "이제야 겨를을 얻었구나." 다산은 스스로에게 긍정성을 부여했다.

이 말을 언제 했는지는 정확하지 않다. 혹자는 다산이 강진에 도착하자마자 이 말을 했다고 하는데, 내가 보기에 그건 너무 이르다. 형인 정약종을 비롯해 가까이 지내던 많은 사람들이 참수를 당하고, 집안이 폐족이 되고, 형과 나주에서 헤어진 지 하루밖에 지나지 않았을 뿐더러, 읍내 사람들의 냉대 속에 간신히 주막에 방 한 칸 얻어들어가서, 그런 깨달음이 가당키나 하겠는가. 더군다나 정조에 대한 그리움도 채 가시지 않은 상태였다. 그때는 몸과 정신도 완전히 망가져 있었다. 그런 상황에서 그럴 수 있는 인간이 몇이나 되겠는가. 처음에는 이런저런 상념으로 괴로운 시간을 보냈다고 보는 게 더 합리적인 상상이다.

그러니 적응의 시간이 필요하다.

시간이 약이 되는 건 그때나 지금이나 마찬가지다. 한동안 창문을 닫아걸고 혼자 뒤척였을 것이다. 때론 주모에게 술을 청해 취하기도 했을 것이다. 그러면서 그 동안의 시간을 되돌아보았다. 제대로 책을 읽고 공부한 기억이 별로 없었다. 잠깐 과거 공부만 한 게 전부였다. 시험을 위한 공부였지 진짜 공부가 아니었다. 성균관에 들어간 후부터는 임금이 내주신 무수한 과제에 답하고, 주어진 업무를 처리하느라 시간을 다 보냈다. 그때는 그렇게 사는 게 행복했다. 정조 같은 임금과 함께라면 백성을 위한 정치를 할 수 있을 것 같았다. 이미 썩을 대로 썩어빠진 나라를 개혁해 새로운 나라로 바꿀 줄 알았다. 하지만 세상은 자신의 손을 잡아주지 않았다. 서럽고 울화가 치밀지만, 이 또한 운명 아니겠는가.

어느 정도 시간이 흐르자, 마침내 방문을 열고 다시 세상을 마주했을 것이다.

다산이 털고 일어나고, 또 얼마의 시간이 흐르니 읍내 사람들도 더는 그를 피하지 않았다. 인간사 모두 마찬가지 아니던가. 염라대왕도 며칠 같이 지내다 보면 친숙해지는 게 세상살이다. 또한 시간을 두고 겪어보면, 덕이 있는 사람은 알아보게 마련이다. 책도 꺼내 읽었다. 그러자 동네 어린 친구들이 배움을 청하러 하나씩 찾아왔다. 그런 촌구석에 다산만한 스승이 어디 있겠는가. 주로 아전의 자식들이었다. 백성들을 못살게 굴고 수탈하는 아비들일망정, 그 아들들이 무슨 죄가 있겠는가. 혹자는 보다 못한 주막집 노파가 "그렇게 허송세월하지 말고 제자라도 길러보라"고 다산에게 충고했다고 하나 확실하진 않다.

그렇게 어린 제자들을 가르치면서 유배 생활이 안정을 찾아가자, 다산은 자신이 머물던 방에 '사의재(四宜齋)'라는 이름을 붙였다. 유배 온 지 2년이 지난 1803년 11월(음력)이었다. 그리고 그때가 돼서야 "이제야 겨를을 얻었구나"라고 하지 않았을까. 이쯤이면 삶의 활력을 조금은 찾았을 때다. 사의재란 이름을 붙여준 날은 마침 갑자년이 시작되는 날이었다고 한다. 뭔가 결심하기 좋은 날 아니겠는가. 이날 『주역』의 건괘를 읽었다고 하니, 훌훌 털고 마음을 다잡은 걸 표현하기엔 적당한 날이었다.

또 하나 가능한 시나리오는 이렇다.

다산은 두 아들에게 보낸 편지에서 "나는 임술년(1802) 봄부터 책을 저술하는 일에 마음을 기울여 붓과 벼루를 옆에 두고 밤낮으로 쉬지 않고 일해 왔다"고 썼다. 이를 근거로 보면, 1801년 11월에 강진에 왔으니, 그해 겨울은 골방에 박혀 좌절 속에서 고통을 다스리는 시간이었을 것이다. 그렇듯 몸도 마음도 추운 겨울이 지나고 봄이 오자, 저 앞산에서 동백향이 날아오기 시작하고 주막의 담벼락에도 개나리와 목련이 꽃을 피웠다. 봄기운 따라 빼앗긴 마음에도 봄이 오지 않았을까. 다산은 봄 기지개 한 번 켜고 다짐했을 수도 있다. "이제 겨를을 얻었구나!"

역사의 빈 공간은 때론 알려진 역사적 사실을 바탕으로 타당한 상

사의재

다산은 강진에 유배되어 머물던 동문 밖 주막집에 '사의재'라는 이름을 붙였다.

상력을 가미하여 재구성해야 한다. 이 또한 인문여행의 맛 중 하나이다.

　사의재란 네 가지를 마땅히 해야 할 집이라는 의미이다.

　그 네 가지란, '생각은 마땅히 맑게 해야 한다, 용모는 마땅히 단정해야 한다, 말은 마땅히 과묵해야 한다, 행동은 마땅히 중후해야 한다'를 말한다. 지금은 주막집을 깔끔하게 복원하고 '4의재'란 간판을 걸어 두었는데, 당시 다산의 심경이 그대로 전해오면서도 숫자로 표기해서 그런지 정감이 있다. 다산이 이런저런 활동을 재개하자, 강진의

고성사 보은산방

강진 시절 다산의 두 번째 거처로, 1년 정도 머물렀다.

항촌에 사는 부자인 윤서유 일가도 이래저래 도움을 주기 시작했다. 윤서유의 아들인 윤창모 또한 다산의 제자가 되었으며, 나중에 다산의 외동딸과 결혼했다. 그렇게 대략 4년을 보냈다.

그런 와중에 큰아들 학연이 처음 아버지를 뵈러 내려왔다. 읍내에 머물 곳이 마땅치 않자, 다산은 아들과 함께 고성사(보은산방)에 방을 청해 머무른다. 아마도 내 생각엔 아암 혜장이 주선했을 것 같다(혹자는 보은산방에 기거하던 겨울에 큰아들이 찾아왔다고도 한다). 그렇게 또 1년 정도 머물다, 제자인 이학래(이청)의 집으로 들어가 약 1년 반 정도 머문다. 그리고 1808년 봄에 외가와는 파가 다르지만 같은 해남 윤씨 가문인 윤단의 산정이 있는 다산초당으로 초빙되어 1818년 해배될 때

까지 약 10년을 머물게 된다. 윤단은 다산초당 아래에 있는 귤동마을
에 살았다. 유자가 많아 이름 붙여진 마을이었다. 다산은 머물던 모든
곳에서 저작물을 남겼지만, 우리가 아는 대부분의 다산 저작들은 여
기서 완성을 했거나 초안을 잡은 것이다.

Guide's Pick

다산과 술

유배 중이던 다산이 아들들의 공부를 질책하는 편지에 술 이야기가 나온
다. 둘째 아들에게 쓴 편지에서다. 이야기의 시작은 이렇다.

1805년 처음으로 강진에 찾아온 큰아들에게 다산은 술을 한잔 권한 모양
이다.
큰아들이 취하지 않자, 동생의 술 실력은 어떤지 물어본다. 동생이 자기
보다 배 이상 잘 마신다고 대답하자, 다산은 "어째서 글공부에는 아비의
성벽(性癖)을 계승하지 않으면서 주량만은 아비를 능가하느냐? 이것은
좋은 소식이 아니다"면서 혼을 낸다. 그러면서 자신의 술 이야기를 한다.

자신은 이제껏 취하도록 마셔본 적이 없어서 주량을 잘 모른다면서, 주량
과 관련해 두 개의 기억을 끄집어낸다. 한 번은 성균관 유생 시절에 반시
에서 높은 성적을 받은 때였다. 정조가 그를 창경궁 중희당으로 불러서
최근에 새로 인쇄한 책은 상으로 다 받았느냐고 묻고는 "상을 주고 싶어
도 줄 게 없구나" 하시면서 대신 소주를 옥필통에 가득 따라 주었다. 술

을 못 마신다고 사양하자, 명령이라면서 한 번에 쭉 마시라고 한다. 거역할 수가 없기에 마음속으로 '오늘 나는 죽었다'고 생각하며 다 마셨으나 심하게 취하지는 않았다.

또 한 번은 창경궁 춘당대에서 시험 답안을 검토할 때였다.
정조가 하사한 술을 마시고 다른 사람들은 곤드레만드레 취해 인사불성이 되었지만, 자신은 시험 등수까지 다 매기고 나서 퇴근 무렵에야 어렴풋이 취기가 돌았을 뿐이라고 한다. 그러면서 "너희들은 내가 술을 반 잔 이상 마시는 것을 본 적이 있느냐?"며 편지를 보내 아들들을 다그친 것이다.

그런 다음 다산답게 명언으로 마무리하며 아들들을 다독인다.
"술의 참맛이란 입술을 적시는 데 있다. 소 물 마시듯 하는 자들은 술이 입술이나 혀를 적실 사이도 없이 곧장 목구멍으로 넘어가니 무슨 맛을 알겠느냐? 술의 정취는 살짝 취하는 데 있는 것이지, 홍당무처럼 붉어지고 구토를 해대고 잠에 곯아떨어져버리면 무슨 술 마시는 정취가 있겠느냐."

지금의 주류회사들이 들으면 환장할 이야기겠지만, 다산은 술을 잘 마시는 체질이었음에도 평소에 술을 멀리하며 학문에 정진한 듯 보인다. 작금의 술 좋아하는 사람들도 다산이 한 말의 의미를 알지만 참으로 쉽지 않은 경지임에는 틀림없다.

제자 황상과 삼근계

강진의 제자 중에 열다섯 살짜리 까까머리 아이가 하나 있었다. 때는 임술년(1802) 10월 10일이었다. 다산과 황상이 처음 만난 날이다. 그달에 다산이 주막집에 막 서당을 열자, 아전의 자식 몇이 배우려고 찾아왔다. 황산도 그중 한 명이었다. 일주일이 지나자 괜히 쭈뼛거리기만 하던 아이에게 다산은 열심히 공부할 것을 권했다. 그러자 아이는 이렇게 답했다. "제게 세 가지 병통이 있습니다. 첫째는 둔한 것이요, 둘째는 앞뒤가 꽉 막힌 것이며, 셋째는 답답한 것입니다." 그러면서 "저 같은 아이도 공부할 수 있나요?"라고 물었다. 그러자 다산은 "배우는 사람에게 큰 병통이 세 가지 있는데, 네게는 그것이 없구나. 첫째, 외우는 데 민첩하면, 제 머리만 믿고 대충 소홀히 넘어간다. 둘째, 글 짓기가 날래면, 제 재주만 믿고 들뜨게 된다. 셋째, 깨달음이 재빠르면, 매사에 대충 하게 되니 오래가지 못한다. 대저 둔한데도 들이파는 사람은 그 구멍이 넓어진다. 막혔다가 터지면 그 흐름이 성대해지지." 그러면서 다산은 매사에 "부지런히 해야 한다"며 아이에게 삼근계(三勤戒)를 말해주었다. 그리고 이를 친절하게 글로 써주었다. 벽에 붙여두고 늘 명심하라는 의미였다. 다산의 취지는 이러할 것이다. "제 재주만 믿고 공부하는 사람은 오래 못한다. 원래 너 같이 둔하고 막힌 사람이 부지런하고, 부지런하고, 부지런히 공부한다면 언젠가는 학문의 눈을 뜰 것이다." 꼭 공부가 아니더라도 경청하고 맘에 새겨둘 만한 가르침이다. 이 이야기는 60년이 지나 그 아이가 75살이 되어 다시 돌아온 임술년에 「임술기(壬戌記)」를 지을 때 오래전 스승과의 첫 만남을 회고하며 기록한 내용이다.

이처럼 부지런함을 강조하는 건, 다산 스스로가 태생적으로 부지런하고 민첩했기 때문이었다. 다산이 정약전에 대해 말할 때 "형님은 덕성이 깊고 통이 크며 학식도 깊어 나하고는 비교가 안 되지만, 부지런하고 민첩한 것은 나보다 못하다"고 했으니, 다산의 부지런함은 사실인 듯하다. 역시나 그런 부지런함이 없으면 어찌 그리 오랜 시간, 아픈 몸으로 그 많은 저작을 할 수 있었겠는가. 한때 유행했던 '1만 시간의 법칙'이나 '만 권의 책을 읽으면 어찌어찌 된다'는 말에 열광했던 독자들이라면 기본적인 부지런함의 중요성을 강조하는 다산의 말에 대해서도 숙고할 필요가 있다.

부지런하던 그 아이는 결국 강진 시절 다산의 18제자 중 가장 뛰어난 제자가 되었다.

그 아이의 이름이 황상이다. 흔히 다산의 제자를 언급할 때면 둘을 꼽는데, 황상과 이학래다. 그러나 둘은 전문 분야가 조금 달랐다. 다산은 시에 있어서는 황상을, 과거를 위한 학문 공부에 있어서는 이학래를 첫손에 꼽아 칭찬했다. 하지만 이 둘의 운명은 극명하게 엇갈렸다. 과거를 통한 출세를 꿈꾸던 이학래는 70살에 치른 과거에도 낙방하자 스스로 우물에 몸을 던져 죽었다. 그러나 스승의 가르침을 잊지 않고 강진에서 농사를 지으면서도 부지런히 학문에 정진한 황상은 다산의 큰아들인 정학연과 형제처럼 지냈다. 정학연은 아버지 다산을 향한 황상의 마음에 감동한 나머지 '정황계(丁黃契)'를 맺고 두 집안이 가족처럼 왕래했다. 황상의 시를 서울의 문장가들에게 소개한 사람도 정학연이었다.

다산의 아들들과 교유하던 당대의 학자 추사 김정희도 1848년 제주 유배지에서 황상의 시를 읽고는 매료되어 강진까지 찾아가 황상을 만나고 싶어 했다고 한다. 이후에 둘은 돈독한 교유 관계를 맺게 된다. 추사는 황상이 차를 선물로 보내오자 그 답례로 글씨를 써서 보냈는데, 그것이 사람들에게 많이 알려진 추사의 글씨 중 하나인 '죽로지실(竹爐之室)'이다. 죽로지실은 '차를 끓이는 죽로가 있는 방'이라는 의미이며, 죽로는 '겉을 뜨겁지 않게 대나무로 감싸서 만든 화로'이다.

황상은 추사가 죽는 해인 1856년에 과천에 있는 추사를 방문했다.

그해는 다산의 20주기이기도 하니, 강진에 살던 황상이 겸사겸사 서울에 올라온 듯하다. 자신을 찾아왔던 벗 황상이 떠나는데도 문 밖으로 배웅을 나가지 못하는 아쉬움을 추사는 시를 지어 달랬다. 결국 그 만남이 둘의 마지막 만남이었다.

18년 만에 해배되어 고향으로 돌아간 다산이 황상을 다시 만난 건 그로부터 18년의 시간이 흐른 뒤였다. 오래전 다산이 강진을 떠나자, 아전으로 일하던 황상도 읍내를 떠났다. 아전으로 백성의 고혈을 빠는 탐욕스런 삶을 견딜 수 없었던 그는 인근 백적산 깊은 골짝(지금의 강진 천태산 서쪽 자락)으로 가족과 함께 들어가 돌밭을 일궈 농사를 지으며 외부와는 소식을 끊고 살았다. 그리고 30여 년이 지난 62살 때 인근에 '좁쌀만 한 집'이라는 의미의 일속산방(一粟山房)을 마련한 뒤

혼자 자연과 벗하며 공부했다. 내가 아는 한, '일속'이란 표현은 저 유명한 소동파의 〈적벽부(赤壁賦)〉에 나온다. 소동파가 적벽 아래에서 배를 띄우고 손님들과 술을 마시며 시를 짓고 노래를 부를 때, 한 손님이 퉁소를 불었다. 그 소리가 너무 애달프고 슬퍼 소동파가 "어찌 소리가 그러하오?"라고 묻자, 일엽편주에서 술이나 마시는 자신들의 처지를 한탄하는 손님의 대답 중에 나오는 표현이 바로 "묘창해지일속(渺滄海之一粟)", 즉 "아득하고 망망한 바다에 좁쌀 한 알처럼 작다"이다. 여기서 유래한 것이 우리에게 익숙한 '창해일속(滄海一粟)'이라는 고사성어다. 조선의 시인이라면 모두 소동파의 시를 읽었으니 황상도 여기서 이름을 따오지 않았을까 싶다.

그러다 보니 다산도 헤어진 지 10년이 넘도록 애제자인 황상의 소식을 몰라 애를 태우기도 했다. 그렇듯 농사지으며 공부하던 황상은 18년 만에 광주 마현에 있는 늙은 스승을 찾아갔다. 당시 강진에서 마현까지 가려면 대략 20여 일이 걸렸다(실제로 다산은 해배되었을 때 1818년 음력 9월 2일에 출발해 9월 23일쯤 마현에 도착했다). 18년 만에 만난 그 반가움이 오죽했겠는가. 물론 찾아뵙기 전에도 간간이 편지를 주고받았지만, 그리움의 정이 성에 찰 리 없었다. 강진의 제자들은 다신계(茶信契)를 조직해 때때로 차를 만들어 편지와 함께 스승에게 보냈다. 다산 또한 편지를 보내 제자들의 안부뿐만 아니라 다산초당은 잘 있는지, 초당 옆 석가산이 있는 연못의 잉어는 잘 있는지 등 자신이 머물던 흔적에 대해 묻곤 하였다. 그러나 그때 황산은 백적산에 은거하고 있었다. 황상이 없는 다신계는 몇 년이 흐르자 유야무야되었다. 당시 대개의 제자들은 과거에 합격해 출세의 꿈을 꾸고 있었다. 내세울 것 없는 남쪽 바닷가 고을의 한미한 집안 출신인 그들로서는 스승의 도움이 필요했다. 그러나 다산은 도움을 주고 싶어도 뾰족한 수가 별로 없었다. 자신의 스승이 중앙 정계에 영향력이 없는 끈 떨어진 신세라고 생각한 제자들은 하나둘 다산의 곁을 떠났다. 수제자 중 한 명이면서 마현까지 따라와 다산을 돕고 있던 이학래도 벼슬길에 도움이 안 되는 스승을 떠나 추사 김정희의 식객으로 들어가 버렸다.

황상은 스승과 함께 꿈같은 며칠을 보낸 후 작별 인사를 하고 다시 강진으로 길을 떠났다. 그러나 강진으로 내려가는 길에 다산의 부음을 듣고 다시 마현으로 돌아가 상 치르는 걸 도왔다고 한다. 그러나 황상의 방문과 다산의 죽음에 대한 이 이야기는 사실 극적이긴 하지만 내 상식으로는 납득이 안 되었다.

제자인 황상이 18년 만에 스승을 만나 며칠간 회포를 푼 후 다시 강진으로 내려가는 길에 부음을 들었다고 하는데, 다산은 결혼 60주년이 되는 회혼례 날 아침에 죽음을 맞았다. 회혼례는 큰 잔치다. 황상이 스승을 만나고 내려가는 길 어디쯤에서 부음을 들었는지 모르지만 (서울에 잠깐 들러 구경하는 도중에 다산의 죽음을 풍문으로 들었다고 한다), 18년 만에 만난 스승의 회혼례가 코앞인데, 그냥 바쁘다고 강진으로 내려갔을까? 정민 교수의 『삶을 바꾼 만남』에 의하면 황상이 떠난 날은 2월 19일이고, 다산이 숨을 거둔 건 2월 22일 아침 8시였다. 당시 상황으로 봤을 때 이번에 작별하면 다시 볼 날을 기약하긴 힘들다. 그러니 상식적으론 코앞에 닥친 늙은 스승의 회혼례를 함께 축하한 후에 내려가는 게 맞지 않을까. 물론 정민 교수는 같은 책에서 다산의 두 아들이 의논해 회혼례를 급히 취소했다고 적었다. 다산의 병환이 너무 위독하다는 게 그 이유였다. 황상이 마현에 머물 때였다. 다른 책이나 기록에서는 보지 못한 내용이었다. 그렇더라도 납득이 안 되는 건 마찬가지다. 다산의 목숨이 오늘내일한다는 건 회혼례보다도 더 큰일이었다. 그런 스승을 두고 황상은 정말 그리 급히 떠났을까. 어차피 부음을 들으면 바로 되돌아올 길인데 말이다.

그러나 거듭 이야기하지만 나는 연구자가 아니고 여행자다.

두 이야기를 비교해서 당시의 정확한 상황을 판단할 방법은 없다. 나의 상식과 다르게, 정말로 18년 만에 스승을 만난 황상이 코앞에 닥친 스승의 회혼례나 죽음보다 급한 일이 있어 떠났을 수도 있다. 작별을 고하는 제자에게 다산은 쪽지에 목록을 적어 아들 학연에게 주면서 책이며 먹과 붓, 부채, 담뱃대, 약간의 여비를 선물로 주라고 했다고 한다. 여하튼 유명하고 위대한 인물일수록 그를 연구하는 학자도 많고, 각자가 가진 정보나 판단으로 책을 쓰기 때문에 어떤 일이든 일어날 수 있다. 연구자들이 인용하거나 참고로 삼은 고서나 원전에 오류가 있을 수도 있다. 그리고 내 상식이나 이해가 부족할 수도 있다. 그래도 20여 일 걸려서 18년 만에 만난 스승의 회혼례를 3일 앞둔 상황에서 나 같으면 떠나지 않았을 것이다. 더구나 오늘내일하면서 병석에 누워 계시는 스승이었다.

아암 혜장

혜장은 해남 출신으로 대둔사(지금의 대흥사)에서 구족계를 받고 중이 된 후 30살에 두륜대회 대표자가 될 정도로 젊은 나이에 이미 고승의 반열에 오른 승려였다. 또한 다산이 어릴 적 아버지를 따라 화순에 갔을 때 만난 연담 유일스님의 애제자였다.

다산이 혜장을 처음 만난 건 강진에 유배되고 한참 지나서인 1805년이다.

당시 혜장은 만덕산 백련사의 주지로 와있었다. 비록 다산보다 10살이 어리지만 둘은 첫 만남부터 주역에 대해 의견을 주고받는 등 각별한 교분을 가지면서 자주 만났다. 추사에게 초의가 있듯이, 다산에게는 혜장이 있었던 셈이다. 물론 익히 알려진 대로 초의는 강진으로 찾아와 배움을 청한 다산의 제자이기도 했다.

다산이 만덕산 너머의 초당으로 거처를 옮기고 나서는 더 자주 만났다.

다산은 혜장이 고집이 세고 남에게 굽히지 않는 성격임을 알고 노자의 "부드럽기를 어린아이처럼 하라"를 인용하여 "자네도 영아처럼 유순할 순 없겠나?"라고 했더니, 이때부터 혜장은 호를 아암(兒菴)이라 했다.

다산은 제자 황상과 함께 혜장을 따라 대둔사를 유람하기도 하고, 함께 차도 마시고 학문도 논하면서 6년 정도 어울려 다녔다. 그러나 인연은 오래가지 못했다. 혜장이 1811년에 40살의 젊은 나이로 입적했기 때문이다. 다산은 혜장을 위해 〈아암장공탑명〉을 지었는데, 현재 해남 대흥사에 있다.

다산처럼 학식이 뛰어난 문사에게 학문을 논하고 이야기를 나눌 만한 지우가 없다는 것은 유배 생활의 고달픔 중 하나일 것이다. 제자들을 가르치는 것도 중요한 일이지만, 수준 높은 고담준론을 함께 나눌 사람이 있다면 유배가 덜 외로울 텐데, 혜장이 그런 사람이었다. 둘은 기별도 없이 서로 불쑥 찾아가 차를 마시며 이야기를 나누었다. 혜장이 새로이 병풍을 만들고 글을 부탁하자, 다산은 선뜻 써주기도 했다. 젊은 나이에 승려가 된 혜장은 주역 등 유학에도 정통했다. 다산도 혜장의 비명을 통해 그가 유학의 대가였음을 인정했다. 일설에 혜장의 요절이 술 때문이라고도 하는데, 어쩌면 승려로만 살기에는 아까운 재능을 가진 혜장이 그 허함을 술로 달랜 건 아니었을까. 혹자는 혜장이 다산에게 차의 맛을 가르쳐주었듯, 다산이 혜장에게 술맛을 가르쳐주었다고 하나 확실하진 않다. 하지만 둘이 만나 차 마시며 고고한 학문만 논했겠는가. 때론 백련사 동백꽃 아래에서 술잔도 부딪히며 서로의 한(恨)을 털어냈을 것이다.

다산은 혜장이 죽은 후 정약전에게 보낸 편지에서 "그는 불법을 독실하게 믿었는데 『주역』의 원리를 들은 이후부터는 몸을 그르쳤음을 스스로 후회하여 실의(失意)한 듯 즐거워하지 않다가 6,7년 만에 술병으로 배가 불러 죽었습니다"라고 썼다. 물론 혜장이 실제로 머리 깎고 중이 된 걸 얼마나 후회했는지는 모르지만, 그의 죽음에 과음이 작용한 건 맞는 것 같다. 혜장은 죽을 무렵에 "무단히, 무단히"라고 혼자 중얼거렸다고 한다. '무단히'는 표준어로 '괜히' 혹은 '이유 없이'라는 뜻이다. 같은 의미로 전남 지역에서는 지금도 '무담시'라는 방언을 많이 쓴다. 어쩌면 일생 동안 전남에서 활동한 혜장도 실은 "무담시, 무담시"라고 중얼거렸을지도 모른다.

다산이 본격적으로 차를 즐기기 시작한 건 혜장을 만나고부터다.

차가 떨어지자 혜장에게 차를 구걸하는 걸명소(乞茗疏)를 써서 보낸 이야기는 유명하다. 흔히 소란 상소문처럼 임금에게 올리는 글을 말한다. 다산이 차를 그만큼 좋아하고 원했다는 방증이다. 추사가 초의에게 명선(茗禪)이란 두 글자를 써서 차를 구했듯이 말이다. 다산이 긴 유배 생활에서 오는 육체적 고통을 다스릴 수 있었던 것도 강진의 차가 상당한 역할을 했을지도 모른다.

다산초당으로 옮기다

다산이 다산초당으로 거처를 옮긴 건 1808년 봄으로, 47살 때였다. 다산초당은 정약용이 머물기 이전부터 있던 윤단의 산정이었다. 윤단은 역적의 죄로 유배 온 정약용을 처음에는 가까이 하지 않다가, 세월이 흐르자 자녀들의 특별 교사로 초빙해 다산에 머물도록 했다.

초당의 동쪽에는 동암을 짓고 다산이 거처했으며, 서쪽에는 서암을 지어 제자들이 머물도록 했다. 다산초당의 풍경을 보자. 앞마당의 널따란 바위인 다조는 차를 끓이는 부엌이다. 왼쪽 모퉁이에는 약수가

가우도 출렁다리

흐르는 약천이 있다. 이 물로 차를 끓였다. 한쪽 곁에는 인공으로 연
못을 만들었고 그 가운데 다산이 직접 돌을 주워와 석가산을 꾸며놓
았다. 그리고 유일한 다산의 친필이 새겨진 '정석(丁石)' 바위는 다산이
이곳에 머물렀다는 흔적이다. 이렇게 해서 다산 4경이 만들어졌다. 그
리고 아래쪽으로는 작은 텃밭을 일구어 이런저런 채소를 심었다.

다산초당의 천일각에서 훤히 내려다보는 바다는 강진만이다.

아홉 고을의 물이 흘러든다 하여 구강포라고도 불렀다. 요즘은 강
진만 한가운데에 있는 섬인 가우도를 양쪽 육지와 출렁다리로 연결시
킨, 일명 '가우도 출렁다리'가 놓여 있어 많은 관광객이 찾는 명소가 되
었다. 강진이라는 마을 이름은 원래 있던 두 개의 마을인 도강과 탐진
에서 한 글자씩 가져와 합친 이름이다.

다산초당에 자리를 잡자 반가운 소식이 날아왔다.

둘째 아들 학유가 찾아왔다. 다산초당으로 옮긴 지 한 달 반 만이었다. 8년 만에 보는 아들이었다. 그 심정이 어떠했을까. 유배객의 신분으로는 아비로서 직접 가르침을 줄 수 없기에 편지를 쓸 때마다 공부를 독려하고 게으름을 질책만 했었다. 막상 유배지에서 얼굴을 보니 얼마나 반가웠을까. 헤어질 때 16살이던 아들은 어느 새 훌쩍 자라 있었다. 당연하겠지만 몰라볼 만큼 키도 더 컸고 수염도 자라 있었다. 오랜만에 아들을 본 다산이 그 감흥을 그냥 놔둘 리 만무하다. 애잔하면서도 위트 있는 시를 남겼다.

얼굴 생김새야 내 자식 같은데
수염이 자라서 딴사람 같네
비록 집안 편지 가지고는 왔지만
정말로 내 아들인지 확실치 않네

큰아들이 다녀간 지 4년 만에 찾아온 작은아들이었다.

더구나 그 전년도에는 자신이 그토록 사랑하는 둘째 형 정약전의 아들 학초가 죽었다는 소식을 들은 터였다. 유배지에 있다 보면 좋은 소식은 좀체 오지 않고, 나쁜 소식은 오히려 더 빨리 내달려 찾아왔다. 다산이 유배 와서 제일 처음 들은 소식 또한 넷째아들 농장이 요절했다는 소식이었다. 유배 온 다음해였다. 그러니 아무리 자식에게 엄격한 아버지인 다산이라 하더라도 아들과 함께 많은 시간을 보내며 실로

다산초당

다산이 1808년부터 해배될 때까지 약 10년간 머문 곳으로, 수많은 책이 저술된 곳이다.

오랜만에 찾아온 기분 좋은 해후를 즐겼을 것이다.

다산초당으로 옮기면서 다산은 경제적, 정신적으로 뿐만 아니라 학문적 조건으로서도 안정을 찾았다. 산정을 빌려준 윤단의 도움도 있었지만, 뭐니 뭐니 해도 외가 집안인 녹우당의 해남 윤씨의 도움을 많이 받았다. 녹우당은 당시에 우리나라에서 가장 많은 장서를 소장하고 있는 곳 중 하나였다. 다산초당으로부터 거리도 멀지 않아 맘먹으면 당일치기로도 다녀올 수 있었다. 그러한 환경 속에서 다산은 집필에 몰두할 수 있었다. 물론 그 많은 저서를 완성할 수 있었던 것은 제자들의 도움도 컸다. 제자들은 다산의 곁에서 공부하면서 때론 저술 활동에도 참여했다. 쉽게 생각해, 현대의 대학원 시스템과 유사했다. 요즘의 대학원생들이 공부는 공부대로 하면서 지도교수의 집필에 자천타천으로 참여하는 것과 마찬가지였다.

다산이 다른 누구보다 스승으로서 훌륭한 점은, 제자들이 집필에 참여했을 경우에 자신의 이름과 함께 그들의 이름을 책에 병기해둔다는 점이다. 즉 공동 저자로서 인정할 뿐만 아니라 그 책을 읽을 독자들에게도 그 점을 명확히 알려주었다. 다만 현재 우리가 접하는 다산의 저작물에는 그 흔적이 사라지고 없다. 이는 다산의 잘못이 아니다. 다산이 죽은 지 한참 지나 기획된 기념사업회에서 다산의 저작물을 정리하면서 책에서 제자들의 이름을 지웠다고 한다. 다산의 업적을 강조하고 부각시키기 위한 의도였는지 모르지만, 만약 다산이 알았다면 분명 대노할 일이다.

아! 백련사 동백

추위가 한풀 꺾이고 봄이 기지개를 켤 무렵이면, 사람들은 동백꽃을 찾는다. 동백은 몽우리를 맺기 시작할 때부터 꽃이 다 떨어질 때까지 계속 사람들의 발길을 끄는 나무다. 동백의 낙화만큼 처연하다는 표현에 어울리는 꽃이 또 있을까. 나는 지금도 강진 백련사에서 처음 보았던 동백의 낙화를 잊지 못한다.

동백(冬柏, 冬栢)은 글자 그대로 겨울에 꽃이 피는 나무라는 의미로 동북아시아 지역에서 자생하는 동양의 꽃나무다. 동백은 문학작품에도 자주 등장하는데, 절정의 순간에 톡 떨어지는 꽃처럼 흔히 이루지 못한 사랑의 상징으로 많이 쓰였다. 서정주의 시 〈선운사 동구〉가 그렇고, 프랑스 소설가 뒤마의 소설 『춘희(La Dame aux camlias)』가 그렇다. 이 소설의 원제는 『동백(꽃) 부인』이지만, 일본에서 『춘희(椿姬)』라고 번역한 것을 가져왔기에 지금도 그렇게 부르고 있다. 일본에서 가져온 건 그럴 수 있다 쳐도, 문제는 잘못 가져왔다는 점이다. 춘희의 '춘(椿)'은 우리에겐 동백이 아니라 참죽나무를 의미한다. 동백은 빨간 꽃이 피지만 참죽나무의 꽃은 하얀색이다. 베르디는 이 소설을 각색하여 오페라 〈라트라비아타〉를 만들었는데, 오페라의 여주인공이 가슴 위에 빨간 동백꽃이 아닌 다른 종류의 꽃을 달고 나오면 엄밀히 말해 원전을 잘못 이해한 것이다.

참고로 강원도를 비롯하여 일부 내륙 지역에서는 생강나무를 동백이라고 부른다.
김유정의 소설 『동백꽃』은 실제는 생강나무꽃이다. 동백은 실생활에서 기

백련사 대웅보전

다산은 백련사 주지인 혜장과 각별한 교분을 나누었다.

름으로 많이 쓰였다. 그런데 간혹 따뜻한 서해 난류를 따라 북쪽 지역인 대청도에서도 자라지만, 일반적인 북방한계선은 충청도 남쪽(춘장대 일대)이라 강원도의 야생에서는 동백이 자랄 수 없었다. 옛날에는 동백기름이 귀했다. 그래서 생강나무 씨에서 기름을 얻고 이를 동백이라 불렀던 것이다. 더 엄밀히 말하면 원래는 '개동백'이라 불렀다. '개'는 흔히 '비슷하거나 가짜'일 때 붙이는 접두어다. 그러니 누가 자신이 쓰는 기름에 가짜라는 딱지를 대놓고 붙이고 싶었겠는가. 어느 순간부터 접두어 '개'가 자연스럽게 사라졌다.

소설의 동백꽃이 생강나무꽃이라는 증거는 소설 속에서도 확인할 수 있다. 생강나무는 봄에 노란 꽃을 피운다. 그래서 소설의 마지막 부분에서도 '노란 동백꽃 속으로 폭 파묻혀 버렸다'고 했던 것이다. 실제 동백은 대개

백련사 동백

오래전 카메라 들고 전국을 누빌 때 친구가 찍은 사진이다. @박준회

빨간 꽃이고, 간혹 하얀 꽃이 있을 뿐이다. 또한 '알싸한, 그리고 향긋한 그 냄새'에 소설의 주인공은 '땅이 꺼지는 듯이 온 정신이 고만 아찔하였다'고 했는데, 이는 생강나무의 꽃향기를 표현한 문장이다. 겨울의 동백꽃은 향기가 없다.

생강나무꽃은 멀리서 보면 산수유꽃과 구별이 잘 안 된다.

피는 시기도 비슷하다. 하지만 가까이 가면 구별이 그리 어렵지 않다. 산수유는 꽃이 왕관처럼 깔끔하게 피지만, 생강나무는 마치 갈대처럼 정돈이 안 된 모양으로 핀다. 정 구별이 힘들 걸랑 가지를 잘라보면 안다. 생강나무는 실제 생강 냄새가 난다. 또 아주 단순하게 짐작하는 방법도 있다. 산중턱을 기준으로 위쪽에 있으면 생강나무, 아래쪽에 마을 가까이 있으면 산수유라고 보면 얼추 들어맞는다.

동백은 차나뭇과에 속한다.

다산은 혜장을 만나러 백련사에 가면 동백나무 숲 아래에서 차도 마시고 이야기꽃도 피웠을 것이다. 동백의 낙화를 보고 다산은 무슨 생각을 했을까. 절정의 순간에 속절없이 톡 떨어진 꽃들이 마치 자기의 인생과 닮았다고 느끼진 않았을까.

시집가는 딸에게

다산초당에 머물던 1812년에는 외동딸을 자신의 제자였던 윤창모에게 시집보냈다. 강진에서 경제적으로 도움을 주던 집안이었다. 결혼 다음해, 윤씨 집안은 온 가족이 다산 고향 근처인 귀어촌으로 이사를 갔다고 한다. 다산은 딸의 결혼 선물로 아내가 준 치마에 〈매조도(梅鳥圖)〉를 그려 보내주었다.

다산은 아내와 만 60년을 해로했다.

보통 당시 사대부는 아내를 글이나 시의 소재로 삼지 않았으나, 앞의 시에서도 보았듯이 다산은 이에 아랑곳하지 않고 간간이 아내의 이야기를 남겼다. 그중에 부부간의 그리움과 가족의 애틋함이 묻어나는 일화를 보자. 다산이 1810년 초가을에 쓴 편지에 담겨 있는 사연이다.

몸져누운 아내는 시집오던 날 입었던 활옷(전통 혼례 때 새색시가 입는 예복)의 다홍치마를 다섯 폭 보내왔다. 책 장정이나 하라는 핑계였다. 붉은색은 이미 바래서 담황색이 되어 있었다. 유배가 길어지면서 아들들과 달리 남편에게 갈 수 없던 시절이었으니, 나름대로 남편에게 그리움을 표현하는 방법이었으리라. 이걸로 다산은 작은 첩을 만든 후, 생각날 때마다 아들들에게 당부하는 교훈을 적고는 '하피첩'이라 이름 붙였다. 그러고도 남은 치마감에는 〈매조도〉를 그리고, 행복한 결혼을 기원하는 시를 적었다. 시집간 외동딸에게 주기 위해서다. 뒷날 이 글을 보고 감회가 일어나 어버이의 좋은 은택을 생각한다면 반드시 그리워하는 감정이 뭉클하게 일어나겠지, 하는 기대였다.

다산이 〈매조도〉에 쓴 시는 이렇다.

다산연구소 박석무 이사장이 쓴 『다산 정약용 유배지에서 만나다』에서 전문을 옮겨온다. 혹 시집가는 딸이 있거들랑 우리도 이러한 시 한 수 적어 보내면 좋지 않겠는가. 설령 아내의 치마폭이 아닌 스마트폰 메시지에라도 말이다.

사뿐사뿐 새가 날아와
우리 뜨락 매화나무 가지에 앉아 쉬네
매화꽃 향내 짙게 풍기자
꽃향기 그리워 날아왔네
이제부터 여기에 머물러 지내며
가정 이루고 즐겁게 살거라
꽃도 이제 활짝 피었으니
열매도 주렁주렁 맺으리

노력 없는 결과는 없다

우리는 다산의 유배 생활을 떠올리면 으레 다산초당밖에 생각나지 않는다. 사실 18년의 유배 중 다산초당에서 생활한 것은 반이 조금 넘는 10여 년이다. 우리가 아는 사상가이자 대학자로서의 이미지를 굳힌 대부분의 저작들이 다산초당에 머물 때 나왔기 때문에 그렇게 생각하는 것도 그리 무리는 아니다. 나는 다산을 생각할 때면 사마천이 『사기』를 짓던 마음이 오버랩된다. 좌절과 분노의 응어리를 저술의 에너지로 전환시킨 놀라운 의지 이면에 있는 처절한 슬픔을 느끼게 되면 저절로 숙연해진다. 그 정도는 다를지언정 현재를 살아가는 우리들도 좌절과 분노가 없는 삶이 어디 있겠는가. 역사는 현재의 삶에 스승이 되기도 한다.

다산이라고 해서 마음속에 일어나는 울분과 고통이 왜 없겠는가.

다산은 흑산도의 형에게 보낸 편지에서 이렇게 말했다. "마음공부로는 저술보다 나은 게 없다는 것을 다시 느낍니다. 이 때문에 문득 그만두지 못하는 것입니다." 기실 저술보다 어려운 게 마음공부이고, 깊은 내상을 입은 마음은 아무리 많은 공부를 하거나 책을 써도 쉬이 가라앉지 않는 법이다. 그럼에도 다산은 유배 말년에 중풍으로 수족을 움직일 수 없게 되고 눈조차 잘 보이지 않는 지경에 이르러서도 제자들에게 구술하여 받아 적게 해서라도 마음공부를 이어갔다.

그렇게 해서 일으켜 세운 마음의 금자탑이 500여 권의 저서다.

정약전의 말처럼 "그의 정치적 좌절이 개인적으로는 불행이었으나 세상을 위해서는 참으로 다행한 일"이었고, 역사학자인 이이화 선생님의 "이 18년이야말로 정약용 자신이나 우리나라 정신사에 찬연히 빛나는 세월이었다"는 찬사는 그냥 얻어진 게 아니다.

역사를 공부하고 인문여행을 하다보면 당연한 귀결일 수도 있지만, 유배객 다산의 삶을 보면서 나는 때론 위안을 얻기도 하고 때론 반성을 하기도 했다. 조금이라도 내 뜻대로 일이 풀리지 않으면 세상을 탓하기도 했다. 나는 아무리 해도 '노이무공(勞而無功)'인데 다른 사람의 성과는 거저 얻어진 듯 느끼기도 했다. 하지만 그렇듯 허공에 빈주먹을 휘두른다고 현실은 달라지지 않는다. 노력하는데도 공이 없으면 더 노력해야 한다.

다산도 그랬다.

한 번 부지런하기도 힘든데, 몇 번을 더 부지런을 떨었다. 그렇다. 공(功)은 노력한다고 다 얻어지는 것도 아니지만, 그냥 얻어지는 것도 아니다. 다산이 그냥 초당에서 구강포만 내려다보고 앉아 생각만으로 그 많은 책을 저술한 건 아니었다. 어깨가 무너져 내릴 정도로 붓을 들었고, 과골삼천(踝骨三穿), 즉 복사뼈에 세 번 구멍이 날 정도로 책상에 앉아 있었다. 추사가 70년 동안 10개의 벼루를 구멍 내고 천여 자루의 붓을 닳게 한 것과 비견할 만한 이야기다.

누군가의 성과는 눈에 잘 띄지만, 그 노력은 애써 찾지 않으면 알 수 없다.

그래놓고 자신의 '노이무공'만을 탓한다. 반성할 일이다. 그래서 다산초당이나 제주의 추사 적거지를 가면 한 번쯤은 스스로 겸허해지는 순간이 오기 마련이다. 인문여행을 다니는 이유 중 하나이다.

추사와 마찬가지로 다산의 공(功)은 아직까지도 우리에게 전해지고 있다.

추사와 다산의 차이라면 추사는 자신의 많은 작품을 태웠지만, 다산은 후세에 전해지지 않을까봐 걱정했다. 다산은 두 아들에게 이렇게 말했다. "너희들이 학문을 닦아 내가 남긴 글들을 정리, 간행해서 후세에 전해 주지 않는다면 내 평생의 저술들은 다 흩어져 없어져 버리고 말 것이다. 그러면 후세의 사람들이 재판 기록과 반대파들의 상소문으로만 나를 판단할 것이다. 그렇게 되면 내가 어떤 사람으로 남겠느냐?" 물론 이는 공부에 정진하라는 질책의 목소리가 담긴 초강력 메시지다. 그래도 다산은 행복한 사람이다. 그의 노력은 결코 헛되지 않았다. 그래서 해피엔딩은 늘 부러운가 보다.

상추의 가치

내가 처음 다산초당을 찾은 건 IMF의 기세가 한풀 꺾인 2000년대 초반이었다. 애초의 목적지도 아니었다. 겨울의 찬바람이 아직 물러가지 않은 2월의 어느 주말에, 친구 몇 명과 함께 동백꽃을 보기 위해 백련사를 목적으로 떠난 여행이었다. 그때만 해도 다산초당의 존재 정도는 알고 있었지만, 다산 정약용의 삶에 대해 그리 많은 정보가 입력되어 있지 않은 시절이었다. 백련사에서 동백의 붉은 낙화에 연신 카메라 셔터를 눌러댄 후, 우리 일행은 절 옆으로 난 길을 따라 오르다 다산초당에 이르렀다.

내가 태어난 자궁 속이 이러했을까.

좁은 산길을 따라 들어간 초당은 안온했다. 안 보이게 꽁꽁 숨어 있지만 살짝살짝 소리를 내며 술래가 찾아주기를 바라는 숨바꼭질하는 어린아이 같이, 속세와 이별한 듯 보이다가도 때론 세상 사람들을 손짓하며 부르고 있었다. 내가 처음 갈 때만 해도 여행자가 그리 많지 않았는데, 요즘 주말에 가면 그 손짓에 화답하듯 여행자들로 북적북적했다. '산비이속 속리산(山非離俗 俗離山)' 신라 때 최치원은 속리산을 두고 이렇게 노래했다. '산은 사람을 떠나지 않는데 사람이 산을 떠나는구나.' 그러나 다산초당은 속리산과 달랐다. '다산은 초당을 떠났는데 사람은 초당을 떠나지 않았다.'

작은 걸음으로 천천히 초당을 둘러보다, 보정산방(寶丁山房)이라고 쓰인 현판을 오래도록 바라보았다. 고백컨대 내 인문여행의 시작은 거기서 출발했다. 보정산방이 추사 김정희의 글씨라는 것, 그리고 그 의미가 '정약용을 보배롭게 여기는 집', 따라서 '정약용을 존경하는 집'이라는 것도 그때 알았다. 일상으로 돌아온 나는 다산 정약용과 추사 김정희에 대한 책을 틈틈이 읽으며 그들에 대해 공부하기 시작했다. 당시에는 인터넷서점이 시작한 지 얼마 안 될 때였는데, 생각날 때마다 사이트를 띄워놓고 그들과 관련된 책을 검색했다. 그래서 보정산방이 추사가 청나라 학자 담계 옹방강을 존경하는 의미를 담은 자신의 호 보담재(寶覃齋)와 연결되고, 이는 다시 옹방강이 소동파를 존경하는 의

보정산방 글씨
'정약용을 보배롭게 여기는 집'이라는 의미로, 추사 김정희의 글씨를 집자했다.

미로 자신의 당호로 삼은 보소재(寶蘇齋)에서 유래한다는 것도 알게
되었다.

이를 흉내 내, 자신이 흠모하는 인물로 호를 지어보는 건 어떨까?
이 또한 소소하지만 인문여행의 또 다른 맛이다.

처음 다산초당을 찾은 이래로 다시 그곳에 간 건 열 번도 넘는다.
그때마다 대답 없는 질문이 하나 있다. '반대파가 다산을 그리 죽이
려 했다는데 왜 강진으로 유배 보냈을까? 정약전처럼 먼 섬인 흑산도
나 추사처럼 제주 등 더 험지도 많은데 그에 비하면 강진은 너무 편한

곳 아닌가?' 더군다나 강진은 외가 쪽 집안인 해남 윤씨가 모여 살고 있는 해남과도 지척이었다. 책을 비롯해, 실제로 그들의 도움을 많이 받았다. 역사에는 다행이지만, 의문은 아직도 풀리지 않는다.

의문이 풀리지 않으면 그냥 묵혀두는 것도 한 방법이다.

그러다 보면 어느 순간 잘 익은 김치처럼 묵은 향내가 코끝을 자극하면서 스멀스멀 새어나오기도 한다. 대신에 좀 더 가벼운 질문을 하나 해보자. 다산초당에서 밥은 어떻게 해결했을까?

처음 초당에 '입주'했을 때만 해도 끼니를 해결하는 게 문제였다.

매일 산 아래 귤동 마을에 있는 해남 윤씨 집에 오르내리며 밥을 먹었다. 다산초당에 다녀오신 분은 아시겠지만, 초당에서 마을까지 밥 한 끼 먹자고 하루에 두세 번 오르내리기는 꽤 힘들었을 것이다. 그런데 언제부터인가 굳이 마을까지 내려가지 않아도 되었다. 스님 한 명이 와서 시중하기 시작한 것이다. 스님은 직접 밥과 국을 마련하여 다산에게 차려주었다. 다산은 초당 옆에 남새밭을 만들어, 상추를 비롯해 몇 가지 채소를 심어 직접 키웠다. 그곳에서 키운 채소도 상에 올랐다.

그 스님은 백련사의 젊은 스님이었다.

평소 다산을 존경했기에 자청하여 다산초당에 움막을 짓고 식사 등의 수발을 도왔다. 어쩌면 백련사의 혜장이 제자 중 한 명을 보내 다산을 보살피도록 했을지도 모를 일이다. 다산이 지은 시에는 이 스님이 '서빙'하느라 수염도 못 깎고, 불교 계율을 어기면서까지 생선요리를 했다는 내용이 있다. 식생활에 불편함이 없게 되자, 다산은 마음껏 독서와 저술 활동을 할 수 있었다. 그러니 우리 같은 후학들은 이름 모를 그 스님에게 고마워해야 한다. 다산이 유배지에서 이룩한 엄청난 성과 뒤에는 이렇듯 우리가 모르는 조력자들이 있었다.

다산은 상추쌈을 자주 먹은 듯하다.

1810년 9월 다산이 아들들에게 쓴 편지에 재미있는 상추 이야기가 나온다. 그날 쓴 편지는 아들들에게 근검(勤儉)을 가르치기 위한 의도였다. 부지런함이야 동서고금을 막론하고 대개 비슷한 가르침이니 언급할 필요는 없겠다. 문제는 검소함이다. 다산은 의복과 음식으로 검소함을 가르치고 있는데, 음식에 대한 가르침이 재미있다.

일단 다산은 "음식이란 목숨만 이어가면 되는 것이다. 아무리 맛있는 고기나 생선이라도 입안으로 들어가면 더러운 물건이 되어버린다"고 정의를 내린 후, 폐족이 되어 맛난 거 먹을 형편이 못되는 자식들에게 미안했던지, 맛없는 음식을 맛있게 먹는 방법을 알려준다.

"(인간 세상에서) 단 한 가지 속여도 되는 게 있다면 그건 자기의 입과 입술이다. 아무리 맛없는 음식도 맛있게 생각해 입과 입술을 속여서 먹고, 잠깐만 지나면 배고픔이 사라져 주림을 면할 수 있다." 물론 먹거리가 한정된 유배 생활의 고달픔에서 나온 달관이겠지만, 왠지 수긍이 간다. 어쩌면 나 또한 언제부터인가 다산을 이해할 만큼 속임수가 늘었는지도 모르겠다.

그러고는 자신의 경험을 슬쩍 보태놓는다. 바로 상추쌈 이야기다.

"금년 여름에 내가 초당에서 지내며 상추로 밥을 싸 먹고 있을 때,

구경하던 옆 사람이 '상추로 싸먹는 것과 김치로 담가 먹는 것은 어떤 차이가 있습니까?'라고 물었다. 그래서 나는 '그건 사람이 자기 입을 속여 먹는 방법입니다'라고 말하며, 적은 음식을 배부르게 먹는 방법에 대하여 이야기해준 적이 있다."

다산에게 상추는 두 가지를 해결해주었다.

자기 입을 속여 맛없는 음식도 맛있게 먹게 해줄 뿐만 아니라, 먹을 게 별로 없어도 배부르게 해주었다. 상추만 그러겠는가. 초당 옆 남새밭에 심은 여러 가지 쌈 재료로 입을 속였을 것이다.

이 이야기가 재미있는 이유는 듣는 이로 하여금 "과연, 그렇군!"이라고 수긍하게 만들기 때문이다. 지금도 입맛이 없거나 딱히 먹을 게 없을 때 냉장고에 있는 아무 음식이나 꺼내 상추에 싸먹으면 대충 자신의 입을 속일 수 있고, 조금만 먹어도 포만감을 느낄 수 있다.

Guide's Pick

상추의 또 다른 가치

인류가 상추를 먹은 지는 아주 오래전부터다. 기록에는 기원전 4500년 전으로, 이집트 피라미드에도 상추 벽화가 있다고 전한다. 우리나라에서 언제 상추를 처음 먹었는지는 확실하지 않지만, 중국을 통해 들어왔다고 한다. 그 이름은 '날로 먹을 수 있다'고 해서 '생채'라 했고, 그것이 변하여 상추가 되었다는 설이 가장 유력하다. 우리나라 사람 중에 상추의 가치를 모르는 사람은 없다. 기름진 삼겹살에 빠질 수 없는 게 상추다. 그러나 요즘 사람들이 잘 모르는 상추의 효능이 있다.

오래전 중국뿐 아니라 조선에서도 상추는 남들이 볼 수 있는 곳에 심지 않았다.
주로 다른 사람들 눈에 안 띄는 집 뒤의 텃밭에 심었다. 이유인즉, 상추가 정력에 좋기 때문이다. 그러니 대놓고 심으면 그 집 안주인이 색욕을 밝힌다는 소릴 들어야 했다. 중국에서는 상추를 천금채(千金菜)라고도 불렀다. 맛있는데 구하기는 힘들고, 구하려면 거금을 줘야 해서 그런 별칭을 얻었겠지만, 그 효능도 별칭을 얻는 데 조금은 기여하지 않았을까? 지금이야 아무 곳이나 상추를 심고, 북적대는 식당에서 연인끼리 상추쌈을 싸서 서로 먹여주는 시대이지만, 예전엔 그처럼 몰래몰래 심어서 먹던 시절도 있었다고 한다. 생각해 보면 상추가 피를 맑게 해주고, 피로회복에도 좋다고 하니 어쩌면 일맥상통한다.

옛날에는 상추를 장독대 옆에 많이 심었다.
바로 뱀 때문이다. 장독대에는 된장이나 간장 등이 있다. 식사를 준비하는 새벽이나 어스름한 저녁에 아낙네들이 장독대에 갔는데 뱀이 있다고 상상해봐라. 뱀은 상추와 상극이다. 그래서 상추가 있으면 뱀이 얼씬도 안 한다고 해서 상추를 심었다. 그런데 정말 그럴까? 혹 대놓고 상추를 심지 못하니 우리 선조들은 뱀을 데리고 와 핑계거리를 삼은 건 아닐까? 상추와 정력을 연결해서 상상하니 괜히 의심이 든다. 설령 '눈 가리고 아웅' 했다 하더라도 이 또한 현명한 일 아닌가.

기왕 하는 김에 '알쓸신잡(TV 프로그램인 〈알아두면 쓸데없는 신비한 잡학사전〉)' 같은 이야기 하나만 더 알고 가자.

부추가 정력에 좋다는 건 다 알고 있다. 부추를 정구지라고 하는 것도 이제는 웬만한 사람들은 안다. 정구지는 삼남지방에서 쓰는 방언이지만, 주로 경상도에서 많이 사용한다. 내가 자란 전주에서는 '솔'이라고 불렀다. 내가 '부추'라는 단어를 처음 들은 건 서울로 대학을 와서부터냐. 막걸리집에서 친구가 부추전을 주문했는데, 전주에서는 안 들어본 음식이었다. 전이 나오자마자 내가 했던 첫마디는 이랬다. "이거 솔전이잖아." 전주에서는 부추로 만든 전은 '솔전', 부추로 김치를 담그면 '솔지'라고 불렀다.

그러나 이 이야기의 주인공은 부추도 솔도 아니다.

바로 정구지다. 세간에서는 정구지의 한자 표기로 '精久持'를 많이 쓴다. '(부부간에) 정을 오래 지속시켜준다'는 의미이다. 왜 그런지는 굳이 말 안 해도 짐작할 것이다. 그러나 개인적으로는 '精久芝'로 표기하는 게 더 올바르다고 생각한다. '구(久)'자만 있어도 '오래 지속시켜준다'는 의미가 충분할뿐더러, 정구지는 기본적으로 풀이다. 식물 이름에 적합한 한자가 있는데, 굳이 의미를 부각시키려 '지(持)'라고 쓰는 건 너무 작위적이다. 정구지는 별칭도 많다. 모두 그 효능과 연결되는 말이다. 기양초(起陽草), 파벽초(破壁草), 파옥초(破屋草), 월담초(越譚草) 등이다. 이 또한 한자를 찬찬히 들여다보면 무슨 의미인지 대충 감이 올 것이다. 역시나 풀이라서 모두 '초(草)'자가 붙었다.

이런 이야기도 있다.

옛날에 노부부가 자식도 없이 적적하게 살고 있었다. 어느 날 지나가는 스님에게 상담을 청하니, 스님 왈, "정구지는 텃밭에 심고 머위는 강 건너 심으라"고 한다. 정력에 좋은 정구지는 부부간의 정을 돈독하게 해주니 가까운 데 심어 자주 먹고, 정력에 좋지 않은 머위는 자주 가지 못하게 강 건너에 심어야 자식을 낳을 수 있다는 말이다. 그래서 머위를 월강초(越江草)라고도 부른다. 참고로 월강초는 머위에게만 붙은 별칭은 아니다. 그 이유는 각기 다르지만 상추나 아욱 등도 월강초라 부른다. '강 건너에 심는 풀'이라는 의미 자체가 누군가 이야기를 만들 때마다 자기 필요에 맞게 가져다 붙이기에 좋기 때문이다. 그래도 내 생각에는 머위에게 가장 어울리는 이름이다.

부추는 속담도 많다.
사람들마다 표현이 조금씩 차이가 있지만, 내 생각에는 이렇게 정리되어야 맞는 표현이다. '4월 부추는 아들도 안주고 사위에게 준다.' 그리고 '첫물 부추는 사위도 안 준다.' 혹 눈치 채셨는가? 두 속담은 스토리가 연결되어 있다. 두 속담을 통해 알 수 있는 내용은 이렇다. 첫째, 4월 부추가 효험이 있다. 이는 음력 기준이다. 그래서 부추는 단오(음력 5월 5일) 전에 먹는 게 가장 좋다는 말이 생겼다. 둘째, 정력에 좋은 부추이다 보니, 며느리보다는 딸에게 좋은 일이 생기라고 4월 부추는 사위에게 준다. 임도 보고 뽕도 따듯이 겸사겸사 아이라도 낳아 딸이 시댁에서 구박받지 않길 바라는 친정엄마의 마음이 느껴진다. 셋째, 4월 부추라 하더라도 첫물 부추만은 아무도 안 주고 자기 신랑에게 준다. 부추는 한번 심으면 계속 길러가면서 잘라 먹을 수 있는데, 심어서 첫 번째 잘라 먹는 첫 물 부추가 가장 효험이 좋다. 그리고 그중에 제일 좋은 것은 봄에 처음으로 심은 부추의 첫 물이다. 겨울 내내 응축된 땅의 기운을 받으며 자란 첫 부추이기 때문이다. 그러니 그 효험은 반드시 심은 사람이 보아야 한다. 자기 신랑에게만 주는 이유다.

흔히 부추는 봄 부추를, 상추는 가을 상추를 최고로 친다.

그래서 봄에 시어머니에게 부추를 얻지 못한 며느리가 가을에는 되갚아 준다. '가을 상추는 시어머니도 안 드린다'는 속담은 그래서 생긴 게 아닐까. 우리나라는 속담도 공정하다. 그리고 한 가지 더, 부추도 꽃이 핀다. 초가을에 작고 하얗게 핀다. 순수한 백색의 꽃, 그 효능과 묘한 대비를 불러온다.

다산의 호

우리는 으레 정약용의 호가 다산(茶山)이라고 생각한다. 호를 많이 사용하는 인물들은 자신의 성장 과정에서 특별한 의미를 부여할 때마다 특정한 호를 만들어 쓰곤 했다. 그리고 통상 그중에서 대표적인 호가 그를 상징하는 호로 후세에 전해진다. 추사가 그렇고, 율곡, 퇴계 등이 그렇다. 다산 또한 많은 호를 사용했다.

그런데 우리가 마치 상징처럼 알고 있는 다산이라는 호를 정작 정약용 자신은 사용하지 않았다. 자신의 중요한 글이나 책에 다산이라는 호를 쓸 법한데 그러지 않았다. 대표작인 『목민심서』에는 '열수(洌水)'라고 썼고, 해배되어 회갑 때 쓴 『자찬묘지명』에는 '사암(俟菴)'이라는 호를 새로 만들어 썼다. 더군다나 자신의 일생을 되돌아보기 마련인 『자찬묘지명』 내용 어디에도 다산이라는 호를 언급하지 않았다.

그럼 언제부터 다산이라는 호가 정약용의 이름 앞에 붙었을까?

다산초당 문화해설사는 다산의 호에 대해, 다산이 직접 붙인 게 아니고 귀양 왔을 때 주변 사람들이 어떻게 불러야 할지 고민하던 중 만덕산 기슭에 차밭이 많이 있어 그렇게 불렀다고 설명했다. 다산연구소 박석무 이사장 또한 『다산 정약용 유배지에서 만나다』에서 다산이라는 호는 "다산초당에서 정약용이 귀양 살 때 남들이 불러주던 호이자 백련사 뒤에 있는 조그마한 산을 뜻한다"고 했다. 혹자는 다산이 아암이라는 혜장의 호의 단초를 제공했듯이, 다산이라는 호는 혜장이 붙여주었다고 말한다. 그러나 이 모두 어떤 문헌이나 기록에서 인용한 것 같지는 않다. 다산은 해남 윤씨가 살고 있는 강진 귤동 마을의 뒷산 이름이라고 한다. 넓게는 만덕산에 포함된다. 말인즉슨, 강진 사람들 사이에 "한양에서 어떤 지체 높은 양반이 귀양 와 있는데, 다산에 산다더라"라는 소문이 퍼져서 정약용을 지칭할 때 "다산 선생…", 뭐 그렇게 불렀다는 소리이다. 다산에는 정약용이 머물기 이전부터 윤단의 초당이 있었다. 그렇다면 "다산 선생"이라는 호칭은 정약용보다는 윤단에게 더 어울려 보인다. 궁금증을 해결하지 못해 그냥 혼자 하는 생각이다. 사실 정약용이 다산초당에 산 건 18년 유배 기간 중 후반 10여 년이다. 그렇다면 문득 또 궁금해진다. 정약용이 강진 읍내와 고성사, 제자 이청의 집에 머물렀던 8년 동안은 사람들이 뭐라고 불렀을까?

아쉽게도 그 기록은 찾지 못했다.

혹자는 초당 뒷산에 산다(山茶)가 많아 이를 뒤집어 호를 다산이라 지었다고 하는데, 확인할 길은 없다. 다만 국립국어원의 〈표준국어대사전〉에서 '산다'를 검색하면 동백나무와 같은 말이라고 나온다. 그렇다면 마시는 차나무가 아니라 동백나무가 차나뭇과라서 이름에 '다

(茶)'가 붙었다고 추정해볼 수 있다. 그런데 어떤 학자는 "산다목(山茶木)은 후피향나무"라고 말한다. 어느 게 사실이든, '산다'는 마시는 차와는 관련이 없는 나무임에는 틀림없어 보인다.

어쩌면 머나먼 남쪽에 유배되고 보니 한창 패기 있게 어울려 다니던 죽란시사 친구들이 그리워 '산다'를 뒤집어 다산이란 호를 만들었을 수도 있다. 서울 집 마당에 있는 죽란에도 '산다'가 한 그루 심어져 있었고, 다산이 강진에서 지은 시에도 '산다'가 등장한다. "동백나무 잎사귀 차갑고 무성한데, 눈 속에 피는 꽃 백학의 붉은 이마인 듯." 여기서 동백나무로 번역한 한자가 '산다'이다. '산다'가 동백나무가 맞는다면 백련사는 우리나라 최고의 동백나무 군락지 중 하나이니 아예 가능성이 없는 것도 아니다. 하지만 이 또한 근거가 될 만한 기록도 없을뿐더러, 상식적으로 그런 취지로 정약용이 직접 지은 것이라면, 이후에도 간간이 글이나 문집 등에 사용했어야 상식에 부합한다.

그런데 다산이라는 단어는 예상 외로 흑산도에 있는 정약전의 편지에 등장한다.

정약전은 편지에서 정약용을 호칭할 때 '다산'이라고 썼다. 정약용 또한 형을 호칭할 때 '현산'이라고 썼다. 그렇다면 처음에는 호라기보다는 장소적 의미였을 가능성이 있다. 이로 봤을 때 초당이 있는 곳의 산 이름이 다산인 것 맞는 듯하다. 다산은 형이 있는 흑산도의 어감이 좋지 않아 같은 검은색인 '현'자를 붙여 '현산(玆山)'이라고 불렀다.

다산이 처음 쓴 호는 10살 전후에 만든 삼미자다.

이후에 죽란시사 시절인 30대 후반에는 죽란산인(竹欄散人)이라는 호도 사용했다. 여기서 '산인'이란 '벼슬을 버리고 자연을 즐기며 한가로이 지내는 사람'으로. 흔히 아호(雅號) 밑에 붙여서 겸손의 뜻을 나타낸다. 당시의 다산의 심정을 대변한다고 볼 수 있다. 만년에는 열상노인(한강 상류의 늙은이), 두릉노인 혹은 마을 뒷산 이름을 따서 유산노인이라는 호를 사용하기도 했다. 모두 고향 마을과 연결된 이름이다 (큰아들인 학연도 자신의 호를 '유산(酉山)'이라 했다). 뒷산에 철마가 있었다는 전설이 있어서 마을을 마재라고 불렀는데, 여기에 기인해 철마산초라는 호도 있다. 이 외에 자하도인, 태수, 문암일인, 탁옹 등의 호를 사용했다. 우리에게 익숙한 여유당과 사의재는 당호로 사용한 이름이다. 참고로 여유당 건물은 1925년 대홍수로 떠내려갔고, 팔당댐이 생기면서 고향 마을의 형체도 많이 바뀌었다. 지금 우리가 찾아가는 여유당은 1975년에 복원된 건물이다.

다산이 만년에 제일 많이 쓴 호는 사암(俟菴)이라고 한다.

'기다리는 집'이라는 의미이다. 당시의 금서나 마찬가지인『경세유표』와『목민심서』에 명시한 개혁은 자신이 죽고 난 후의 다음 세대를 기다려야만 가능하다는 의미일지도 모른다. 뒷날 후손이 정리한 그의 연보명도『사암연보』이다.

열수(洌水)는 다산의 호인가?

다산은 열수(洌水)라는 말에 애정을 가진 듯하다. 그래서 많은 책에서는 열수를 다산의 호 중 하나로 소개한다. 다산이 '자찬묘지명'을 풀어쓴 신창호 교수의 『정약용의 고해』에는 "한강을 열수라고 하니 나 또한 나를 열수로 부를 수밖에 없다"는 문장이 나온다. 또한 다산의 부고가 전해지자, 홍길주는 "열수가 죽었구나! 수만 권 서고가 무너졌구나!"라고 탄식했다.

다만 내가 보기에 열수가 호인지는 불명확하다.
다산연구소 박석무 이사장이 편역한 『유배지에서 보낸 편지』에는 다산이 아들들에게 보낸 편지에, "너희들은 이제부터 책을 짓거나 초서를 하는 경우에 열수 정 아무개라고 칭하도록 하여라. 열수라는 두 글자는 천하 어디에 내놓아도 구별하기 충분하고 자기 사는 고향을 알 수 있게 해 주니, 아주 친절한 일이 되지 않겠느냐"고 했다. 성과 이름 앞에 열수를 넣어 사용하라는 당부였다. 부자지간에 같은 호를 쓰는 걸 보지 못했으니, 열수 또한 호라기보다는 자기 집안의 상징적 표시, 즉 열수에 사는 정 씨 가문이라는 의미이지 않을까. 다만 홍길주의 탄식으로 볼 때, 당시 사람들에게 열수는 곧 다산이라는 등식이 은연중에 퍼져있었던 건 아닐까. 앞에 언급한 책에 〈아들 정학연이 쓴 시고〉(강진군 소장)라는 사진이 있는데, 큰아들인 정학연 또한 '열수연초고(洌水淵艸藁)'라고 쓴 걸 볼 수 있다.

다산은 추사와 달리 호가 깔끔하게 정리되지 않는다.
후세 사람들이 모두 그렇게 부르는 '다산'은 누가 붙였는지, 직접 사용했는지조차 모호하고, 애착을 가진 말인 '열수' 또한 호가 아닐 수 있는 증거가 있는데도 설명이 확실치 않고, 제일 많이 썼다는 '사암'은 회갑 때에나 만들었다. 그렇게 고민하는 와중에 반가운 책을 보았다. 책 『서재의 살다』에서 저자인 고문서 연구가 박철상 씨는 이렇게 적고 있었다. "열수는 다산의 고향 앞을 흐르는 강을 가리킨다. 정약용의 호는 아니지만 그를 가리키는 말로 쓰이곤 했다." 나 또한 지금으로서는 이 의견에 동의할 수밖에 없다.

우리 집안은 폐족이다

강진에 유배된 다산은 자식들에게 "우리 집안은 폐족이다"고 속칭 폐족 선언을 한다. 어떤 의미에서는 자식들이 현실을 직시하도록 명확하게 집안 상황을 말해주는 것일 수도 있다. 그래야만 그에 맞는 대응을 할 수 있다. 예나 지금이나 세상사는 대부분 비슷하다. 집안이 망했는데도 그걸 숨기면서 부귀영화를 누렸던 옛날과 똑같이 살아서는 미래가 없다. 망한 걸 부정하고 여전히 명품을 사는 사치를 부린다면, 결국 그 돈을 마련하기 위해 또 다른 나쁜 짓을 해야 한다.

다산은 그 대응책도 명확하게 말해준다.

"폐족으로서 잘 처신하는 방법은 오직 독서하는 것 한 가지밖에 없다"는 것이다. 또한 독서를 하려면 학문의 근본이자 수기의 근본인 효제(孝悌)를 힘써 실천해야 한다고 말한다. 효제란 효도와 우애인데, 이 근본을 확립하고 나면 학문은 자연스럽게 몸에 배어들고 넉넉해진다고 강조한다. 그러면서도 폐족이 되어 과거를 볼 수도 없는 처지이므로 과거공부에 얽매이지 않고 참된 독서를 할 수 있는 시간을 얻은 것 아니겠느냐면서 자식들을 다독인다.

다산은 그 먼 강진 땅에 있으면서도 오늘날 드라마 「스카이 캐슬」의 엄마들보다도 더 자식 공부에 열성이었다. 때론 엄하게 다그치기도 하고, 때론 간곡히 부탁하기도 하고, 때론 사정하듯 달래기도 했다. 경험에서 우러난 올바른 공부법도 제시했다. "마구잡이로 그냥 읽기만 한다면 하루에 백 번, 천 번을 읽어도 읽지 않은 것과 다를 바가 없다. 무릇 독서하는 도중에 의미를 모르는 글자를 만나면 그때마다 널리 고찰하고 세밀하게 연구하여 그 근본 뿌리를 파헤쳐 글 전체를 이해할 수 있어야 한다. 날마다 이런 식으로 책을 읽는다면 수백 가지의 책을 함께 보는 것과 같다. 이렇게 읽어야 책의 의리(義理)를 훤히 꿰뚫어 알 수 있다"고 조언한다.

진정한 공부는 격물치지(格物致知)라는 것이다.

'격(格)'이라는 뜻은 맨 밑까지 완전히 다 알아낸다는 뜻이니, 그렇게 밑바닥까지 그 의미를 알아내지 못하면 아무런 의미가 없다고 강조한다. 또한 한 가지 하고 싶은 일이 있다면 목표 되는 사람을 한 명 정해놓고 그 사람의 수준에 오르도록 노력하면 그런 경지에 이를 수 있다고 충고한다. 아직 어린 둘째 아들이 혹 폐족이 된 집안을 감당하지 못할까봐, 세상을 살아가는 사람은 한때의 재해를 당했다 하여 청운의 뜻을 꺾어서는 안 된다며, 사나이의 가슴속에는 항상 가을 매가 하늘로 치솟아 오르는 듯한 기상을 품고서 천지를 조그마하게 보고 우주도 가볍게 손으로 요리할 수 있다는 생각을 지녀야 한다고 다독인다. 요즘 우리 시대의 공부 방법이나 성공 모델로 써먹어도 손색이 없는 가르침이다.

과거의 가르침은 지금 자신의 세계에 투영해야 진정한 현재적 의미로 되살아난다.

그것이 역사 인물의 흔적을 찾아 여행하는 중요한 이유다. '아, 이분이 이런 말을 했구나!'에서 끝나지 않고, 지금의 자신이나 사회를 반영해 자꾸 곱씹다 보면 자기 몸 안에서 희미하게 꿈틀거리는 무언가가 올라오기 마련이다. 그러한 문장 하나, 단어 하나의 얕은 지식도 무시하면 안 된다. 계속 맘속에서 곱씹다보면 칡뿌리처럼 자기만의 단물이 나오기도 한다. 선승의 화두가 별것이던가. 바로 그 단어 하나, 문장 하나, 점 하나, 마음 하나인 것이다.

세상의 두 가지 저울

다산은 아들들에게 보낸 편지에서 '세상의 두 가지 저울' 이야기를 한다. 비로 시비(是非)와 이해(利害)의 지울이다. 즉 옳고 그름의 지울과 이롭고 해로움의 저울이다. 여기에서 네 가지의 등급이 생겨난다는 것이다. 우리에게 익숙한 SWOT 분석 도표에 넣으면 이렇다.

두 가지 저울	시(是)	비(非)
이(利)	1) 옳은 것을 지키면서 이익도 얻는 것이 제일 고급이다.	3) 그른 것을 추구하여 이익을 얻는 것이 세 번째다.
해(害)	2) 옳은 것을 지키다가 해를 입는 것이 두 번째다.	4) 그른 것을 추구하다 해를 입는 것이 최하급이다.

다산의 의중은 분명하다. 1) → 2) → 3) → 4)의 순서를 따져 행동해야 한다는 의미이다. 하지만 때론 가장 쉬운 것이 실천하기는 가장 어렵기도 하다.

18년만의 귀향

결국 빼앗긴 마음에도 봄은 찾아와, 1818년에 57살의 나이로 수많은 저작물을 가지고 다산은 고향 마을 마현으로 돌아온다. 18년만의 귀향이다. 2018년은 다산이 해배되어 귀향한 200주년이 되는 해였다. 이를 기념하기 위해 전남 강진에서는 다산이 해배되어 고향으로 떠나는 퍼포먼스를 하고, 남양주 고향 마을에서는 다산이 집에 돌아오는 퍼포먼스를 기획하여 행사를 진행했다.

다산은 그 동안 귀양에서 풀려날 기회가 세 차례 정도 있었지만, 그때마다 반대파의 반대로 집으로 돌아오지 못했다. 첫 번째는 1803년 정순왕후의 특명이 있었다. 하지만 서용보의 반대로 무산되었다. 정말로 끈질긴 악연이다. 두 번째는 1810년에 큰아들 학연이 순조의 능행 길에 징을 쳐서 부친의 억울함을 호소하여 순조가 다산을 고향으로 돌려보내도록 했다. 하지만 이때도 반대파의 저지로 무산되었다. 세 번째는 1814년 사헌부 장령 조장한의 요청으로 의금부에서 석방시키는 공문을 보내려 했다. 그러나 이 역시 반대파가 막고 나섰다.

다산은 유배 생활 12년 정도 되었을 때 흑산도에 있는 형에게 편지를 썼다.

대사면으로 탐관오리나 살인 강도범도 석방되는데 자신들의 이름이 빠진 걸 두고, 이름이 임금께 아뢰어져 있는 사람을 거론조차 하지 않은 것은 남의 아픔은 까마득히 잊어먹기 때문이라고 한탄했다. 그러면서도 집에 가 봐야 바람벽만 남은 집에 곡식이라고는 설도 되기 전에 다 떨어지고 늙은 아내의 굶주린 모습이나 아이들의 처량한 모습만 볼 뿐이며, 두 형수는 "돌아왔으면, 돌아왔으면 했는데, 와도 그 모양이구나"라고 한탄할 것이며, 주역에 관한 공부도 까마득해질 것이고 음악 공부도 봄철의 개꿈에 지나지 않을 것이니 돌아간들 무슨 즐거움이 있겠냐고 자조한다. 차라리 하느님께서 죽어 묻힐 땅으로 다산을 정해주셨고, 밭도 몇 뙈기 주셨으니, 그처럼 깨끗한 신선세계를 버리고 아비규환의 세계에다 몸을 던져 무엇 하냐고 자조한다. 그러면서도 한편으론 돌아가고픈 심정이 사라진 적도 없다고 실토하는데, 이는 사람의 본성이 원래 약하기 때문이라고 그 이유를 덧붙인다. 생계가 파탄날 줄 알면서도 마작을 하는 마음과 같은 심정이지 본심이 아니라는 의미이다.

오랜 유배 생활로 어쩌면 다산은 살아서는 고향 땅을 밟지 못할 거라고 생각했을 것이다. 유배지에서 죽을 때를 대비해 "내가 만약 이곳 유배지에서 죽는다면 이곳에다 묻어놓고 국가에서 그 죄명을 씻어준 후에야 반장(返葬, 객지에서 죽은 사람을 그가 살던 곳이나 그의 고향으로 옮겨 장사지내는 것)하는 게 마땅할 것"이라며 큰아들 학연에게 유언의 편지도 남겼다.

그런 상황에서 18년 만에 고향 집에 돌아온 다산의 진짜 속마음은 어떠했을까?

만감이란 이럴 때 교차하지 않을까. 자신은 결국 돌아왔지만, 형님은 돌아오지 못하고 2년 전에 절해고도에서 숨을 거뒀다. 서울을 통해

간간이 소식을 주고받던 후배 이학규는 아직도 경남 김해에서 풀려나
지 못하고 있었다(이학규는 다산처럼 신유사옥으로 전남 화순으로 귀양을 갔
다가 백서사건 이후 김해로 옮겨져 24년간 유배 생활을 했다).

　고향으로 돌아와 어느 정도 심신을 회복하자, 다산은 형인 정약전
을 비롯하여 여러 선후배들의 묘지명을 지었다. 문상도 못한 죽음들
이었으니 그렇게 작별 인사를 건넨 것이리라. 그런 후 다산초당에서
가져온 저작들을 수정, 보완하였다. 그렇게 해서 해배 다음해에『흠흠
신서』가 완성되었고, 1821년에는『목민심서』를 다시 손 봐 최종 완성
했다.

　어느덧 다산의 나이도 한 바퀴 돌아 회갑을 맞게 되었다.

　기억할 만한 날이면 늘 그랬듯이, 다산은 자신의 삶을 정리하는 '자
찬묘지명'을 썼다. 아무리 글일지라도 자신의 죽음을 대면하는 건 간
단하지 않다. 일기장에 죽음이라는 단어를 써본 사람은 공감할 수 있
다. 가장 정갈하고 진지한 마음의 상태일 때만이 단 한 줄이라도 진전
이 있다. 다산은 60년 동안 파란만장한 삶의 질곡을 통과했다. 그런
그의 심정은 어떠했을까. 자찬묘지명에서 그는 "나의 인생, 한 갑자 60
년은 모두 죄에 대한 뉘우침으로 지낸 세월이었다. 이제 지난날을 거
두려고 한다. 거두어 정리하고 생을 다시 시작하려고 한다"며 그 일단
을 드러내보였다.

슬픔은 짧았고, 기쁨은 길었으니

다시 시작한 그의 삶이 끝난 건 해배된 지 18년이 지난 1836년 2월 22일이었다. 그날은 회혼일 아침이었다. 요즘이면 한창 '중2병'에 걸릴 때인 15살에 혼인하여 60주년이 되는 날이다. 자신의 삶처럼 드라마틱한 죽음을 준비한 셈이다. 18년의 유배 생활 후 돌아온 지 18년이 되는 회혼일 아침에 세상을 떠났다. 죽음을 예감한 듯, 죽기 3일 전에 이별의 시를 쓴다. 그것이 다산의 마지막 시인 〈회혼시〉다. 나중에 아내가 죽은 후 부부는 지금까지 한 무덤에 나란히 묻혀 있다. 『뜬세상의 아름다움』(박무영 역)에서 시를 일부 인용하면 이렇다.

> 육십 년 세월, 눈 깜짝할 사이 날아갔으니
> 복사꽃 무성한 봄빛은 신혼 때 같구려
> 살아 이별, 죽어 이별에 사람이 늙지만
> 슬픔은 짧았고 기쁨은 길었으니, 성은에 감사하오

다산은 죽을 때까지 복권되지 못하다가, 조선왕조가 망하기 직전인 1910년 7월 18일 문도(文道)라는 시호와 정2품 정헌대부 위계에 규장각 제학이라는 벼슬을 받고 복권되었다.

18이라는 숫자

많은 사람들이 기억하듯 다산 정약용에게서는 유독 18이라는 숫자가 연관 검색어로 등장한다. 아무래도 18년이라는 긴 유배 생활에 대한 놀라움과 그 숫자가 주는 어감이 결합되었기 때문이다. 여기에 다산이 강진에서 해배된 해가 1818년이라고 하면 우리 뇌는 더 강력하게 18이라는 숫자를 각인한다. 여기서 끝이 아니다. 다산은 해배 후 18년을 살다가 1836년 회혼일에 죽음을 맞이한다. 또한 다산이 진사시에 합격해 성균관에 들어가 정조를 만난 지 18년 만에 정조가 승하한다(정조의 재위 기간이 24년이니 3/4을 다산과 함께 한 셈이다). 즉 22살에 성균관에 입학한 후부터 다산의 삶은 18년씩 3번의 시기로 구분할 수 있는데, 정조와 일한 18년, 유배 시절 18년, 해배 후 죽기까지의 18년이다.

이 밖에도 다산은 16살에 성호의 저작을 처음 접하고 그 18년 후인 34살에 금정찰방 재임 시 온양 봉곡사에서 성호의 유저를 간행하기 위한 학술대회를 직접 개최한다. 뿐만 아니라 다산초당에서 교육을 받은 제자를 흔히 18제자라고 한다(이 중 6명은 초당 주인 윤단의 손자들이다). 이쯤 되면 다산과 18이라는 숫자는 정분난 게 틀림없다. 혹 기억하기 쉬우라고 적어 놓는다.

다산은 연암과 만났을까?

사람들은 가끔 그런 생각을 한다. 영·정조 시대를 중심으로 한 소위 조선 후기 천재들의 시대에 그들은 서로 교류하면서 얼마나 재미있게 살았을까? 연배 차이가 있지만, 연암과 다산도 동시대를 살았던 사람들이니, 좁은 서울 땅에서 어떤 인연이나 교류가 있지 않았을까?

그런데 연암과 다산은 이상하리만치 교류한 기록이 없다.

연암이 조금 앞 세대이긴 하지만, 다산이 한창 관료로서 잘나갈 때 연암도 활발히 활동하던 시기이며, 현대인들에겐 둘 다 실학의 거두로 평가받는 인물들이다. 또한 연암이 중앙 관직을 하진 않았지만, 둘 다 정조의 신임을 듬뿍 얻은 사람들이다. 다산은 후배의 입장에서 당대 지식인 선배인 연암을 찾아가 인사를 하거나 배움을 청할 수도 있지 않았을까? 그런데도 둘이 만났다는 기록은 없다. 왜 그럴까? 나는 세 가지 이유 때문이라고 생각한다.

첫째, 당파의 차이다.

연암은 당쟁에 개입하진 않았지만 어쨌든 잘나가는 노론 집안 출신이고, 다산은 알다시피 오랫동안 권력에서 배제된 남인 출신이다. 당시에 특별한 이벤트가 아니면 다른 당파에 속한 사람들이 서로 만나는 건 드물었다. 죽란시사를 비롯한 다산의 활동 기록 어디에도 남인 말고 다른 당파 사람들과 특별하게 교류한 내용은 거의 없다. 강진 유배에서 돌아온 후에 노론계 사람들이랑 어울린 흔적이 조금 있을 뿐이다. 그러니 한마디로 노는 물이 달랐다. 두 사람이 스칠 수 있을 법한 시기는 다산이 정조의 총애를 받았던 10여 년의 세월뿐이다. 그러나 이때에도 다산이 남인들의 모임인 죽란시사와 어울렸듯이, 연암은 서얼 출신이 중심이 된 북학파(백탑파)와 주로 어울렸다.

다산은 연암의 최측근인 박제가나 이덕무와 규장각에서 함께 일한 적이 있음에도 궐을 떠나 사적으로 어울리진 않은 듯하다. 아무래도 다산이 연암 그룹과는 나이 차가 나기도 했겠지만, 주된 이유는 역시 당파 차이가 아닐까 싶다. 일반적으로 당파를 뛰어넘는 경우는 몇 가지 안 된다. 예를 들어 서로의 이해관계가 맞아 떨어질 때다. 영조 연간에 남인 채제공과 노론 김종수가 서로 협력한 경우가 그렇다. 서로 합종연횡을 하는 것이다. 이는 현대 정치에서 정당들이 하는 걸 보면 힌트를 얻을 수 있다. 그렇지 않다면 당파를 초월하는 인간적인 관계 내지는 상대방에 대한 존경이 우러나오는 경우일 것이다. 그러나 그게 그리 많겠는가.

둘째, 추구하는 이상과 방향이 달랐다.

현대인들은 조선 후기의 학문과 개혁을 논할 때면 그냥 뭉뚱그려 '실학파'라고만 정의한다. 실학으로 대동단결한 것처럼 생각하는 것이다. 그러나 실질적으로 실학은 두 개의 학파로 나뉘어져 있었다. 바로 중상주의 학파와 중농주의 학파다. 그리고 그 두 학파를 대표하는 인물이 연암과 다산이었다. 두 학파는 그 토대와 지향점, 개혁 방식이 전혀 달랐다.

흔히 북학파로 대표되는 중상주의 학파는 주로 한양에 기반한 노론 중심의 인물들로, 지전설(地轉說)을 주장한 홍대용으로부터 발원해 연암과 그의 제자들로 이어졌다. 이들은 '이용후생(利用厚生)'을 모토로 화폐 개혁을 주장하였다.

반면에 중농주의 학파는 주로 경기도에 기반한 남인 중심의 인물들로, 멀리는 유형원에서 발원해 성호 이익을 거치며 큰 물결을 이루어 다산으로 이어졌다. 이들은 '경세치용(經世致用)'을 모토로 토지 개혁을 주장하였다. 다산이 초기에 여전제를, 나중에 정전제를 주장한 것도 이러한 흐름에서 나왔다.

이렇듯 다산과 연암은 비슷한 시대를 살았지만 상당히 다른 빛깔의 삶을 고민했던 것이다.

셋째, 다산은 연암의 글을 좋아하지 않은 듯하다.

다산이 조정에서 활동하던 시대는 문체반정의 시대이기도 했다. 정조는 패관문학적인 문체가 유행하는 현실을 비판하면서(이 중심에 연암의 『열하일기』가 있다), 육경을 위시로 한 진짜 고문의 정신을 이어받아 전아하고 순정한 글을 지어야 한다고 했다. 이를 뒷받침하기 위한 조직이 실상 규장각이었다. 이러한 현실에서 정조의 화살은 연암을 향해 있었고, 다산은 규장각에서 정조를 돕고 있었으니, 다산 또한 연암의 글을 비판적으로 접근했을 가능성이 크다. 문체반정이 당시 집권 세력인 노론을 견제하기 위한 정조의 계책이었다는 설도 있는데, 이게 사실이라면 특히나 남인인 다산은 정조를 도와 문체반정을 밀어붙여야 하는 입장인 셈이다. 또한 다산 스스로도 연암의 문체를 별로 좋아하지 않은 것처럼 보인다. 유배지에서 아들들에게 보낸 편지를 보면 당시 다산이 그 문제에 대해 어떤 입장이었는지 확연히 알 수 있다.

"무릇 책을 지을 때는 경전에 대한 저서를 제일 우선으로 해야 한다. 그다음 은 세상을 경륜하고 백성에게 혜택을 베풀어주는 학문이고, 국방과 여러 가 지 기구에 관한 분야도 소홀히 할 문제가 아니다. 자질구레한 이야기들로 한 때의 괴상한 웃음이나 자아내는 책이라든지, 진부하고 새롭지 못한 이야기나 지리멸렬하고 쓸모없는 의론 따위는 한갓 종이와 먹만 허비하는 것에 지나 지 않다."

그래도 궁금하다. 다산은 『열하일기』를 분명 읽었을 것이다. 정말 싫어했을까?

일표이서

흔히 '다산학'이라고 일컬어지는 다산 학문의 위대함은 비판과 문제 점만 들추는 게 아니라 그 처방전까지 제시한다는 점이다 그 대표적 인 게 일표이서(一表二書)다. 즉 다산 경세학의 주요 저서인 『경세유표』, 『목민심서』, 『흠흠신서』를 말한다.

이 중 『경세유표』와 『목민심서』는 다산초당에서 완성되었다(목민심 서는 해배되기 직전에 48권을 완성하였으나, 고향에 와서 다시 손을 보았다). 『흠 흠신서』는 초당에서 초고를 잡고 고향에 돌아와 그다음 해에 마무리 했다.

다산은 『경세유표』를 먼저 쓰고 있었다.

하지만 어느 순간 맘을 바꿔 먹었다. 『경세유표』는 국가의 시스템을 다루는 것이다 보니, 아무리 글을 쓴들 당장 반영되기가 쉽지 않았다. 그래서 제목도 '유표(遺表)'로 달았다. 유언처럼 작성한 글이라는 의미이다. 무엇보다 당장 활용할 수 있는 것이 무엇일까를 고민했다. 그리고 집필하기 시작한 게 『목민심서』였다. '심서(心書)'란 '자신이 백성을 돌봐주고 싶은 마음은 간절하나 귀양객으로서 그럴 수 없는 처지이니 마음만이라도 도움이 되고자 적어놓는다'는 의미이다.

경세(經世)란 국가 경영에 관한 전반적인 제도를 시대에 구애받지 않고, 기준을 세우고, 대강의 줄거리를 만들어, 오래된 우리나라를 새롭게 건설할 방안을 생각하는 것이다.

국가의 행정조직이나 권한에 대한 법규인 관제(官制), 전국을 군으로 나누고 이를 다시 현으로 나눠 조정에서 지방관을 보내 직접 다스리는 군현제도에 관한 군현지제(郡縣之制), 논과 밭 등 농토 운영에 관한 전제(田制), 나라에서 공익을 위해 보수 없이 백성들에게 의무적으로 책임을 지우는 노역에 관한 부역(賦役), 시장 개설과 물품 교역에 관한 공시(貢市), 창고의 사용과 곡식 저장 등에 관한 창저(倉儲), 군대 및 병법 등에 관한 군제(軍制), 인재 등용과 과거시험에 관한 과제(科制), 바다 생산물의 세금 문제에 관한 해세(海稅), 장사나 무역에 관한 세제인 상세(商稅), 나라에서 필요한 말을 번식시키고 조달하는 정책 전반에 관한 마정(馬政), 배를 만들고 운용하는 일에 관한 선법(船法), 도성을 경영하는 일에 관한 영국지제(營國之制) 등이 있다.

목민(牧民)이란 관리가 법을 바탕으로 백성을 올바르게 다스리는 것을 말한다.

그러기 위해 '관리 스스로 올바르고 깨끗한 사람이 되어야 하며(율기, 律己), 사심을 없애고 공공의 이익을 위해 복무해야 하며(봉공, 奉公), 도움이 필요한 백성들을 껴안아 구제해야 한다(애민, 愛民)'는 개념을 핵심으로 제시하였다. 이에 덧붙여 이전, 호전, 예전, 병전, 형전, 공전의 6전(典)과 진황(賑荒) 1목(目)을 추가해 정리한 것이『목민심서』였다.

『흠흠신서』는 사람의 목숨이 달린 옥사와 관련하여 원통하고 잘못되는 일이 없도록 옥관이 경전이나 역사 기록에 바탕을 둬 상소에 대한 임금의 견해나 여러 전문가들이 논의한 내용을 참고하고, 공론에 의해 결정된 공문서 기록을 근거로 삼아 이를 모두 헤아려서 검토하고 평가할 수 있도록 하기 위해 만들었다.

다산은 세심하면서도 완벽주의자의 성향인 듯하다.

자신이 쓴 책을 행여 읽는 사람들이 오해할까봐 전부 설명을 붙여놓았다. 예를 들어『목민심서』에서 '목'은 무엇을 의미하고, '민'은 무엇을 의미하는지 일일이 세세하게 밝혀놓은 것이다.

정조가 다산의 저작물들을 보았다면 얼마나 기뻐했을까.

문득 드는 생각이다. 정조 또한 집필광이어서『홍재전서』를 남기지 않았던가. 조선 후기 사회의 개혁을 고민했던 두 사람, 그들이 했던 인간과 사회, 국가에 대한 고민은 지금도 여전히 유효하다.

최고의 편집자

나는 주변 사람들에게 다산 정약용에 대해 이야기할 기회가 있을 때마다, 우리 역사상 최고의 편집자라고 말하곤 한다. 저자로서의 그의 능력을 폄하하려고 하는 얘기가 아니다. 다산은 문장을 다루는 법을 안다. 편집자의 제1미덕은 맥락을 이해하고 연결하는 능력이다. 단편적으로 나열된 아이디어나 이야기를 쓰는 건 그리 어렵지 않다. 하지만 아무리 하고 싶은 말이 많아도, 그걸 하나씩 뱉어놓기만 하면 책이 안 된다. 엮어줘야 한다. 구슬이 서 말이라도 꿰어야 보배가 된다.

최근에 어느 교수도 나와 비슷한 생각을 했나 보다.
'편집학'이라는 용어를 들고 다산을 들여다본 것이다. 나로선 절로 수긍이 가는 관점이었다. 500여 권이라는 방대한 저작은 의지나 단순 글쓰기 능력으로는 불가능하다. 글 재료를 마당에 다 펴놓고, 이번에 자기가 쓰고자 하는 주제와 맞는 글감들을 추려 뽑아, 서로 꿰어주는 능력, 바로 그 편집 능력이 필요하다. 우리 역사상 그런 능력을 가진 인물로 다산을 능가할 사람은 없다.

부자의 부를 덜어 가난한 사람을 돕는다

다산은 사람이 누리는 복을 열복(熱福)과 청복(清福)으로 나눴다. 열복은 누구나 원하는 그야말로 화끈한 복이다. 높은 지위에 올라 부귀를 누리며 떵떵거리고 사는 것이 열복이다. 모두가 그 앞에 허리를 굽히고, 눈짓 하나에 다들 알아서 긴다. 청복은 평범한 삶의 행복이다. 청복은 욕심 없이 맑고 소박하게 한세상을 건너가는 것이다. 가진 것이야 넉넉지 않아도 만족할 줄 알기 때문에 부족함이 없다. 요즘 유행하는 '소확행(小確幸)'인 셈이다.

다산이 원했던 복은 둘 중 어느 것이었을까?

요즘 사람들에게 선택하라고 하면 열 중 아홉은 열복을 선택할 것이다. 동서고금을 막론하고 열복의 자리는 적다. 들어가는 문도 좁을뿐더러 대개는 태어나면서 이미 지원 자격이 정해진다. 문제는 청복의 삶 또한 쉽지 않다는 점이다. 조선 후기는 이미 망가질 대로 망가져 있었다. 지방 수령과 아전의 착취는 끝없이 백성의 삶을 옥죄고 있음에도 열복을 가진 사람들은 당쟁의 극단으로 내달리고 있었다. 일반 백성들은 열복은 언감생심, 청복을 꿈꾸는 것조차 희망이 없었다. 다산은 그러한 현실을 〈애절양(哀絶陽)〉이라는 탁월한 시를 통해 고발하기도 했다.

『목민심서』에도 실린 〈애절양〉은 1803년 가을에 쓴 시였다.

낳은 지 사흘 만에 군보에 편입된 아이의 군포를 못 내자 관아에서 대신 소를 빼앗아갔다. 그러자 아이 아버지는 칼을 뽑아 자기 성기를 스스로 베면서 "내가 이 물건 때문에 곤액을 당한다"며 한탄했다. 아내가 잘린 성기를 가지고 관아 문 앞으로 갔는데 그때까지도 피가 뚝뚝 떨어졌다. 아내는 울며 호소했으나 문지기가 막아버렸다. 나는 그동안 다산이 이 이야기를 우연히 듣고 〈애절양〉을 지은 줄 알고 있었다. 그런데 정민 교수가 쓴 『삶을 바꾼 만남』에 따르면, 다산의 제자인 황상이 같은 해 봄에 이미 동명의 제목으로 시를 지었었다. 제자는 그 시를 스승에게 보내 일종의 검사를 받았다. 당시 황상은 스승과 서찰을 주고받으며 안부도 묻고 가르침도 받았었다. 지금도 다산이 황상에게 준 서른두 장의 메모와 편지를 모은 서간첩이 남아 있다. 제자의 시를 본 스승은 "시를 절대 남에게 보여주면 안 된다"며 밥 먹은 뒤 곧장 건너오라고 편지를 보냈다. 아전의 자식이 아전의 포학을 고발한 내용이었기에 남의 입에 오르내렸다간 공연한 사단을 만들기 때문이었다. 그리고 그해 가을, 다산도 동일한 제목으로 시를 지었다. 정민 교수는 이에 대해 다산이 "1구는 황상의 것과 꼭 같게 써서 일부러 두 작품의 연관성을 밝혔"으며, "제자는 스승이 직접 시범을 보인 작품을 읽고 자신의 부족함을 돌아보는 한편, 스승이 자기 시에 공감해준 것에 크게 감격했을 것"이라고 했다. 결국 사제 간의 마음의 공감이 두 편의 〈애절양〉을 탄생시킨 셈이다. 무릇 시를 보면 그 시인의 정신을 알 수 있다. 다산과 황상은 둘 다 청복조차 누리지 못하는 백성들의 고통에 공감하는 시인이었다.

다산은 특정 당파의 권력 독점을 비판하면서 전문적인 능력을 가진 인재를 중용하고 신분에 따른 차별이나 지방에 따라 인재 등용이 제한되는 폐단을 개혁할 것을 주장하였다. 오랫동안 지속되어 온 노론 벽파의 독점을 누구보다 잘 알고 있는 다산이었으니, 어쩌면 당연한 요구였다. 또한 대표적으로 열복을 누리는 집단인 임금의 측근들부터 법을 지켜야 하며, 법을 지키지 않을 경우 더 엄격하게 법에 따라 처벌

해야 한다고 주장했다. 그래야만 다른 관료들에게 법을 지키도록 요구할 수 있고, 위반 시 명확히 처벌할 수 있으며, 그래야 국가의 법질서를 확고하게 세울 수 있다는 것이다. 작금의 우리나라 실정을 보면 그의 주장이 얼마나 중요한 문제였는지 어림짐작할 수 있다.

사실 나는 개인적으로 성리학의 가르침을 그리 좋아하진 않는다.
성리학은 인간이라는 이름으로 옳은 소리를 말하지만 근본적으로 '사대부'만을 위한 공부이고 이치이다. 그들만의 리그인 것이다. 욕심을 버리라는 가르침을 보자. 사대부 출신으로 관직에 있는 사람은 욕심을 버려도 삶이 구차해지거나 나락으로 떨어지진 않는다. 그런데 세상에는 사대부만 있는가. 당시 이름으로 농·공·상이 있고 그에 끼지도 못하는 천민 계층이 훨씬 많다. 며칠 동안 밥 한 끼도 못 먹고 굶은 사람에게 욕심을 버리라는 건 죽으라는 말과 같다. 그러면서 욕심을 버려 자존감을 지킬 수 있는 쌀 한 톨 주지 않는다. 누구의 목숨이든, 삶은 힘들지언정 구차해지면 안 된다. 생존 걱정이나 인간 존엄을 지킬 걱정이 없는 자기들끼리의 윤리를 인간이라는 이름으로 보편화시켜서 옥죄는 건 배타적 윤리관일 뿐이다. 아무리 이상적인 예(禮)도 그 적용이 폭력적이면 보편성을 획득하지 못한다.

하지만 다산이 가장 중요시 한 것은 실천적 행위였다. 아무리 훌륭한 덕도 행동으로 옮기지 않으면 아무런 결과도 없다. 물론 다산도 당시 조선 사회가 가진 구조적인 한계를 지니고 있었지만, 적어도 인간에 대한 이해는 당대 누구보다도 보편적으로 앞서 갔다. 다산은 손부

익빈(損富益貧), 즉 부자의 부를 덜어다가 가난한 사람을 도와주자고
주장했다. 성호 이익이 말한 손상익하(損上益下)를 발전적으로 구체화
시킨 듯하다. 백성들에게 도움을 주려면 실질적인 행동을 해야 한다.
아들들에게도 이 점을 강조했다. "꽉 쥐면 쥘수록 더욱 미끄러지는 것
이 재물이니 재물이야말로 메기 같은 물고기"라는 것이다.

Guide's Pick

정조의 마음속 여행

다산을 이야기하면서 정조를 빼놓고 말할 순 없다. 물론 우리가 알고 있
는 다산의 방대한 저작물들은 정조 사후 유배 기간에 저술된 것이지만,
다산이 유배 가기 전 18년은 정조의 신임 속에 열심히 일을 한 시기였다.
그러니 마지막으로 다시 한번 정조의 마음속을 들여다보고 다산 정약용
과 함께 한 여행을 마치도록 하자.

다른 건 제쳐두고 정조의 재임 기간에 눈에 띄는 건 관료의 인적 구성이
다. 채제공과 다산을 필두로 한 남인 세력과 서자들의 등용이다. 이에 대
해 이해하려면 선조 이후의 붕당정치의 흐름을 살펴봐야 하지만, 그건 너
무 먼 여행이니 여기서는 당시 정조의 마음속만 여행해보기로 하자.

정조는 11살의 나이에 아버지 사도세자가 뒤주에 갇혀 죽는 걸 직접 목격
했다(운명의 장난인지 정조가 죽었을 때 아들인 순조의 나이도 11살이었

다). 당시 할아버지인 영조나 권력 집단인 노론에 울며 사정을 했지만 소용이 없었다. 그 기억이 얼마나 사무쳤겠는가. 누구라도 쉽게 잊힐 장면이 아니다. 하지만 슬픔과 분노도 잠시, 두려움이 엄습했다. 노론(벽파) 세력은 정조가 왕위에 오르는 걸 필사적으로 반대했다. 그들은 오래전의 경험을 알고 있었다. 연산군이 갑자사화 때 생모의 죽음에 관계된 사람들을 어떻게 숙청했는지. 그러니 당시 어린 정조는 밤에는 갑옷을 입고 잠을 잤다고 한다. 혹시 모를 암살을 두려워한 것이다. 우여곡절 끝에 왕이 된 정조는 어찌해야 했을까?

왕이 되었지만 당장은 권력 기반이 약하니 함부로 움직일 수 없었다. 그래도 바보처럼 가만히 있을 수는 없었다. 한마디는 해야 했다. 신하들을 불러놓고 "과인은 사도세자의 아들이다"고 선언했다. 노론 벽파는 오금이 저릴 것이다. 하지만 아직은 이르다. 좀 더 힘을 길러야 한다. 뼛속에 각인된 슬픔과 분노, 두려움의 기억들을 감춰두고 때를 기다려야 한다.

그래도 도저히 용서할 수 없는 사람들이 있다.
외할아버지인 홍봉한과 그 일가였다. 외척의 이름으로 권세를 누리면서도 가문과 권력을 위해 노론 벽파의 우두머리로서 사위를 죽인 책임은 당장 물어야했다. 어머니 혜경궁을 뺀 나머지 일가는 홍국영을 내세워 아작을 냈다. 다른 노론 벽파들에게는 이렇게 위장을 했다. "알지? 노론 벽파라서 죽인 게 아냐. 외척이 너무 권력을 쥐고 날뛰어서 그런 거야. 내 말 알지?"

그렇다고 아버지의 죽음에 동조한 노론 벽파들이 계속 권력을 독점하도록 둘 수는 없었다. 아버지의 죽음에 반대하고, 안타까워한 남인들을 어떡하든 궁궐에 끌어들여야 했다. 마침 할아버지인 영조도 충신으로 보증한 채제공은 건재했다. 그를 중심으로 젊은 인재들을 모아야 한다. 필요하면 남인의 기반인 영남 지역에서 별시를 치르더라도 인재를 구해야 한다.

더불어 노론 세력 중에도 쓸 만한 사람을 찾아야 한다.
기존 권력 집단은 믿을 수 없다. 그런데 머리는 총명하지만 차별을 받고 있는 서자들이 많다. 더구나 그들은 기존의 당파에는 관심이 없고, 연경의 새로운 학문과 제도에 관심이 많다. 규장각을 만들어 그들에게 기회를 줘 지지 기반으로 만들자. 당장에도 쓸모가 있고, 나중에도 도움이 될 것이다.

그런 후 권력 기반이 강화되면, 세자에게 왕위를 물려주고 상왕이 되어 수원 화성으로 내려가, 그 동안 뼛속에 감춰두었던 슬픔과 분노와 두려움을 끄집어내 노론 벽파에게 완벽하게 되갚아주자.

당시 정조의 마음속이 이러하지 않았을까.
물론 마지막 계획은 정조의 갑작스런 죽음으로 실행에 옮기지 못했다. 한 번 더 역사에서 가정을 한다면, 정조가 그때 죽지 않았으면 어떻게 되었을까? 다산의 유배나 신유박해, 이후의 세도정치, 모든 게 지금 우리가 알고 있는 것과는 달라졌을 것이다.

이렇듯 가끔은 옛 사람의 마음속을 들여다보는 것도 여행의 한 묘미이다.
평시의 임금은 대부분 궁궐에서 생활하기에 다산처럼 삶을 더듬을 만한 답사지가 적을 수밖에 없다. 그나마 정조는 수원의 화성이나 융건릉에 가면 그러한 여행을 할 수 있다.

에필로그

다산 정약용은 2012년에 유네스코에서 선정한 기억해야 할 문화 인물 4인(다산, 루소, 헤르만 헤세, 드뷔시)에 포함되었다. 우리나라 인물로는 처음이다. 정치, 경제, 과학, 의학 등 한국의 레오나르도 다빈치라 불리는 다산이니 만큼 충분한 자격이 있을 것이다. 또한 베트남의 호치민은『목민심서』를 평생 머리맡에 두고 교훈으로 삼았다고 전해진다. 이 밖에도 다산이나 그 업적과 연관된 이야기는 여러 곳에 나타난다.

꽤 알려진 이야기지만, 동학혁명의 지도부인 전봉준, 김개남 등이 선운사 마애불에서 꺼냈다고 하는 비기가 다름 아닌『경세유표』였다는 이야기도 전설처럼 내려온다. 사실이라면 동학혁명의 사상적 근원이 바로 다산의 학문에서 유래했다는 방증이다. 또한 조선 후기의 학자 기정진은 1862년 철종에게 국정 운영에『목민심서』를 참고하라는 상소를 올렸다. 다산 사후 처음으로『목민심서』가 비로소 세상에 다시 그 얼굴을 드러낸 순간이었다. 뿐만 아니라 2011년에 우리나라 대법원이 꼽은 세계 3대 명판관에는 그 유명한 솔로몬, 포청천과 함께 정약용이 포함되었다. 아무래도 곡산부사와 형조참의 시절 다산의 활약상과『흠흠신서』가 결합된 결과물일 것이다.

다산은 정말 위대한 사람이었다.

다른 당파하고는 혼인도 안 하고, 동석하더라도 막을 치고 이야기했다는 엄혹한 당쟁의 시절에 다른 당파 사람의 입에서 "중국에 내놓아도 밑질 것 없는 조선의 단 한 사람"이라는 고백을 뱉게 했던 사람이다. 또한 다산이라는 그의 호에 빗대 요즘의 학자들 사이에서 회자되는 농담처럼, "다산은 어떤 사상가보다 많은 것을 다산(多産)한" 인물이었다.

이 책 원고를 정리하면서 다시 한번 다산에 대해 공부하는 기회를 가졌다.

다만 이 책의 성격상 일표이서를 깊이 다루지 못한 점이 다소 아쉽다. 다산의 백성을 위한 마음의 본말이 모두 거기에 있기 때문이다. 다산은 그동안 내가 알던 다산보다 훨씬 더 위대한 사람이었다. 앞에서 얘기했지만 강진의 다산초당에 걸린 편액은 '보정산방(寶丁山房)'이다. 추사 김정희의 글씨로, '다산 정약용을 존경한다 혹은 보배롭게 여긴다'는 의미이다. 그렇듯 다산은 조선뿐 아니라 우리 역사에서 가장 보배로운 이름으로 영원히 기억될 것이다.

2장

남명
조식의
발길 따라 떠나는
시간여행

흔히 조선시대 대학자를 언급할 때 사람들은 자연스레 퇴계 이황과 율곡 이이를 떠올린다. 우리나라 화폐에 등장하는 인물도 두 사람이다. 후대 사람들에게 은연중에 입력된 정보가 그렇다. 물론 이 둘 외에도 역사에 족적을 남긴 훌륭한 학자들이 많고, 어떤 방식으로든 그들 또한 후대에 의해 기억되고 있다. 학자로서 최고의 영예라고 일컬어지는, 문묘에 배향된 성현만도 18명이나 된다. 여기에는 당연히 퇴계와 율곡도 포함되었다. 다만 조선시대 학자만 놓고 보면 문묘에 배향되는 학자의 선정 기준이 다소 편향적이라는 느낌을 지울 수 없다. 주류인 주자 성리학에서 약간 벗어난 학문을 수용하거나 성리학에 조금이라도 딴지를 거는 학자 중에 문묘에 배향된 학자는 없었다. 예를 들어 박세당이나 장유 같은 이는 노장사상이나 양명학 등 주류 성리학이 이단시하는 학문에 관심을 가진 죄로, 윤휴와 허목 같은 학자도 육경학 등 원시 유학을 연구한 죄로 문묘 근처에 얼씬거리는 건 꿈도 못

꾼다. 물론 문묘에 배향된 학자들을 폄하할 생각은 없지만, 그중 설총·최치원·안향·정몽주를 제외한 조선시대 학자들이 모두 조광조와 이이, 송시열로 이어지는 성리학의 주류로, 정치적 당파로는 서인 계열의 라인업만으로 채워진 것은 아쉽다. 이황은 남인 계열이지 않느냐고 반문하는 사람도 있을지 모르지만, 실상 남인도 당시까지는 성리학의 주류를 형성했다.

사람들이 착각하는 게 하나 있다.

조선의 붕당사를 기준으로 보면 남인은 동인에서 출발해 북인과 갈라졌기 때문에 애초에 서인과는 그 당파의 색깔이 다르다고 생각한다. 하지만 사상사를 기준으로 보면 그렇지 않다. 우리가 흔히 조선을 성리학의 나라라고 하는데, 그 근간을 이루는 당파가 서인과 남인이다. 그리고 그 중심에 율곡과 퇴계가 있었다. 그렇기 때문에 인조반정 이후 정치적으로 북인이 몰락하고 서인과 남인이 권력을 주고받던 시대, 즉 인조부터 숙종 대까지는 사상사적으로만 따지면 권력의 중앙 무대는 철저히 주류 성리학의 시대라고 할 수 있었다. 그렇기에 두 집단 간에 딱히 사상적으로는 크게 싸울 게 없으니 애꿎은 예송논쟁을 끌고 와 권력투쟁을 하고 있었던 것이다.

여기에 균열이 생긴 계기는 영조의 즉위였다.

숙종 대 마지막 환국으로 일컬어지는 갑술환국 이후 남인이 권력에서 밀려나고, 서인은 경종을 지지하는 소론과 영조를 지지하는 노론으로 완전히 갈라졌다. 소론의 승리처럼 보였던 경종의 즉위는 얼마 지속되지 못하고, 결국 영조가 왕위에 올랐다. 그리고 탕평책의 의도와는 정반대로 권력을 잡은 사람들은 노론 일색이 되었다. 요즘으로 치면 일당 독재나 진배없는 권력 구조인 셈이다. 이러한 정치적 변화는 각 당파의 사상에도 영향을 미쳤다. 기득권을 잡은 노론은 여전히 주류 성리학을 부여잡고 있었지만, 권력에서 밀려난 소론은 주로 양명학에 몰두하게 되고 남인은 정조 시대를 거치며 천주교를 받아들이게 되었다.

군이 서두에 이런 이야기를 짧게라도 언급하는 건, 이와 같은 조선의 붕당사와 사상사의 흐름을 대략이나마 파악하고 있어야, 그 시대 인물이나 사건을 이해하는 데 도움이 되기 때문이다. 이 이야기는 이쯤에서 각설하고, 다시 처음의 이야기로 돌아가자.

남명을 위하여

문묘 배향뿐만 아니라 조선의 성리학자를 이야기할 때 개인적으로 특히 안타까운 사람이 있다. 일반인에게 그리 많이 알려지지 않았고, 그러다 보니 자연히 저평가된 사람, 바로 남명(南冥) 조식(曺植)이다. 학계에서는 1990년대 이후 새롭게 조명되고 있지만, 여전히 그에 관한 대중서적을 찾으면 그리 많지 않은 게 현실이다.

남명은 퇴계와 동시대의 인물이다.

둘은 1501년생으로 동갑이다. 군이 정확히 따지면, 퇴계는 음력 11월생이니 양력으로는 1502년생이다. 하지만 요즘 식으로 '빠른 02'이니 둘을 동갑으로 엮는 데 아무 문제가 안 된다. 이에 비해 율곡은 한 세대 후 인물이다.

빛이 있으면 그림자가 있는 게 자연의 섭리다.

이런 섭리는 때론 인간 세계에 적용되기도 한다. 우리가 보는 수많은 영화와 드라마에서 주연이 빛을 내지만, 그가 빛날 수 있는 건 수많은 조연들이 그림자가 되어 주기 때문이다. 인간도 자연의 일부이니 이와 같은 음양의 조화는 어쩌면 당연한 일이다. 역사도 그렇다. 당대에 뛰어난 두 인물이 등장할 때, 그중 한 사람이 반짝반짝 빛을 내면 다른 한 사람은 상대적으로 그 그림자로 기억되기도 한다. 소설『삼국지연의』의 저 유명한 문장, "하늘은 주유를 낳고서 어찌 또 제갈량을 낳았는가"라는 탄식이 어찌 주유만의 탄식이겠는가. 물론 남명은 스스로 빛을 뿜어낸 인물이지만 후대에게 기억되는 것이 상대적으로 그렇다는 말이다.

그래서 이 글은 일종의 그림자를 위한 변명이다.

그렇게 된 건 이런저런 사정이 있을 터이다.

역사는 흔히 살아남은 자의 기록이라고 한다. 후대 사람들은 그 기록에 의지해 역사를 기억한다. 어떤 인물이 역사 속에서 기억되는 건 여러 경로가 있다. 또한 자신의 주특기에 따라 달라지기도 한다. 장영실과 같은 발명가는 발명품으로, 이순신과 같은 무인은 용감한 승전보의 기록이 유전되어 후대에 기억된다. 학자는 어떨까? 자신의 이론이나 학풍이 후학들에 의해 확대 재생산되어 사회의 주류로서 인정받아 끊임없이 전승되어야 한다. 결과적으로 퇴계는 그랬고, 남명은 그러지 못했다.

당대만 하더라도, 둘의 학풍은 서로 다른 공간에서 빛을 내고 있었다.

그래서 '좌퇴계 우남명'으로 불렸다. 같은 경상도 지역이지만 서울에서 바라보기에 낙동강 왼쪽에 퇴계의 학문이 있었다면, 그 오른쪽에는 남명의 학문이 있었다. 당시 거의 모든 학자가 그러하듯 둘은 성리학에 토대를 두었지만, 서로 공부하는 법과 강조하는 것이 달랐다. 단적인 예로, 퇴계는 흔히 도가 사상으로 분류되는 노자와 장자를 공부하는 것조차 이단시했다. 굳이 따진다면 성리학 순수주의자인 셈이다. 남명은 성리학에 바탕을 두었지만, 노장사상뿐만 아니라 당시 조선의 성리학자들이 배척했던 양명학이나 불가의 책조차 공부와 수행의 방편으로 삼았다. 또한 천문, 지리, 진법 등 다양한 학문을 익혔다. 남명이 생각하기에, 공부하는 이유는 성현(聖賢)이 되고자 함이었다. 성리학 하나만으로 그 길에 들어설 수 있다면 몰라도, 성리학은 유일한 가르침도 아니었고, 만병통치약도 아니었다.

그렇다 하더라도 둘의 학문은 후학들에 의해 한동안 한 지붕 생활을 하였다.

조선 정치권이 1575년을 기점으로 동서 붕당의 대결 구도로 접어들자, 퇴계와 남명의 제자들은 함께 동인에서 활동했다. 그러나 애초에 학문의 지향점이 달랐던 두 집단의 동거 생활은 그리 오래 가지 못했다. 1589년 정여립 모반 사건이 일어나고, 당시 위관이던 서인의 정철에 의해 많은 동인계 인사들이 숙청을 당하는데, 그중 상당수가 남명의 제자들이었다. 그로부터 2년 뒤에 정철이 세자 책봉 문제로 실각하자, 정철을 강력히 처벌하자는 남명의 제자들과 정철도 위관으로서의 직분을 수행한 것이니 어쩔 수 없었다는 퇴계의 제자들은 각각 북인과 남인으로 갈라섰다. 결국 역사의 기억에서 남명과 퇴계가 표면적으로 갈라지기 시작한 건 이때부터다.

제자들의 죽음

개인적으로 남명의 학문이 퇴계에 비해 대접을 못 받게 된 이유는 크게 두 가지 이유 때문이라고 생각한다. 첫째는 남명 제자들의 죽음이고, 둘째는 남아 있는 저작물의 차이다.

남명의 제자들은 크게 세 번에 걸쳐 역사에서 사라진다.

그 첫 번째는 앞에 이야기한 정여립 모반 사건이다. 이 사건으로 인해 남명의 제자들이 여럿 죽음을 당한다. 그중에서도 특히 수제자로 일컬어지던 수우당 최영경이 죽음을 맞는다. 어처구니없는 죽음이었다. 당시 사건의 중심인물로 길삼봉이란 가상의 인물이 지목되었는데, 그가 바로 진주에 사는 최영경이라는 말이 떠돌았다. 그는 결국 이듬해 체포돼 진주 감옥에 갇힌다. 최영경이 연루된 내막은 이렇다. 그는 2년 전에 아들을 잃었는데, 그때 정여립이 조문을 왔었다. 그러다 보니 나중에 그가 다른 이에게 편지를 보낼 때 정여립의 안부를 물은 일이 있었다. 그 안부는 당연히 정여립에게 어떤 식으로든 전해졌을 것이다. 흔히 정여립 모반 사건에 연루된 사람이 천여 명에 달한다고 한다. 물론 과장된 숫자일 수 있지만, 그중 상당수는 정여립이 보관하고 있던 편지와 관련해서 연루된 사람들이었다고 하니, 추측건대 최영경의 편지를 받은 사람이 정여립에게 편지를 써서 그 내용을 알리지 않았을까 싶다.

이와 관련하여 허권수 교수가 쓴 『절망의 시대 선비는 무엇을 하는가』에는 이런 내용이 나온다. 당시 임금인 선조는 최영경이 죄가 없다는 사실을 알고는 석방하라고 명했다. 하지만 그가 풀려나 잠시 한양의 친척집에 머물고 있을 때 또 다른 일이 일어났다. 우계 성혼이 자신의 아들 성문준을 시켜 쌀 몇 말을 보내며 노자로 쓰라고 하였다. 그때 성문준이 "누구에게 미움을 받아 이 지경이 되었습니까?"라고 물으니, 최영경은 격앙된 감정으로 "네 애비한테 미움을 받아 이렇게 되었네"라고 답했다. 당시 옥사의 위관이었던 정철은 평소 이이에게 자문을 구하다가 이이가 죽자 성혼에게 자문을 구하는 일이 많았기 때문이다. 다음날 사헌부에서 그를 다시 국문할 것을 청하였고, 정철은 온갖 고통과 모욕을 주었다고 한다. 그러던 중 장독으로 몸이 상해, 어느 날 옥에서 박사길이라는 사람의 무릎을 베고 누워 있다가, 일어나서 바를 정(正)자를 크게 쓰고는 곧 세상을 떠났다. 그의 나이 62살이었다.

「선조실록」 1594년 11월 12일자에는 최영경과 정철의 관계를 짐작케 하는 내용이 실려 있다. 선조가 오랜만에 재개한 경연을 마친 후 신료들과 이야기하는 자리였다. 당시 김우옹은 선조에게 이렇게 아뢴다. "최영경이 정철을 원수처럼 미워하여 '색성소인(素性小人)'으로 지척(指斥)하였기 때문에 정철이 항상 앙심을 품어오다가 역변(逆變)이 일어나자 드디어 최영경을 역적을 비호한다고 지목하였습니다." 내막은 이렇다. 한창 붕당으로 편 가르기를 할 때 정철은 최영경을 자기편으로 끌어들이기 위해 만나기를 청했다. 그러나 최영경은 정철이 '색성소인'이란 이유로 거절한 것이다. 이때부터 정철은 최영경에게 앙심을 품었다고 한다. 정인홍이 쓴 최영경의 묘갈명에도, "간흉들이 쳐 놓은 흉계에 걸려 억울하게 천수를 다하지 못했다"고 적혀 있어 그가 억울하게 죽었음을 암시하고 있다.

두 번째의 죽음은 임진왜란 때 일어난다.

남명 학문의 핵심은 실천 사상이다. 그러다 보니 그의 제자 중 상당수가 임진왜란이 발발하자 의병장으로 나섰다. 최초의 의병장으로 기록된 곽재우를 포함하여 정인홍, 김면 등 약 50명의 의병장이 그의 제자였다. 이 와중에 김면 등 여러 제자가 죽음을 맞은 건 어쩔 수 없었다. 그럼에도 선조는 의병들의 활약으로 열악한 전세가 반전을 꾀하자, 의도적으로 의병장의 공적을 폄하하면서 탄압하였다.

퇴계와 남명을 비교하여 평가하는 후세의 연구자들 사이에는 "흔히 다른 건 차치하더라도 교육적인 측면에서만 보면 남명이 퇴계를 압도했다"고 하는데, 그런 주장의 가장 큰 증거가 바로 의병을 일으킨 남명의 제자들이었다.

세 번째의 죽음은 인조반정 때 일어난다.

전쟁의 소용돌이 속에서 살아남은 남명의 제자들은 이후 광해군 때 북인 정권의 실세로 권력을 주도했다. 그러나 결과적으로 역사는 그들 편이 아니었다. 1623년 서인이 주도한 인조반정으로 남명의 제자 그룹은 거의 멸족의 화를 당한다. 당시 남명의 제자 중 수장 역할을 하던 정인홍은 역적의 죄명으로 참형을 당하였다. 이 일이 있고 남명과 그의 학문을 이어받은 정인홍의 제자들은 벼슬하는 걸 수치로 여기며 조정에 나아가지 않았다. 이 일은 조선의 정치권이 이이의 제자들이 중심이 된 서인 계열과 이황의 제자들이 중심이 된 남인 계열 중심으로 재편되는 계기가 된다. 앞서 얘기했듯이 주류 성리학의 독점시대가 열린 것이다.

물론 퇴계가 다산 정약용에 버금가는 다작을 남긴 것에 비해 남명은 평소에 많은 글을 저술하지 않은 점도 있지만, 결과적으로 북인 정권의 몰락은 남명의 학문이 전승되는 데에도 치명적인 타격이 되었다. 사실 남명은 세상에는 이미 성인의 책이 가득한데 군이 별도의 저술이 필요하지 않다고 생각했다. 성인의 가르침만 실천해도 요순시대의 치세를 누릴 수 있기 때문이다.

『남명집』은 선조 37년(1604) 정인홍 등에 의해 초간본이 간행되었다.

그런데 문집 편찬의 책임을 맡았던 정인홍이 인조반정으로 서인들에게 역적으로 몰려 처형됨에 따라 문집 체제를 정비한다는 등의 이유를 들어 모두 13차에 걸쳐 수정 간행됨으로써 남명 시문의 진면목이 크게 훼손되었다. 이때 정인홍이 쓴 발문도 삭제되었다. 글 중에 퇴계를 비판한 내용이 있었는데, 이를 문제 삼아 삭제한 것이다. 그러다 보니 현재 전하는 『남명집』만 해도 십여 개의 이본이 존재한다.

만약 인조반정이 일어나지 않고 북인 계열이 몰락하지 않았다면, 남명의 학문은 우리 역사 속에서 도도하고 당당하게 그 흐름을 이어왔을 것이고, 지금 우리의 기억에 그 이름과 영향력이 훨씬 강력하게 새겨져 있을지도 모를 일이다.

정인홍을 위한 변명

흔히 남명 조식의 수제자로 언급되는 사람이 두 명 있다. 바로 수우당 최영경과 내암 정인홍이다. 이 중 기질과 풍모 면에서 남명을 닮았던 최영경은 정여립 모반 사건으로 먼저 죽음을 맞게 되고, 남명의 제자들이 권력의 주축이 된 광해군 정권에서 북인의 좌장 역할을 한 사람은 정인홍이다.

그러나 정인홍은 인조반정 후 역적으로 몰려 처형당한다.

그의 나이 89살이었다. 당시 정승을 지냈거나 80살이 넘는 고령의 인사는 참수하지 않는 관례를 깨고 그를 처형한 이유는 뭘까? 그가 반정 세력의 미움을 받은 사건 중 눈에 띄는 것은 두 가지다.

정인홍은 광해군 2년(1610) 스승인 남명은 배제한 채 김굉필, 정여창, 조광조, 이언적, 이황을 새로이 문묘에 모시자는 여론이 있을 때, 이언적과 이황의 문묘종사는 부당하다고 반대하였다. 이유인즉 이렇다.
누이인 문정왕후를 등에 업고 무소불위의 권세를 부리고 있던 윤원형
은 명종의 후사가 없자 주요 왕자들을 죽이기 시작했다. 경쟁자들의
싹을 자른 것이다. 그중 하나가 봉성군 이완이다. 윤원형은 1547년에
양재역 벽서 사건을 꾸며 봉성군을 죽일 때, 조정 대신들에게 모두 서
명을 받아서 처리했다고 한다. 이때 당시 벼슬에 있던 이황과 이언적도
서명했다. 이 일은 퇴계 스스로도 매우 후회하는 일이라고 하는데, 정
인홍은 이 일을 들어 두 사람의 문묘 종사를 반대한 것이다. 문묘 종
사는 당시 조선 성리학자들에게는 최고의 영광이었다. 그런데 정인홍
이 자신들의 스승인 이황의 문묘 종사를 반대하니, 이황의 제자들에게
는 원수나 다름없었다. 이들이 중심이 된 성균관 유생들은 성균관에
비치된 유생 명부인 청금록(靑衿錄)에서 정인홍의 이름을 삭제하기까
지 했다.

다른 하나는 이것이다.

광해군 대 북인 세력의 영원한 아킬레스건이 되는 건 일명 '폐모살제
(廢母殺弟)', 즉 1613년 영창대군의 죽음과 1618년 인목대비의 서궁 유
폐 사건이다. 이중에서 '살제'(이전에도 빈번하게 발생했다)보다는 효를 강
조하는 당시 정서상 '폐모'에 연루되면 더 큰 낙인으로 남았다. 그런데
그 폐모론에 정인홍의 이름도 연루된다. 참고로 인조반정 후 광해군에
게 적용된 첫 번째 죄목도 바로 '폐모살제'였다. 또한 인조반정 후 대
부분의 북인이 처형이나 유배를 당했음에도 중용되는 북인의 대표적

인물이 정온인데, 그 이유인즉 그가 '폐모살제'에 반대해 제주도에 10년 간 유배를 갔기 때문이었다. 사실 정온은 경남 거창 출신으로 정인홍의 제자였다. 그래서 스승인 정인홍의 구명을 위해 노력했으나 죽음을 막지는 못했다.

결과적으로 정인홍은 폐모론에 반대했다는 것이 정설이다.

광해군과 이이첨의 서슬 퍼런 칼날이 춤추고 있을 때라 종실에서만도 130명이 인목대비 폐모론에 참여했다. 하지만 정인홍은 폐모론에 반대했다. 스스로도 폐모론에 찬성하지 않았다고 말했다. 일설에는 폐모 논의가 한창일 때 합천에 머물던 정인홍이 폐모론에 반대하는 편지를 써 이이첨에 전달했는데, 도중에 심부름꾼이 편지 내용을 찬성으로 바꿔치기 했다고도 한다. 어찌 되었든 당시 서인들은 눈엣가시 같았던 정인홍을 처형하기 위해 그에게 이런저런 죄목을 씌웠다. 그중에는 명나라를 배신했다는 죄목도 있었다(나는 이 죄목만으로도 인조반정 주축 세력들의 정신 상태를 알 수 있다고 생각한다).

이후 조선은 서인과 일부 남인의 역사가 계속되므로, 결과적으로 '폐모살제'라는 죄목은 조선시대 내내 당사자에게는 주홍글씨가 된다. 그나마 정인홍은 조선의 끝자락인 순종 때 복권되지만, 우리가 익히 아는 『홍길동전』의 저자 허균이 조선이 망할 때까지도 유일하게 복권되지 못한 이유도 바로 이 '폐모살제'라는 주홍글씨가 크게 작용했다.

어쩌면 정인홍도 지금까지 실질적인 복권이 이루어지지 않고 있다고 할 수 있다.

후세 사람들에게 은연중 정인홍은 권간(權奸)의 이미지로 각인되어 있기 때문이다. 이유인즉, 드라마 등에서 조선 중기의 대표적 권신으로 평가받는 이이첨과 묶여서 자주 나오기 때문이다. 광해군 정권의 일인자로 행세한 이이첨은 사실 그의 제자였다. 개인적으로는 이이첨이 자신의 권력 기반을 위해 정인홍의 학식과 덕망, 허균의 문장과 영민함을 끌어들여 이용한 것이라고 생각한다. 하지만 정인홍은 이이첨과 싸잡아서 평가받아서는 안 되는 인물이다.

정인홍은 임진왜란이 일어나자 고향인 합천에서 의병을 일으켜 싸웠다. 전란 중에 팔만대장경판이 온전히 보전될 수 있었던 것은 그와 같은 경상 지역 의병장들의 공을 무시할 수 없다.

그는 스승인 남명처럼 산림처사의 삶을 살고자 했다.

스승의 문집인 『남명집』의 편찬을 주도한 것도 그였다. 광해군은 정인홍이 합천에서 올라오기를 기다려 영의정 자리를 7년 동안 비워둔 적도 있었으며, 단재 신채호는 한국 역사상 삼걸(三傑)로 을지문덕, 이순신, 정인홍을 꼽음으로써 그를 우리 역사에서 가장 위대한 정치가라고 했다.

정인홍은 스승인 남명의 임종을 곁에서 지켰다.

남명을 상징하는 두 가지 물건이 있다. 바로 경의검(敬義劍)과 성성자(惺惺子)다. 경의검은 칼이고, 성성자는 두 개짜리 방울이다. 남명은 평생 이 두 가지를 몸에 지니고 살며 학문과 자기 수행의 징표로 삼았을 뿐 아니라, 성성자로 주의를 환기시키고 경의검의 칼끝을 턱 밑에 괴고 혼매한 정신을 일깨웠다. 남명은 임종에 이르러 정인홍에게 학자

부음정

정인홍이 은거하며 후학을 가르치던 곳이다.

로서의 의리와 결단의 징표였던 자신의 칼 경의검을 물려주었다(성성자
는 김우옹에게 물려주었다).

해인사 입구 마을인 합천 가야면에 가면 정인홍이 45살에 지은 부
음정(孚飲亭)이 있다. 그가 은거하며 학문을 닦고 후학을 가르치던 곳
이다. '부음(孚飲)'은 『주역』의 '유부우음주(有孚于飲酒)'라는 문장에서
따왔다. 그 동안 인문여행을 핑계로 여러 곳의 정자나 서원 등 옛 성현

들의 흔적이 남아있는 장소를 다녀봤지만, 그중 부음정의 관리가 제일 안 되고 있는 듯하다. 부음정은 거미줄과 먼지와 잡초와 쓰레기가 방문객을 맞고 있었다. 근처에 다 가도록 이정표도 눈에 안 띄었다. 인근의 해인사나 대장경기록문화테마파크의 유명세에 밀려서일까? 후세 사람들에게 잊힌 그의 이름만큼이나 안타까운 마음에 이처럼 그를 위한 변명을 몇 자 적어둔다.

Guide's Pick

아! 곽재우

망우당(忘憂堂) 곽재우는 남명 조식의 제자이자 외손녀 사위다. 그는 임진왜란이 일어나자 최초로 의병을 일으켰으며, 중국 천자로부터 선물 받은 처녀의 초경을 모아 물들인 베로 옷을 지어 입고 스스로 홍의장군이라 칭하였다고 한다. 출병할 때 조상의 묘를 모두 평평하게 만들었다고 전하는데, 만에 하나 왜군들이 조상의 무덤으로 거래할 것을 사전에 차단한 것이다.

우리는 당시 우국충정의 마음만 있으면 아무나 의병장이 되는 걸로 착각하는데, 실상은 그렇지 않다. 의병장으로 출정한다고 해서 국가에서 어떠한 지원을 해주는 것도 아니었으며, 의병의 깃발만 꽂는다고 해서 사람들이 모이는 것도 아니었다. 사람만 모인다고 해서 끝나는 것도 아니다. 전투에 소요되는 병장기도 필요하고, 그들을 먹이고 재우고 해야 한다. 쉬운 말로 의병에도 돈이 필요하다. 사람이 많이 모일수록 더 많은 돈이 필요했다. 당시 곽재우 진영에는 2천 명에 가까운 의병이 모였다. 이를 위해 곽재우는 만석꾼 소리를 듣던 자신의 재산을 모두 처분했을 뿐만 아니라 매형의 재산까지도 쏟아 부었다. 매형의 집은 부리는 종만 5백 명이 될 정도로 부자였다. 또한 퇴계의 처가였던 의령의 허씨 집안에서도 상당한 군량을 대주었다. 그렇게 마련한 재원으로 의병들을 독려하여 전투에 임했던 것이다.

그는 자신의 진중에는 반상(班常)의 구별이 없음을 선언하면서, 아들의 옷을 벗겨 노비의 아들에게 입혔다. 흔히 충무공 이순신의 전적이 23전 23승이라고 하는데, 곽재우가 무려 53전 53승의 전적을 자랑하는 게 그냥 우연히 얻어진 건 아니었다. 실록에도 나와 있듯이, 바다에서는 이순신, 육지에서는 곽재우였다. 하지만 이런 그조차도 전쟁 후 선정한 선무공신에 이름을 올리지 못했다.

곽재우를 위시한 경남 의병들의 활약 덕분으로 호남으로 가는 왜군의 진군을 막을 수 있었고, 이는 곧 이순신의 후방을 안정시켜주는 효과를 발휘해 이순신이 남해에서 활약할 수 있는 든든한 뒷배가 되었다. 이처럼 의병들이 활약한 배경에는 무엇보다 실천의 중요성을 강조한 남명의 가르침이 있었다. 하지만 임금인 선조는 명나라 군대가 참전하고 전세가 유리하게 진행되자 의병의 활약을 의도적으로 깎아내렸다. 명 군대의 보급을 위해 의병들을 투입하는가 하면, 김덕령과 같은 의병장을 역모(이몽학의 난)에 엮어서 죽이기까지 했다. 이에 곽재우는 출사의 뜻을 포기하고 낙향했다. 말년에는 비슬산에 들어가 도인처럼 살았다고 전한다.

곽재우의 결혼과 관련하여 재밌는 야사가 전해온다. 남명의 제자인 곽재우와 김우옹은 동서지간이다. 둘 다 남명의 외손녀와 혼인했다. 그 내막은 이렇다. 둘 다 남명이 중매를 섰다. 제자들에게 "족히 군자의 배필이 될 만하다"면서 외손녀를 추천했다. 그런데 막상 살아보니 그렇지 않았다. 아내가 현모양처는커녕 거칠고 괄괄한 성정이었던 것이다. 참다못한 곽재우가 스승에게 따지러 가는 길에 김우옹을 만나, 함께 스승을 찾아가 항의했다. 이때 남명의 대답이 그럴 듯하다. "그런 애는 군자라야 데리고 살 수 있지 않겠는가. 내가 자네 둘을 군자다운 사람으로 인정했기에 혼사가 이루어진 것이네." 그래서 지금도 경상우도에는 "중매할 적에는 건중(남명의 자)도 거짓말을 한다"는 속담이 전해진다고 하는데, 확인은 못해봤다.

닮은 듯 안 닮은 듯 평행이론

평행이론은 흔히 서로 다른 시공간에 존재하는 서로 다른 사람의 운명이 같은 식으로 반복되는 것을 말한다. 앞에서도 언급했지만, 남명과 퇴계는 동시대에 그리 멀지 않은 지역에 살면서 비슷한 학문에의 열정과 고민을 했던 사람들이다. 이 둘은 닮은 듯 안 닮은 듯 공교롭게 엮여 있는 교집합이 있는데, 사소하지만 재미삼아 기억해두는 것도 좋을 것 같다.

첫 번째 교집합은 매화다.

둘 다 매화를 좋아했다. 퇴계는 매화를 좋아한 나머지 '매형'이라는 별명도 얻었다고 한다. 그래서 그런지 천 원짜리 지폐에도 퇴계 얼굴 옆에 매화가 활짝 피어 있다. 퇴계가 죽기 전에 했다는 마지막 말인 "저 매화나무에 물 줘라"도 많은 사람들에게 회자된다. 가십거리를 좋아하는 사람들은 퇴계가 죽기 전 말한 매화나무를 그의 애첩인 두향을 지칭한다고 주장하기도 하지만, 가십은 가십일 뿐인 경우가 더 많으니 그다지 신뢰할 만한 주장은 아닌 듯하다. 더군다나 『퇴계평전』에도 나와 있는 퇴계와 두향의 러브 스토리가 사실이 아니라는 주장도 힘을 얻고 있다. 두향과 로맨스를 한 인물은 퇴계가 아니라, 이지번이라는 것이다. 이지번은 우리가 익히 아는 토정 이지함의 형이자, 선조 때 영의정을 지낸 이산해의 아버지다. 그 또한 윤원형이 을사사화를 일으키며 권력을 전횡할 때 단양의 구담에 집을 짓고 은거하며 수양했다. 아마도 당시에 단양군수였던 퇴계가 이지번의 은거 생활을 도와준 듯하다. 여하튼 기생 두향의 로맨스 상대는 아직까지도 논란의 여지가 있다.

남명은 61살이던 1561년에 거처를 고향인 합천에서 산청의 덕산으로 옮긴다. 그곳에 산천재를 짓고 마당에 매화나무 한 그루를 손수 심었다. 그 나무는 지금까지도 살아있는데, '남명매'라고 불린다.

두 번째 교집합은 토끼다.

퇴계는 1545년 을사사화 후 산림에 은거할 뜻을 굳히고 관직을 사퇴한다. 그러고 나서 정착한 곳이 고향인 낙동강 상류 개천인 토계(兎溪) 인근이었다. 여기서 '토(兎)'는 토끼를 의미하는데, 퇴계는 이 '토'자를 '물러날 퇴(退)'자로 바꿔 자신의 호인 퇴계로 삼았다. 관직에서 영원히 물러나 학문에 정진하려는 뜻을 담은 것이리라. 하지만 퇴계의 이런 소망은 이루어지지 못한다. 이후에도 여러 차례 조정의 부름을 받아 단양군수와 풍기군수, 그리고 중앙 관직을 역임하기 때문이다.

그렇다면 남명의 토끼는 무엇일까?

이는 남명의 탄생과 관련되어 있다. 남명은 경남 합천에 있는 외가에서 태어났는데, 그곳이 삼가현 외토리 토동마을이다. 토동마을은 일명 토골로 불리는데, 여기의 '토' 역시 '토끼 토'자다.

Guide's Pick

외가 명당의 기운을 타고난 아이

남명이 태어난 곳과 관련해 재미있는 이야기가 전한다.

외가의 집터는 풍수지리로 봤을 때 명당이라고 한다. 어느 날 외가를 지나던 어떤 술사가 집 안으로 들어와 남명의 외조부에게 "신유년(닭해)에 이곳에서 태어나는 아이는 커서 반드시 성현이 될 것"이라고 말했다. 이 말을 들은 외조부가 손자가 태어나길 고대한 건 당연할 터이다. 하지만 변수가 생겼다. 남명의 부모가 친정에 와 머물고 있었다.

남명의 부모는 어느 날 누런 용 한 마리가 자기들의 방으로 들어오는 꿈을 함께 꾸었다. 그러고 나서 남명의 어머니에게 태기가 있었고, 신유년 음력 6월 26일에 남명을 낳았다. 남명이 태어난 진시(辰時)에 집 앞에 있던 우물에서 무지개가 솟아오르고 방안에는 찬란한 보랏빛 광채가 가득

했다고 한다.

인천 이씨 가문인 외조부는 술사의 말을 떠올리며, "성인이 우리 친손자 가운데 나지 않고 조씨 집안에서 나고 말았구나"라고 탄식했다. 남명은 아버지가 32살에 낳았다고 하니 당시로선 늦은 나이인데, 하늘에서 큰 인물을 내려고 오래 기다렸다고 하면 너무 과한 상상일까. 참고로 그해 동짓달 25일 '진시'에 예안현 온계리에서는 퇴계가 태어났다고 하니, 닭해 아침에 인물이 나는 법이라도 있는 것일까. 세상의 닭띠들이 들으면, 부러워할 법하다.

세 번째 교집합은 과거(科擧)다.

둘은 늦은 나이로 같은 해에 과거를 보았다. 둘 다 33살 때 향시에 응시했다. 이때 경상우도에서는 남명이, 경상좌도에서는 퇴계가 1등을 했다고 한다. 그리고 다음해에 서울에 올라가 같은 시험장에서 복시를 치렀다. 이 시험에 합격해야만 벼슬길에 나설 수 있었다. 결과적으로 퇴계는 합격하고, 남명은 떨어졌다. 조선시대에는 과거에 합격하려면 쉽게 말해 과거용 공부를 따로 해야 했다. 남명도 어렸을 때는 과거 공부를 했다. 하지만 25살 때 크게 깨우친 이후로는 과거를 포기했다. 공명을 위한 형식적이고 지엽적인 학문은 떨쳐버리고, 유학의 정수를 공부하는 데 전념하기로 결심했었다. 그런데도 뒤늦게 과거를 본건 어머니의 소원을 풀어주기 위한 효도 차원에서였다.

마지막으로 제자 중에 교집합도 있다.

대표적인 인물이 바로 한강 정구다. 그는 퇴계와 남명을 모두 찾아가 제자가 되었다. 당시로서는 흔한 일이 아니었지만, 그는 두 학파 모두에게 인정을 받은 듯하다. 그러나 『남명집』을 편찬하는 과정에서 정인홍이 퇴계와 이언적을 배척하자 그와 절교하였으며, 광해군 대 일어난 '폐모살제'와 관련해서는 북인의 주장에 반대 의사를 분명히 하였다. 그의 제자 가운데 허목이 있는데, 퇴계의 학문이 그를 거쳐 허목에 의해 기호지방으로 보급되었다. 허목의 학통을 이은 이 학파를 근기학파라고 한다. 기호지방의 남인으로는 성호 이익, 다산 정약용 등이 이 학파에 속하는 대표적인 학자다.

　같은 과거시험장에서 스쳤을지 몰라도, 남명과 퇴계는 죽을 때까지 서로 한 번도 만나지 않았다. 퇴계의 첫 번째 처가가 남명의 고향과 가까운 경상우도의 의령 가례였다. 남명의 고향인 삼가현은 합천의 맨 아래쪽 마을로 의령과 이웃하는 마을이다. 삼가에서 자굴산을 넘어가면 있는 산 아래 마을이 바로 퇴계의 처가였다. 이곳에는 퇴계가 초년에 머물던 처갓집 뒤 절벽에 쓴 '가례동천'이란 큰 글씨가 아직 전한다. 그러니 맘만 먹으면 연통을 넣어 만날 수도 있었겠지만 둘 사이에 그런 일은 일어나지 않았다. 다만 편지는 주고받았다. 이 또한 인간적 사귐의 차원은 아니었으니, 애초에 둘은 살갑게 교우할 인연은 아닐지도 모른다. 그렇다 하더라도 1571년에 퇴계의 부고를 접한 남명은 "이 사람이 죽었으니 나도 이 세상에 살날이 얼마 남지 않았구나!"라고 탄식했다. 참고로 유몽인이 지은 『어우야담』에는 남명과 퇴계가 만나 서로 술잔을 주고받으며 여색에 관한 이야기를 나누는 것으로 되어 있으나 이는 야담에 불과할 뿐, 둘은 평생 만나지 않았다.

하늘이 사람을 낼 때 어찌 그 뜻이 없겠습니까?

역사에 기록되는 대개의 인물들은 그 범상치 않음을 증명이라도 하듯, 남들과는 뭔가 다른 이야기들이 전해진다. 탄생과 관련된 이야기일 수도 있고, 역사적 사건과 관련된 어떤 행위일 수도 있고, 때론 성장하는 과정에서 생긴 비범함이나 천재성일 수도 있다. "설마 그랬을까?" 싶을 만큼 고개를 갸우뚱거리게 만들기도 하지만, 그 인물에 대해 알아갈 때 맛보는 양념 정도로 생각하면 그만이다. 자신이 직접 기록한 이야기들도 있지만, 대개는 동료나 후학 등 주변 사람들이 글로 정리하기도 하고, 민간에서 구전되기도 하는 이야기들이니, 그냥 "저 옛날이라고 해서 요즘 식으로 MSG를 조금은 뿌리지 않았겠는가" 하며 받아들이는 편이 나을 수도 있다. 남명도 예외는 아니어서 그의 9살 때 이야기가 전하고 있다.

당시 남명은 생명이 위태로울 만큼 큰 병에 걸렸었다.

예나 지금이나 자식이 아프면 어머니의 걱정은 태산이다. 그러자 어린 남명은 일부러 기운을 내어 어머니께 이렇게 말했다. "어머니, 몸이 좀 괜찮아졌습니다. 하늘이 사람을 낼 때 어찌 그 뜻이 없겠습니까. 소자가 다행히 남자로 태어났으니 하늘이 필히 소자에게 부여한 쓰임새가 있을 것입니다. 그러니 지금 어린 나이에 소자가 갑자기 죽는 일은 없을 것이니, 걱정하지 마시옵소서."

아이답지 않은 영특한 발언이다.

만약 내 아이가 그랬다면 흐뭇하게 웃으며 동영상을 찍은 다음 SNS에 올렸을지도 모른다. 그러면서 한편으로 약간 징글맞다고 생각할 것 같다. 아이가 아이답지 않고 애어른 같을 때 느끼는 불편함도 있으니 말이다. 여하튼 남명은 어린 나이임에도 행동거지가 어른과 같았다고 하니, 에피소드의 사실 여부를 떠나 어릴 때부터 생각이 깊었던 듯하다.

사실 '하늘이 사람을 낼 때 어찌 그 뜻이 없겠습니까'는 당시 사대부들의 일반적인 정신 상태를 대변해주는 문구였다. 좀처럼 열리지 않는 과거 합격을 위해 길게는 수십 년을 공부만 해야 했던 그들로서는 그 긴 시간을 버틸 수 있도록 하는 명분이 필요했다. 작금의 '3포 시대'에도 유효한 격언이지만, 시선(詩仙)으로 불리며 성당(盛唐) 시대를 대표하는 시인인 이백도 마찬가지였다. 애주가라면 한 번쯤 읊어봤을 시 〈장진주(將進酒)〉에서 그는 "천생아재필유용(天生我材必有用)"이라고 했다. "하늘이 자신에게 재능을 주셨으니 반드시 쓰일 곳이 있으리"라는 의지의 표현이었다. 당시 이백은 벼슬을 구하려고 무진 애를 쓰던 시기였다. 하지만 번번이 좌절을 맛보았다. 남명이 살던 시대, 조선에도 당시(唐詩)가 한창 유행을 할 때이니 어린 남명도 어디선가 이백의 이 시를 들었을지도 모를 일이다. 또한 뒤에 살펴볼 인물인 허균도 자신의 글 『유재론』에서 "하늘이 사람을 낼 때는 다 쓸모가 있어서이니 재주 있는 사람은 누구든 버리지 말고 써야 한다"고 주장했다. 이처럼 이는 그 연원이 깊을 뿐 아니라 다양한 상황에서 사용되었다.

남명은 5살 때 아버지의 벼슬을 따라 한양으로 이사했다.

아버지 조언형은 문과에 급제하고, 청직(淸職)인 홍문관에 뽑히기도 했다. 청직이라 하면 홍문관, 사헌부, 사간원의 삼사(三司)와 같이 왕을 가까이서 모실 수 있는 벼슬이다. 조선시대에 청직에 뽑히는 건 출세가 보장되는 길이면서 가문의 영광이었다. 흔히 호조, 형조, 공조의 3낭관과 각사(各司) 등의 관직을 일컫는 요직(要職)과 함께 청요직이라 부르기도 하지만, 요직은 청직에 비할 바가 못 되었다. 단적인 예로, 조선 중기에 서얼 허통 논의가 있을 때, 서얼들에게 요직까지는 허용했지만 청직은 허락하지 않았다. 그러나 조언형은 출세의 길을 내달릴 수 없었다. 당시는 계속되는 사화로 훈구파가 사림파를 탄압하던 시대였다. 남명의 숙부인 조언경도 1519년 기묘사화가 일어나자 조광조 일파라 하여 파면당했다. 숙부는 그 울분을 이기지 못하고 얼마 뒤 죽었고, 그 가족도 모두 잇달아 죽었다. 1526년, 아버지는 죽기 얼마 전에 제주목사에 임명되었으나 병이 깊어 임지에 갈 수 없었다. 그러자 훈구파는 목숨을 보존하려고 임금의 명을 어기고 험지에 부임하지 않았다고 모함해 아버지는 결국 삭탈관직을 당했다.

아버지가 돌아가시기 한 해 전에 남명은 큰 깨달음을 얻는다.

그 전까지 남명은 과거 공부에 열심이었다. 복시에는 합격하지 못했지만, 20살 때 이미 문과 초시에 급제하였다. 그때도 친구들과 함께 절에 들어가 공부하던 중이었다. 그러다 『성리대전(性理大全)』에서 원나라 학자 허형의 글을 읽게 되었다. '이윤(伊尹)이 뜻한 바를 뜻하고, 안자(顏子)가 배운 바를 배우며, 세상에 나가면 공을 세우고 들어앉으면 절조를 지킨다.' 이윤은 탕임금의 부름에 응하여 천하 통일을 도와 은나라의 기틀을 잡은 인물이고, 안자는 공자의 수제자로서 성인의 경지에 도달하고자 하는 큰 포부를 가지고 가난 속에서도 흔들리지 않고 학문을 닦았던 인물이다. 허형의 말에서 남명은 자신의 학문 방향에 대한 확고한 결심을 세웠다. "벼슬에 나아가 아무 하는 일도 없고 초야에 있으면서 아무런 지조도 지키지 않는다면, 뜻을 세우고 학문을 닦아 장차 무엇 하겠는가?" 남명은 날이 새자마자 친구들에게 작별인사를 했다. 그때가 25살 때였다.

어쩌면 이러한 면이 남명이 다른 성리학자와 다른 점이 아닐까 싶다.

남명은 명확히 성리학자다. 하지만 25살이 되던 어느 날 돈오(頓悟)하고는 자신만의 공부의 길을 깨달았다. 그 길로 산림에 은거하며 부단히 점수(漸修)한다. 남명의 초상을 보고 마치 불가나 도가의 수행자의 모습이 떠오르는 건 결코 과장이 아닌 셈이다. 혹자는 남명과 퇴계의 사상적 차이의 근원 중 하나로 공부한 텍스트의 차이를 언급한다. 즉 남명이 젊었을 때 읽은 『성리대전』은 송과 원의 여러 학자들의 성리학에 관한 중요한 저술을 총망라해놓은 책인데 반해, 퇴계가 학문의 텍스트로 삼은 『주자대전』은 주자의 글만 모은 책이라는 것이다. 그 이면에는 남명이 『주자대전』을 읽지 않았을 거라는 추측에 기반해, 일종의 무시하는 뉘앙스도 내포되어 있었다. 흔히 하는 말로 "그것도 안

읽어봤으면서 뭘 안다구?"라고 하는 식이다. 그러나 나는 은근히『주자대전』이 더 우위의 텍스트라는 그런 주장에 동의하기 어렵다. 또한 누가 묻는다면 나는 남명이『주자대전』을 읽었을 거라는 데 한 표를 던질 것이다. 사실 퇴계가『주자대전』을 읽은 건 40대에 들어서다. 그리고 나는 오히려 이때부터, 즉 퇴계라는 대학자가『주자대전』이라는 텍스트에 집착하면서부터 조선의 성리학이 교조화되었다고 생각한다. "조선은 성리학의 나라"라고 했을 때 그 몸통은 결국 이때부터 시작해,『주자대전』에 주석을 달아『주자대전차의』를 발간한 송시열에 이르는 시기다. 이 시기에 조선의 주류 성리학자들이 한 일이라곤, 명의 재조지은(再造之恩)에 보답해야 한다는 대명의리론을 실천하는 것, 그리고 1644년에 명이 망하자, '명을 대신할 수 있는 건 조선뿐'이라는 소중화 의식을 퍼뜨리는 것뿐이었다.

남명 또한 주자를 스승으로 모시고 그의 학문을 흡수하였다.

집으로 돌아온 남명은 공자, 주염계, 정명도, 주자의 초상화를 그린 네 폭의 병풍을 만들어 자리 곁에 펴두고 아침마다 절을 올리며, 그 학문을 바르게 배우겠다고 마음속으로 맹세했다. 다만 주자에게만 집착하지 않았고, 여러 성현들의 가르침을 두루 배우려고 하였다. 남명은 이렇듯 네 성현을 방에 모시며 섬길 뿐, 직접 스승을 모시고 가르침을 받은 적은 없었다. 허균 또한 도연명, 이태백, 소동파의 초상을 모셔놓고 사우재(四友齋)라는 이름을 붙인 걸 보면, 이런 일은 당시의 선비들에겐 흔한 일인지도 모르겠다.

이듬해에 일어난 아버지의 억울한 죽음은 남명이 과거에 대한 환멸

을 더 뼈저리게 느끼게 해주었다. 아버지가 청렴했기에 장례 치를 비용
도 없었고 식구들은 끼니를 잇기도 어려울 정도였다. 가족에게 남겨준
거라고는 '안(安, 자신의 분수에 만족하라)'이라는 글자 하나뿐이었다. 다
행히 타던 말 한 필이 남아 있어 남명은 그것을 팔아 장례비용을 마련
했다. 사실 조선시대 관료의 봉급은 입에 풀칠할 정도였다. 그런데도
그 자리를 탐하는 사람이 많은 건 공공연하게 뒷배를 채울 수 있기 때
문이었다. 그러니 물려받은 재산이 많지 않고, 정말 봉급만으로 생활
하는 청렴한 벼슬아치라면 재산 축적은 쉽지 않았다. 아마도 남명의
아버지는 그러한 인물이었던 것 같다.

　장례를 치르자마자 남명은 곧바로 상소하여 당시 임금인 중종에게
아버지의 억울함을 하소연해, 승문원 판교의 관직을 되돌려 받을 수
있었다. 이 이야기는 남명이 직접 지은 아버지의 묘갈명에 전한다.

　근래에 경남일보는 〈남명 조식 선생 친필 '세상에 나왔다'〉라는 기
사(2017. 9. 3)를 냈다. 원형 그대로 남아 있는 남명의 친필인 '선고 통훈
대부 승문원 판교 부군 묘갈명'의 초고본을 남명의 후손이 경상대에
기증했다는 내용이었다. 아버지가 별세한 지 2년 뒤인 28살 때 남명이
아버지의 생애를 회고하며 정성들여 쓴 친필이었다. 기사에는 묘갈명
에 적은 남명의 각오 또한 실렸는데, 그 내용은 이렇다. "부군은 임금
을 섬겼으나 구차하게 세상에 아부하며 영화를 구하지 않았다. 나도
부친을 기만하거나 부친의 덕(德)에 부끄럽지 않게 살겠다."

실천적 성리학

조식의 호인 남명(南冥)은 『장자』 「소요유」에 나오는 '남쪽에 있다고 하는 큰 바다'를 의미한다. 북명(北冥)의 큰 새인 대붕이 날아가는 곳, 그 남쪽 바다가 바로 남명인 것이다. 대붕(大鵬)은 북쪽 바다에 살던 곤(鯤)이라는 물고기가 변해서 되었다는 상상의 새로, 하루에 구만리를 날아간다고 한다. 결과론적이긴 하지만, 과연 조식의 호답다는 생각이 든다. 불현듯 "어쩌면 조식에게 남명(南冥)은 지리산이 아닐까?" 하는 생각이 든다. 그는 61살이 되는 만년에 지리산으로 들어갔다. 그는 지리산에 들어가 머물 만한 마땅한 거처를 찾기 위해 12번이나 답사를 다녔다. 그리고 거기서 십여 년을 머물다 하늘로 돌아갔다. 남쪽에 큰 뜻을 품은 듯 자리 잡고 있는 지리산은 우리 땅에서 가장 드넓은 바다 같은 곳이다. 그의 말대로 "지리산은 하늘이 울어도 울지 않는 산"이라면, 남명과 같은 '대붕'이 깃들 만한 곳이 아니겠는가.

남명 사상의 핵심은 경의(敬義) 사상이다.

'경'은 철저한 자기수양을 통해 마음을 다스리는 학문이고, '의'는 '경'을 통해 깨달은 것을 행동에 옮기는 실천적 사상이다. 우리가 익히 아는 유학 공부의 핵심은 '수기치인(修己治人)'이다. 자기 자신을 바르게 수양한 후에 다른 사람들이 살 만한 세상을 만드는 데 힘써야 한다. 한문을 해석할 때 흔히 '기(己)'는 자기 자신을, '인(人)'은 타자 혹은 타자의 세계 전체를 지칭한다. 또한 '치(治)'는 단순히 다스리거나 통치

한다는 의미보다는 힘써 돌봄으로써 백성들이 살 만한 세상을 만드는 데 기여한다는 뜻으로 받아들여야 한다. 요즘 식으로 표현하면, 전문 경영인이 '경영한다(manage)'는 의미에 가깝다. 올바른 경영을 추구하는 학문인 '경세학(經世學)'은 그 개념에서 출발한다. 그런 의미에서, 남명이 말한 '경'은 곧 '수기'이고, '의'는 곧 '치인'이라고 볼 수 있다. 한마디로 말해 남명 사상은 '자기수양을 통한 실천적 성리학'인 셈이다.

조선의 성리학자들이 입으로만 '수기치인'을 나불거리며 자기들만의 리그를 위한 정치 투쟁의 도구로 전락시킬 때, 남명은 항상 깨어 있는 정신으로 자기수양에 힘쓰고, 그럼으로써 백성을 돌보는 실천적 행동을 강조하였다. 그렇기에 임진왜란이 일어났을 때 남명의 제자 중에 그 많은 의병장이 나온 것이다.

패전 직전까지 갔던 전쟁에서 그나마 조선이 살아남을 수 있는 요인은 여러 가지가 있다. 혹자는 인간계를 넘어선 이순신의 활약을, 혹자는 명군의 파병을 이야기한다. 하지만 한 가지 잊지 말아야 할 게 바로 의병들의 활약이다. 특히 의령, 거창, 진주, 고령 등 경상우도에서의 의병의 활약은 액면 이상의 성과가 있었다. 당시 왜군은 군량미 보급을 위해 곡창지대인 호남으로 진격하려고 했다. 왜군이 경상도에서 호남으로 들어가는 관문인 남원으로의 진격을 막은 게 바로 경상우도의 의병들이었다. 호남은 남해바다에서 종횡무진하던 이순신의 배후이다. 만약 호남이 뚫렸다면, 이순신의 운신의 폭도 그만큼 줄어들었을 것이다. 왜군의 주력부대가 선조가 도망 간 의주까지 내달리지 못하고 평양에 머물 수밖에 없었던 이유도 바로 의병과 이순신의 활약으로 보급이 원활하지 못했기 때문이었다. 그럼으로써 조선의 멸망이 늦춰졌고, 결국 명군과 함께 평양성을 탈환할 기회를 얻을 수 있었다.

이것이 남명의 실천적 성리학이 이루어낸 '치인'이라고 하면 과장일까?

Guide's Pick

선무공신 VS. 호성공신

의병들의 활약이 남명의 실천적 성리학이 이루어낸 '치인'이라고 하면 정말 과장일까? 분명한 건, 조선의 임금인 선조와 당시 주류 성리학자들은 그렇게 생각하지 않았다. 그렇다면 패전을 면하게 해주었다면서 그들이 목숨 줄처럼 부여잡은 것은 무엇일까? 바로 명군의 파병, 즉 명나라가 베풀어준 은혜였다. 그곳에서 '재조지은'의 꽃이, '대명의리론'의 꽃이 피어났다. 그 꽃에 조선을 죽이는 독이 들어있는지도 모른 채 말이다. 그들의 눈에는 죽기를 각오하고 전장에 나섰던 이순신이나 의병은 안중에도 없었다. 그 결과가 논공행상으로 나타났다.

전쟁이 끝나면 흔히 두 종류의 공신이 생긴다.

죽기를 각오하고 싸운 사람들에게는 선무공신(宣武功臣)을, 피란 가는 임금을 따라간 사람들에게는 호종공신(扈從功臣)의 작위를 내렸다. 다만 「선조실록」에서는 한양을 버리고 의주로 도망간 선조를 따라간 사람들을 호성공신(扈聖功臣)이라고 기록했다. 문제는 그 숫자나 등급에 있어 선무공신은 호성공신을 따라갈 수 없었다. 선무공신은 18명인데 비해, 호성공신은 86명이나 되었다.

여기에는 왜적을 물리친 공적이 이순신이나 의병들의 승리가 아니라 선조 자신이 천병(天兵), 즉 명군에게 구원을 요청한 데에 있다는 선조의 꼼수가 깔려 있었다. 실제로 죽음을 무릅쓰고 혁혁한 공을 세운 곽재우, 정인홍, 김면, 김천일, 고경명, 조헌 등 우리가 익히 아는 의병장들의 이름은 선무공신에서 제외되었다. 반면에 의주까지 선조를 따라간 24명의 환관이나 의관(『동의보감』을 쓴 허준은 당시 어의로서 수행했다), 심지어 마부와 마의(馬醫)까지도 호성공신에 올랐다. 근래에 고려대 민족문화연구원은 일본 교토대 도서관에서 오연이란 사람을 호성공신 3등에 책봉하는 교서를 찾아냈는데, 오연은 선조의 말고삐를 잡고 갔던 이마(理馬, 사복시에 속하여 임금의 말을 관리하는 관직)였다. 물론 이들 또한 공이 있으면 공신이 되어야 한다. 하지만 목숨을 던진 의병들을 생각하면 참으로 어처구니없는 역사의 진실이다.

공신을 책봉하는 과정에서 선조가 했던 말을 좀 더 들어보자.

"이번 임진왜란을 평정한 공로는 오로지 명나라의 군대에 의한 것이다. 우리나라의 장군이나 병졸들은 명나라 군대의 꽁무니만 따라다닌 놈들이다. 혹은 요행히 패잔병 머리 몇 개를 얻었을 뿐이다. 우리나라 군사는 왜적 장수의 머리 하나 자른 적 없고, 단 한 군데의 적진도 궤멸시킨 적이 없다. 그중에서 이순신과 원균 두 장수가 바다에서 몇 명 죽인 것이고, 권율이 행주에서 이긴 게 아주 미미하게 드러날 뿐이다. 천병이 우리나라에 온 것은, 호종재신이 위험을 무릅쓰고 의주까지 따라와서 압록강 건너 명나라에 호소했기 때문이다. 그 덕분에 왜적을 토벌하고 우리 강토를 회복할 수 있었다."

즉 이순신이나 원균, 권율 정도가 그나마 미미한 전과를 올렸으니 선무공신에 올려준다는 말이다. 이것이 나라와 백성을 버리고 의주의 국경까지 도망가, 여차하면 국경을 넘어 명나라로 넘어가려 했던 임금의 목소리다. 그러니 "이것도 나라냐?"라는 울분은 21세기 현대에만 있는 건 아니었다.

납득할 수 없는 건 호성공신도 마찬가지다.

실상 청원사가 되어 명의 파병을 이끌어내는 데 혁혁한 공을 세운 이덕형은 호성공신에서 제외되었다. 이덕형은 왜군의 선봉대인 고니시 유키나가가 한양으로 진격할 때 적진으로 뛰어들어 담판을 짓는 등 왜와 명과의 외교에 큰 축을 담당한 인물이었다. 「선조수정실록」을 보면 애초에 이덕형이 공훈 명단에 올랐지만, 논의 과정에서 이런저런 말이 많아 이덕형 스스로 책임을 느끼고 명단에서 빠지길 청한 듯하다. 엄밀히 말하면 그는 선조를 끝까지 호종하지 못했다. 왕명으로 적진을 드나들고 중국 장수를 접대하느라 선조에게서 떨어져 종횡무진으로 활약했기 때문이다.

하지만 공신을 봉하는 당시 실록의 기사에 그의 이름이나 그런 사실조차 언급하지 않은 건 이해할 수 없다. 특히 우리들에게 '오성과 한음' 이야기로 유명한 그의 단짝 이항복이 단 두 명뿐인 호성공신 1등에 책봉되었으니 그 아쉬움이 더 크다. 이항복과 이덕형은 각각 서인과 남인으로 그 당파가 달랐다. 연배로는 이항복이 5살 위였지만, 당시만 해도 당쟁이 격화되기 이전이기에 그들처럼 깊은 우정이 가능했을 것이다. 참고로 이항복은 행주대첩을 승리로 이끈 권율의 사위이고, 이덕형은 북인의 영수가 되는 이산해의 사위였다. 이산해는 전쟁 발발 시 영의정으로 선조를 평양까지 호종하였으나 도중에 탄핵을 받아 평해에 중도부처되었다. 결과적으로 이항복과 권율은 각각 호성공신과 선무공신의 1등에 봉해진 반면, 이덕형과 이산해는 공신 명부에 이름을 올리지 못했다.

항상 깨어 있겠다

누구나 그 사람을 문득 떠올리면 별 시간차 없이 뒤따라오면서 연상되는 물건 같은 게 있다. 책 제목일 수도 있고, 어떤 사건과 연관된 사물일 수도 있고, 우리 주변의 흔한 소품일 수도 있다. 남명 또한 연상되는 두 개의 물건이 있다. 칼 한 자루와 방울 두 개. 남명이 평생을 몸에 붙여 함께 생활했다는 물건이다. 그러니 자연히 그들에게 이름도 붙여주었다.

두 개짜리 방울은 성성자(惺惺子)라 불렀다.

항상 깨어있으라는 의미이다. 남명은 이 방울을 항상 차고 다녔다. 그 뜻을 기려 먼 후학들은 산청군 덕산에 세운 남명기념관으로 들어서는 문에 '성성문'이라는 이름을 붙였다.

한 자루 칼은 경의검(敬義劍)이라 불렀다.

남명 사상의 핵심을 그 이름으로 물려받은 셈이다. 칼에는 '내명자경(內明者敬) 외단자의(外斷者義)'라는 문구를 새겼다. "안으로 마음을 밝히는 것은 경이고, 밖으로 행동을 결단하는 것은 의이다." 남명의 결

남명기념관

의가 느껴진다. 역사 대중서를 집필하는 이덕일 작가의 말처럼 "칼을 찬 선비, 칼을 품은 선비"인 남명은 경의검과 관련해 다음과 같은 일화를 남겼다.

경상감사로 온 이양원이 남명에게 부임인사를 하며 "그 칼이 무겁지 않으십니까?"라고 하자, 남명은 "뭐가 무겁겠소. 내 생각에는 그대 허리춤의 금대가 더 무거울 것 같은데"라고 응수했다. 그러자 이양원은 "재주는 얕고 임무는 무거우니 일을 감당하지 못할까 염려스럽습니다"며 사과했다. 안타까운 건 1950년대까지는 실제 경의검이 존재했으나 이후 행방이 묘연해졌다.

남명은 이 두 개의 물건을 제자에게 물려주었다.

경의검은 정인홍에게, 성성자는 김우옹에게 넘겨주면서 이것으로 심법(心法)을 전한다고 하였다. 남명이 성성자를 김우옹에게 물려주며 당부한 말을 통해 남명의 생각을 엿볼 수 있다.

"이것의 맑은 소리가 능히 사람을 깨우쳐 반성하게 한다네. 이것을 차고 다니면 아주 좋다는 것을 느끼게 될 게야. 내가 이것을 매우 소중하게 생각해 왔는데 이제 자네한테 주겠네. 띠 사이에 이것을 매어두면 자네의 동작을 규제하고 경계하고 책망할 걸세. 경계하고 두려워해야 하네. 이것에게 죄를 얻지 않도록 하게."

남명의 학문은 철저히 현실에 바탕을 두었고, 그 핵심이 바로 경과 의다.

이익은 『성호사설』에서 "경상좌도는 인(仁)을 주로 하고, 경상우도는 의(義)를 주로 한다"고 했는데, 이는 경상좌도의 이황과 경상우도의 남명을 언급한 것이다. 경과 의는 본래 『주역』 곤괘에 나오는 "군자는 경으로써 안을 곧게 하고, 의로써 바깥을 바르게 한다"라는 말에서 유래하였다. 남명은 환갑이 되던 해에 산청의 지리산 자락에 은거하기 위해 산천재를 지을 때, 왼쪽 창문에는 '경'자를, 오른쪽 창문에는 '의'자를 써 붙였다. 제자들을 가르칠 때도 늘 경의의 중요성을 강조하였다.

"우리 집에 이 '경, 의' 두 글자가 있는 것은 마치 하늘에 해와 달이 있는 것과 같다. 이 두 글자의 의미는 만고의 오랜 세월이 지나도 변치 않는 것이다. 성현들이 남긴 많은 말씀들의 귀결처를 요약해보면 모두 이 두 글자를 벗어나지 않는다. 공부를 한다면서 경을 위주로 하지 않는다면 거짓된 것이다. 흩어진 마음을 수습하는 것이 바로 경을 위주로 하는 공부이다."

성성자

항상 깨어있으라는 의미이다.

경의검

실제 경의검은 현재 행방이 묘연하다고 한다.

나중에 숨을 거둘 때까지도, "이 두 글자는 매우 절실하고 중요한 것이다. 배우는 이들이 이 공부에 익숙해진다면 가슴속에 한 가지도 걸리는 것이 없게 될 것이다. 나는 그런 경지에 이르지 못하고서 죽게 되는구나"라고 강조했다.

조선의 과거제도

조선시대 양반 계급의 유일한 고충이 있다면 벼슬을 하지 않으면 일정한 수입원이 없다는 것이다. 그러면 한양에 살기도 힘들었다. 성호 이익은 『성호사설』에서 "선비가 벼슬을 하지 않으면, 한양이나 도성 가까이에서 살 수가 없다"고 했다. 지금도 마찬가지지만 그때도 어떡하든 꾸역꾸역 한양 도성으로 머리를 들이미는 사람들이 많았다. 예나 지금이나 공무원의 일자리보다 민간 사기업의 일자리가 더 많지만, 신분제 사회인 조선에서 양반이 사기업을 창업하거나 거기에 취직하는 것, 혹은 농업에 종사하는 건 아주 몰락한 가문이거나 특별한 신념이 있지 않는 한 생각조차 하지 않는 일이었다. 특히 당시에 상업은 말업(末業)이라고 불렀다. 사농공상의 맨 끄트머리에 서 있는 말업이라는 말에는 오직 이익만 쫓는 천박한 직업이라는 야유와 무시가 내포되어 있었다. 그러니 벼슬을 얻지 않으면 어데서 갓 값도 안 나온다. 시쳇말로 품위 유지비도 감당하기 힘들다. 맹자가 "일정한 생업이 없어 생활이 안정되지 않으면 바른 마음을 견지하기 어렵다"고 말한 '무항산무항심(無恒産無恒心)'의 어려움은 양반이라고 해서 피해갈 수 있는 건 아니었다. 물론 퇴계처럼 상당한 토지와 노비를 가진 집안이라면 예외다.

하지만 어느 사회든 공무원의 숫자는 한정되어 있다.

조선시대도 마찬가지다. 군수나 현감 등의 지방 수령직이 300곳이 조금 넘고, 중앙 관직까지 다 합쳐봐야 쓸 만한 자리는 1000곳이 안 된다. 양반인 그들만의 리그라고 해도 그리 많은 자리가 아니다. 더군다나 3년에 1번씩밖에 치르지 않는 과거를 통과해야 한다. 우리가 흔히 식년시(式年試)라고 하는 게 그것이다. 이는 십이지지(十二地支)에 의해 명확히 정해져 있었다. 십이지지 중에 자(子), 묘(卯), 오(午), 유(酉)의

해에만 시험을 보았다. 이 네 군데 지지가 들어간 해가 바로 식년이고, 그해에만 시험을 치기에 식년시라고 부른다. 그렇다고 이때 한 번 시험을 잘 봤다고 벼슬을 주는 것도 아니다. 3차에 걸친 테스트를 통과해야 그나마 작은 벼슬자리라도 얻을 수 있었다.

과거는 3단계로 진행된다.

초시, 복시(회시), 전시 순이다. 여기서 말하는 과거는 대과(大科)를 말한다. 우리가 익히 알고 있는 생원과 진사를 뽑는 소과(小科)에도 별도로 초시와 복시가 있다. 대과 초시는 복시를 치를 수 있는 자격시험이자, 성균관 입학시험이다. 초시에 합격하는 사람들이 모여 공부하는 곳이 성균관이라고 생각하면 기억하기 편하다. 이들이 지금의 고시원처럼 성균관에 모여 죽어라 공부해서 치르는 시험이 복시다.

복시를 통해 최종적으로 33명을 선발한다.

숫자가 많아 보이는가? 하지만 잊지 마시라. 식년시다. 3년에 33명을 뽑는다(지금은 문과 중심으로 이야기하고 있다. 무과는 별도로 28명이 선발된다). 그러니 1년에 고작 11명만이 문과 공무원이 될 수 있는 최종 자격을 얻는 셈이다. 더구나 특정 시기에는 합격자가 33명이 안 되는 경우도 있었다. 지금도 입사 시험에서 10명을 선발한다고 해놓았더라도, 응시자의 실력이 선발 기준에 부족하다고 생각하면 합격자 수를 줄여서 선발하는 것과 마찬가지다. 알려진 바로는 퇴계가 합격하던 1534년 갑오년 대과에서도 26명만이 합격의 영광을 안았다. 사정이 이러하니 대과 급제는 낙타가 바늘구멍을 통과하는 것에 비견할 만하다. 흔히 역사학자들은 조선의 과거시험이 지금의 고시보다 더 힘들다고 말하는데, 이 숫자만 봐도 대충 그 느낌을 알 수 있을 것 같다.

이제 전시라는 마지막 최종 고비가 남았다.

전시(殿試)라는 한자에서 유추할 수 있듯이, 이는 복시에 합격한 사람들을 대상으로 임금이 친히 치르는 시험이다. 요즘으로 하면 기업 오너의 최종 면접인 셈이다. 다행인 건 특별한 사유가 없는 한 떨어지진 않았다. 그래도 중요한 시험이다. 이 과정에서 장원급제 등의 최종 등급이 결정되고, 이에 따라 보직이 달라지기 때문이다. 일종의 순위결정전이다. 이에 따라 갑과 3명, 을과 7명, 병과 23명이 정해진다. 그리고 갑과 1등이 장원급제자가 된다. 『춘향전』에 익숙한 우리들은 장원급제가 되면 곧바로 암행어사가 되어서 좋은 건 줄 안다. 그러나 그건 소설일 뿐이다. 장원급제가 된다고 해서 암행어사가 되진 않는다. 정작 장원급제가 중요한 건, 다른 합격 동기생들과의 출발선이 다르다는 점이다.

병과로 급제를 하면 정9품의 벼슬을 얻는다.

그러나 장원급제자는 종6품의 벼슬을 얻는다. 병과 급제자가 요즘의 9급 공무원 합격자라면, 장원급제자는 행정고시에 합격한 셈이다. 다른 합격자들도 등수에 따라 갑과 2~3등은 정7품, 을과는 정8품이 된다. 어찌 되었던 비로소 이제야 벼슬자리를 얻고 녹봉을 받아 양반 행세를 제대로 할 수 있게 되었다. 과거길을 일컬어 영광을 보러 간다는 뜻으로 '관광(觀光)길'이라고 했다 하니, 영광행 티켓을 손에 거머쥔 것이다.

우리가 역사책이나 드라마에서 흔히 과거(문과)에 급제했다고 하는 건 복시에 합격했다는 걸로 받아들이면 된다. 앞에서 언급한 것처럼, 이것은 생각보다 어려운 관문이다. 그래서 우리가 익히 아는 조선시대의 천재라고 언급되는 사람들도 이 관문을 쉽게 통과하지 못했다. 흔히 성균관 생활 2~3년 만에 복시에 합격하면 엄청 빨리 합격한 것이다. 보통은 4~5년 정도 걸린다. 대개는 20대 초중반에 초시를 합격하고, 20대 후반이나 30대 초반에 복시에 합격하면 아주 훌륭한 것이었다. 조선시대 통계로 봐도 문과 급제의 평균 나이는 대략 32살 정도로, 30대 초반에만 급제해도 굉장히 빠른 출세였다. 퇴계도 34살에 문과에 급제했다. 이 책의 시간여행 안내자 중에는 허균이 26살에, 정약용이 28살에 문과에 급제했다. 초시를 비롯해 총 9번 치른 시험에서 모두 장원을 했다 하여 구도장원공(九度壯元公)으로 불렸던 율곡도 28살에 문과에 급제하였다. 남명은 20살에 초시에 합격했으나 복시에는 떨어졌다. 그 후 절에 들어가 과거공부에 매진하던 중인 25살에 접한 깨우침으로 과거를 포기했다.

상황이 이러하니 춘향이와 전라도 남원에서 그네 타며 놀던 이몽룡이 어린 나이에 한양으로 과거를 보러 가서 장원급제한 후 암행어사로 내려온 것은 소설에서나 가능한 이야기일 뿐이다.

소과에서 초시만 합격해도 생원 혹은 진사라고 불렀다. 사실 벼슬자리를 얻지 못하더라도 지방에서 행세하려면 바로 이 초시에는 합격해야 한다. 그래야 기침깨나 하고 살 수 있다. 물론 벼슬자리를 얻는 루트가 식년시만 있는 것은 아니다. 큰 경사가 있을 때 실시한 증광

시처럼, 국가나 조정에 특별한 일이 있으면 별시라는 과거를 행했다. 일종의 특별채용시험인 셈이다. 또한 조선시대의 특정 시기마다 별도의 인재 등용책이 마련되기도 했고, 시쳇말로 불법 채용도 번번이 일어났다.

대표적인 인재 등용책으로는 중종 때 실시한 현량과가 있었다.

조선 중기 이후에는 대과에 합격하지 않았지만, 산림에 은거하는 학문 고수를 특별 초빙해 벼슬을 주기도 했다. 성리학의 거두인 송시열을 필두로 여러 학자가 그렇게 발탁되었다. 또한 영조는 탕평의 입지를 더욱 다지기 위해 1772년에 탕평과를 실시하는 획기적인 조치를 단행하기도 했다. 사람들을 씁쓸하게 만드는 과거도 있었다. 고종 때 실시했던 종친과가 그것이다. 종친에게만 응시를 허용했다. 이에 대해 조선 말 유학자인 황현은 『매천야록』에 다음과 같이 기록했다.

1866년(고종 3) 이후에 이따금 대과를 베풀었는데, 종친에게만 응시를 허용하여 종친과라고 불렀다. 또 대동보를 만들어 본관이 완산 이씨는 모두 붙여 주었으니, 한 번 이 족보에 오르면 사족과 같이 되었다. 그래서 시골에 사는 천민들 중에서 본관을 완산 이씨로 고쳐 대동보에 오른 자가 잇달았다. 종친부에서 화수회(같은 성을 가진 사람들의 친목 모임)를 연 적이 있는데, 참석한 자가 육칠 만이나 되었다. 흥선군이 기뻐하며 이렇게 말했다. "내가 나라를 위해 십만 정병을 얻었다."

현량과

현량과(賢良科)는 중종 때 조광조의 제안으로 학식과 덕행이 높은 사람을 천거를 통해 채용하는 방식이다. 천거라고는 하지만 시험을 보았으니 과거인 셈이다. 다만 시정과 관련한 문제를 제시하고 그 대책을 논의하게 한 시험이었다.

조광조 등이 이 제도를 제안한 데는 이유가 있었다.

물론 조광조의 지치주의적 이상 정치를 행하기 위한 인재 수혈의 필요성에서 비롯되었지만, 앞에서 살펴본 것처럼 그들이 등용되기에는 과거 합격이 하늘의 별 따기였다. 일부 역사학자들은 과거 공부가 일반적인 학문을 닦는 거랑은 전혀 다르다고 말한다. 그 공부하는 대상이 다른 것이다. 즉 과거를 보려면 따로 과거시험용 공부를 해야 한다는 말이다. 쉽게 말해 전반적인 인문학적 교양을 공부하던 사람이 사법고시를 보려면 별도의 특별한 준비를 해야 하는 것과 마찬가지다. 그렇기에 송나라 때 정자는 "젊은 나이에 과거에 급제하는 것은 커다란 불행"이라고 말한 것이다.

당시는 조선 건국 및 세조의 왕권 강화와 관련된 가문들이 중심이 된 훈구파가 정권의 핵심이었다. 이들 가문이 중요시한 공부는 벼슬을 얻고 정권을 재창출할 수 있는 과거시험이었다. 반면에 조광조 일파는 지방에 은거하면서 경학에 심취하던 사람들이었다. 그러니 아무리 똑똑하고 뛰어난들 과거에서 서울 훈구파의 자제들과 게임이 되겠는가. 요즘 식으로 하면, 훈구파가 서울 강남에서 입시학원을 섭렵한 외고 출신이라면, 사림파는 지방고 출신이었다.

더군다나 무오사화와 갑자사화라는 두 번의 사화를 통해, 그나마 바늘구멍을 뚫고 들어온 사림파 중 상당수가 죽임을 당하거나 귀양을 간 상황이었다. 그러니 조광조는 특단의 대책이 필요했다. 그래서 생각해 낸 것이 현량과였다. 즉 농어촌 특별전형을 통해서라도 사림의 인재를 구해야 했던 것이다. 실제로 이 제도를 통해 많은 사림파의 중앙 정계 진출이 이루어졌다. 하지만 1519년에 일어난 기묘사화를 막진 못했다. 이 사화로 조광조 등이 죽임을 당하고, 결국 현량과도 폐지된다. 현량과는 이후 선조 때 잠시 부활했다가 역사 속으로 영원히 사라졌다.

을묘사직소(단성소)

남명은 과거를 두 차례 보았다. 청년 시절에 한 번, 처가가 있는 김해에 내려가 산해정(山海亭)을 짓고 공부할 때인 33살에 어머니의 권유로 또 한 번 보았다. 조선시대 대개의 양반들이 공부하는 이유는 과거에 합격해 벼슬을 하는 것이다. 벼슬은 곧 정치 행위이다. 벼슬이 있어야 정치를 할 수 있었다. 유학의 '수기치인(修己治人)'에서 '치인'은 그들에게 정치 행위를 의미했다. 그것이 그들의 존재 이유였고, 이상적인 삶이었다.

그래서 유학하는 조선의 양반은 크게 둘로 나뉘었다.

즉 '글을 읽으면 선비, 정치에 종사하면 대부'였다. 산림처사가 되기를 자처하며 자신만의 공부에 몰두했던 남명은 당장은 벼슬에 그리 마음을 두지 않았다. 남명은 "선비가 스스로 나서서 벼슬을 구하는 것은 마치 처녀가 제 스스로 중매하고 다니는 것과 다를 바 없다"고 생각했다. 평상시 제자들에게도 "선비의 가장 중요한 덕목으로 출처(出處, 벼슬에 나아갈 때와 물러날 때)를 잘해야 한다"고 강조했다. 물론 남명 또한 유학자였으니 '치인'의 중요함을 잘 알고 있었다. 배움의 끝은 조정에 출사하여 올바른 왕도정치를 구현하는 것이었다. 이상은 현실에서 구체화되어야 하는 것이지, 산 속에서 자연을 노래한다고 이루어지진 않기 때문이다. 문제는 당시의 환경이었다. 거듭되는 사화와 외척 정치로 인해 도(道)는 무너지고, 모략과 살육만이 판치는 혼탁한 세상이었다. 공자나 맹자 같은 성현들은 "나라에 도가 없으면 출사하지 말고 세상이 맑아지기를 기다려야 한다"고 강조했다. 어쩌면 남명은 '치인'을 펼칠 때를 기다리며 계속 '수기'하고 있었는지도 모른다.

그런데도 혼탁한 조정으로부터 계속 구애를 받았다.

중종 때부터 13차례나 임금이 관직을 내렸으나, 남명은 모두 사양하고 관직에 나아가지 않았다. 당시에는 '유일(遺佚) 등용책'이 있었다. 등용되지 못한 유능한 처사들을 발탁하여 관직을 주는 제도였다. 조정에서는 이런저런 벼슬을 계속 제수하면서 남명을 불렀다. '유일'로 관직에 나아가는 경우 통상 종9품 관직을 제수받지만, 명종은 전생서 주부라는 종6품의 파격적인 벼슬을 내리기도 했다. 종6품이면 '유일'로 등용하는 관직 중 가장 높은 품계였다. 남명이 모든 벼슬을 사양하고 조정에 나오지 않자, 성균관 대사성으로 있던 퇴계가 편지를 보내어 벼슬을 권유하기도 했다.

그러던 중 1555년에 명종은 남명을 단성현감에 제수한다.

55살 때였다. 단성은 남명이 머물고 있던 삼가현과 이웃한 고을이 었다. 함부로 사양하기에는 명분이 약했다. 이때 남명은 큰 결심을 한 다. 자신이 평소 느꼈던 정치의 잘못과 부조리 등을 낱낱이 지적하여 추상같이 준엄한 필치로 상소문을 작성하였다. 을묘년에 작성한 이것 이 그 유명한 「을묘사직소」다. 단성현감에 제수되었기에 「단성소」로도 알려져 있다(『남명집』에는 「을묘사직소」로 되어 있다).

한번 입을 열기 시작한 남명은 거침이 없었다.

임금인 명종이나 그 어머니인 문정왕후에 대해서도 가차 없이 그 잘 못을 지적했다. 명종은 차치하더라도 문정왕후가 누구인가. 지금은 태릉갈비로 유명한 왕릉인 태릉에 조용히 묻혀 있지만, 드라마 「여인 천하」의 주인공이 바로 그녀였다. 어린 명종을 대신해 수렴청정을 하 면서 동생인 윤원형과 함께 을사사화를 일으키며 정계를 쥐락펴락하 던 여인이었다. 그런 그녀에게 "구중궁궐의 한낱 과부"에 불과하다고 했고, 명종에게는 "단지 선왕의 외로운 아들(고아)"에 불과하다고 했으 니, 당시 어느 누가 이런 표현을 상소문에 적을 수 있었겠는가. 참고로 문정왕후는 남명과 동갑내기이니 당시는 55살로 한창 끗발이 좋을 때 였다. 그녀는 그 10년 후인 1565년에 사망한다.

Guide's Pick

을묘사직소 발췌

독자들의 이해를 돕기 위해 허권수 교수가 쓴 『절망의 시대 선비는 무엇을 하는가』에서 상소 내용의 일부를 발췌하여 옮겨 놓는다.

"임금이 인재를 등용하는 것은 마치 대목이 목재를 취해 쓰는 것과 같습니다. 깊은 산골짜기에 버려지는 재목이 없도록 모든 좋은 재목을 다 구해다가 훌륭한 집을 이루는 것은 대목에게 달렸지 나무가 스스로 참여할 일은 아닙니다. 전하께서 인재를 등용함은 한 나라를 맡아 다스리는 책임입니다. (…) 신이 거짓된 이름을 바쳐 몸을 팔아 벼슬에 나가는 것이 진짜 곡식을 바쳐 벼슬을 사는 것보다 어찌 나을 수 있겠습니까? (…) 전하, 나랏일은 이미 잘못되었고 나라의 근본은 이미 없어졌으며 하늘의 뜻도 이미 떠나버렸고 민심도 이미 이반되었습니다. 비유컨대 큰 고목나무가 100년 동안 벌레에 속이 패어 그 진이 다 말라버려 언제 폭풍우가 닥쳐와 쓰러질지 모르는 지경에 이른 지 이미 오래입니다. (…) 나라의 형세가 아주 위태로워 사방을 둘러보아도 손 쓸 곳이 없다는 것을 잘 알고 있습니다. 낮은 벼슬아치들은 아랫자리에서 히히덕거리며 술과 여색에만 빠져 있습니다. 높은 벼슬아치들은 윗자리에서 빈둥빈둥거리며 뇌물을 받아 재산 긁어모으기에만 여념이 없습니다. 오장육부가 썩어 물크러져 배가 아픈 것처럼 온 나라의 형세가 안으로 곪을 대로 곪았는데도 누구 하나 책임지려고 하지 않습니다. 내직의 벼슬아치들은 자기들의 당파를 심어 권세를 독차지하려 들기를, 마치 온 연못 속을 용이 독차지하고 있듯이 합니다. 외직에 있는 벼슬아치들은 백성 벗겨 먹기를, 마치 여우가 들판에서 날뛰는 것같이 하고 있습니다. 그들은 가죽이 다 없어지고

을묘사직소
단순한 사직 상소가 아니라, 정치의 잘못과 부조리 등을 낱낱이 지적한 분석 보고서였다.

나면 털이 붙어 있을 데가 없다는 사실을 알지 못합니다. 백성을 가죽에 비유한다면 백성으로부터 거두어들이는 세금은 털에 비유할 수 있습니다. (…) 대비께서는 신실하고 뜻이 깊다 하나 깊은 구중궁궐의 한 과부에 불과하고, 전하는 아직 어리니 다만 돌아가신 임금님의 한 고아에 불과합니다. 백 가지 천 가지로 내리는 하늘의 재앙을 어떻게 감당하여 억만 갈래로 흩어진 민심을 어떻게 수습하시겠습니까? (…) 백성들의 울음소리는 구슬퍼 상복을 입은 듯하니 민심이 흩어진 형상이 이미 나타났습니다. (…) 평소 조정에서 뇌물을 받고 사람을 쓰기 때문에 재물은 쌓이지만 민심은 흩어졌던 것입니다. (…) 모르겠습니다. 전하께서는 무슨 일에 종사하시는지요? 학문을 좋아하십니까? 풍악이나 여색을 좋아하십니까? 활쏘기나 말타기를 좋아하십니까? 군자를 좋아하십니까? 소인을 좋아하십니까? 전하께서 좋아하시는 것이 어디 있느냐에 나라의 존망이 달려 있습니다. (…) 더욱이 정치하는 것은 사람에게 달려 있습니다. 전하 자신의 경험으로 인재를 선발해 쓰시고 도로써 몸을 닦으십시오. (…) 임금이 원칙이 없으면 나라가 나라답지 못하게 됩니다."

조선 건국 이래 임금의 실정(失政)을 이렇게 강경한 목소리로 지적한 일은 없었다.

갓 스물을 넘긴 명종은 남명의 상소문을 받아 보고서 노발대발했다. 승정원에 명하여 '불경군상죄'로 엄하게 다스려 죽이려고 했다. 그러나 사간원 이헌국이 "옛날 송나라의 구양수도 황태후를 '한 아낙네'라고 하였으나 황태후는 그를 죄주지 않았다" 하고, 신하들이 산림처사의 일이라며 만류하자, 다행히 남명에게는 화가 미치지 않았다.

남명은 기회가 있을 때마다 임금에게 상소를 올렸다.

주로 관직을 거절하는 상소였지만, 그 내용은 늘 날카로웠다. "임금과 신하 사이에 격의 없이 진지하게 일을 의논해야 세상이 태평스럽다"거나 "임금과 신하 사이에 허심탄회하게 무슨 일이든 의논해야 한다", "군신 간에 서로 믿고 뜻이 통하게 해야 한다" 등 요즘 식으로 하면 소통의 리더십 혹은 박항서 감독의 파파 리더십을 임금에게 요구하는가 하면, 임금이 먼저 모범을 보여야 하며, 임금 스스로 자기 수양이 되어 있지 않으면 사람을 알아보는 눈이 생길 수 없고, 눈이 없으면 누가 착하고 누가 나쁜지 알 수가 없어 사람을 등용하고 버리는 일을 잘못하게 된다는 등 진심어린 충고도 늘 빼놓지 않았다. 뿐만 아니라 백성들에게 실질적인 피해를 가하는 아전들의 폐단, 특히 방납 횡포를 세세하게 적시한 후, 임금이 이를 바로잡아야 한다고 요구하였다. 조선 최대의 정경유착 스캔들인 아전과 방납업자의 폐해는 조선 민중의 삶을 이해하는 데 굉장히 중요한 키워드다. 이에 대해선 뒤에 자세히 살펴보기로 하자. 이후에 율곡이 아전들의 폐단을 선조에게 이야기할 때 남명의 상소문을 예로 들었다고 한다.

특히 선조에게는 임금이 마음속에 새겨두어야 할 글자를 바치는데, '구급(救急)'과 '군의(君義)'이다. 구급은 '위급한 일을 구제하라'는 의미로, 남명은 "이 두 글자로써 나라를 일으키는 말을 삼으셨으면 합니다. 이 두 글자로써 보잘것없는 제 몸뚱이를 드러내는 일을 대신하고자 합니다"라고 적었다. 역시나 벼슬을 사양하면서 보낸 글이었다. 또한 1571년 흉년이 들자 선조가 경상감사를 통해 남명에게 식량을 하사하자, 이에 편지를 써서 군의라는 두 글자를 바쳤다. 군의는 '임금이 옳아야 한다'는 의미로, 임금이 몸을 닦고 나라를 바로잡는 근본으로 삼으라는 조언이었다. 남명은 이처럼 끝끝내 관직에 나아가지 않고, 만년에는 지리산에 은거하며 산림처사로 살았다.

Guide's Pick

남명 VS. 윤원형

벽초 홍명희가 쓴 소설 『임꺽정』에는 남명과 윤원형이 관련된 에피소드가 한 대목 나온다. 『임꺽정』이 역사소설이다 보니 이순신 등 우리가 익히 아는 역사 속 실존인물들이 조연으로 제법 많이 등장한다. 남명 또한 카메오로 잠시 등장한다. 주인공 임꺽정이 활약한 시대가 명종 연간이고, 당시 무소불위의 권력을 휘두르며 권력의 정점에 있던 인물이 윤원형이었다. 도탄에 빠진 백성들이 산으로 들어가 도적떼가 될 수밖에 없도록 만든 이가 바로 윤원형인 셈이다. 어느 누구도 윤원형의 말을 거스를 수 없는 시대였다. 앞서 이야기했듯, 양재역 벽서 사건을 조작해 봉성군 등을 죽일 때 대신들에게 모두 찬성 서명을 강요해도 누구 하나 찍소리하지 못하던 시대였다. 그러니 작가는 윤원형의 상대역으로 남명을 카메오로 쓸 수밖에 없었을 것이다. 당대 실존인물 중에 그 역할에 맞는 유일한 사람이었으니 말이다. 이야기는 대략 이렇다. 물론 픽션이며, 아래 내용은 소설을 토대로 내 나름대로 재구성한 것이다.

남명은 한강을 건너기 위해 하인과 함께 나루터에서 한참 줄을 서서 기다리다가 드디어 배에 올라탔다. 나룻배에 많은 사람이 타니 앉을 자리도 없었다. 갓 쓰고 하얀 도포 차림에 하얀 눈썹의 범상치 않은 남명을 보고 사람들이 자리를 양보해 다행히 배 가운데 갑판에 앉을 수 있었다. 배가 거의 강 중간에 도달할 때쯤 이미 떠난 나루터에서 장정 둘이 "어이 이리와" 하고 소리치면서 뱃사공을 불렀다. 그들을 본 뱃사공은 혼잣말로 "아, 저 새끼들 또 지랄이네"라고 투덜대면서도 배를 돌렸다. 말도 안 되는 상황에 남명이 "이미 배 떠난 지 한참인데 왜 돌리느냐?"고 묻자, 뱃사공은 "아이구 나으리, 재들이 윤원형 차지 아닙니까. 재들 말 안 들으면 굶어 죽습니다"며 바삐 떠난 자리로 돌아가 그 둘을 태웠다. 배에 탄 그들은 웬 시골 영감이 좋은 자리에 턱 앉아 있으니 "영감, 어디서 왔수?" 하며 괜히 시비를 건다. 남명이 대꾸도 안 하자, 맥이 빠진 그들도 어찌할 수 없었다.

드디어 배가 건너편에 도착하자, 남명이 그들에게 물었다.
"너희가 윤원형 집 차지냐?" 그랬더니 "그건 물어서 뭐 하실라구?"라며 실실 쪼갠다. 남명이 따르던 하인에게 "저놈들을 패대기쳐라"고 하자, 하인이 백사장에서 그 둘의 작은 갓을 벗긴 후 상투를 잡고 빙빙 돌려서 모래바닥에 패대기를 쳤다(하인이 '떡대'가 좋았으니 다행이다). 구경하는 사람들은 속으로는 시원한데, 한편으론 '저 세상 물정 모르는 시골 선비 오늘 큰일 났네' 하며 걱정했다. 남명이 차지들에게 "너 주인한테 가서 일러라. 하인들 그리 다뤄선 안 된다고." 그러면서 "영남 지리산 밑에 조판관이라고 전해라"고 했다. 둘은 윤원형에게 쪼르르 달려갔다. 그들을 본 윤원형이 "니들 꼴이 왜 그 모양이냐?"고 묻자, "오늘 시골 선비한테 된통 모욕을 당했습니다"고 일러바친다. "내 차지 욕보인 그 놈이 대체 누구라더냐?"고 묻자, "영남 사는 조판관이라던데요"고 대답한다. 그러자 윤원형이 "조식이로구나. 니들이 잘못 걸렸다. 나도 어쩔 수 없다"고 탄식한다.

작가가 원하는 시나리오는 결국 윤원형의 이 마지막 말을 이끌어내는 거였다.

독자들에게 카타르시스를 주기에 충분한 결말이었다. 아무리 엄혹하고 비정상적인 시대일지라도 남명 같은 사람은 존재했던 것이다. 그만큼 당시 남명의 이미지는 불의에 타협하지 않을뿐더러 아무리 나는 새도 떨어뜨리는 권세가라 할지라도 절대 꿀리지 않는 사람이라는 방증이다. 작가로서도 결과적으로 성공적인 카메오 캐스팅인 셈이다.

젊은 시절 『임꺽정』을 읽으면서 내가 매료된 인물은 임꺽정의 처남이자 의형제인 황천왕동이었다. 하루 만에 양주에서 백두산까지 냅다 내달리는 그의 축지법이 부러웠다. 더구나 그는 장기판만 있으면 눈이 뒤집히는 총각이었는데, 그것 때문에 예쁜 색시를 얻는 장면은 젊은 시절의 로망과 겹쳐져 잊지 않는다. 사위를 공개모집하는 집에 장기 두러 갔다가 이런저런 서바이벌 게임을 모두 거뜬히 통과하고 노총각 딱지를 뗀 것이다. 각설하고, 결국 임꺽정은 1562년에 잡혀서 처형당한다. 그 소식을 들은 남명은 혼자 조용히 눈물을 흘렸다고 한다. 도적떼는 근절시켜야 하지만 죄 없는 백성들이 도적이 될 수밖에 없는 현실을 한탄했던 것이다.

사화의 중심에 선 한 인간

남명의 「을묘사직소」는 사실 목숨을 건 행위라고 할 수 있었다. 마지막 사화가 끝난 지 10년도 채 지나지 않은 시기였고, 사화를 일으킨 윤원형 일파의 권력은 더 강해져 있었다. 즉 언제든 어떤 이유를 붙여서라도 옥사를 일으킬 수 있는 시대였다.

사실 남명이 살았던 시대는 사화(士禍)의 시대라고 해도 틀린 말이 아니다.

우리가 4대 사화로 배웠던 네 번의 큰 변란 중 세 번이 남명의 생애에 발생했다. 나머지 하나, 최초의 사화인 무오사화도 남명이 태어나기 불과 3년 전에 일어났다. 그러니 그 여파가 남명의 시대에도 계속 영향을 끼치는 사건이라고 할 수 있다.

이러한 사화들은 남명뿐만 아니라 당시를 살아야 했던 모든 사람의 삶에 어떤 식으로든 영향을 끼쳤다. 어느 날 갑자기 아버지와 삼촌이 죽임을 당하고, 유배를 당하고, 벼슬자리에서 쫓겨났다. 형제나 친구, 스승과 제자도 마찬가지였다. 가족이 해체되고 인간관계가 갑자기 단절되었다. 모든 상처는 그 흔적을 남기는 법이다. 그러한 경험은 모든 구성원에게 심각한 후유증을 남겼다. 요즘 식으로 하면, 트라우마로 작용하는 것이다. 그리고 인간은 그러한 경우에 아주 근본적인 질문으로 돌아가곤 한다. "어떻게 살아야 하는가?"

남명 또한 그러지 않았을까.

어린 나이(4살)에 일어난 갑자사화는 그렇다 쳐도, 한창 공부에 매진하면서 삶을 설계하던 19살에 일어난 기묘사화는 그의 정신을 헤집고 들어와 어떤 식으로든 트라우마를 남겼을 것이다. 앞서 말한 대로 이 때 숙부는 파직당하고, 그 여파로 숙부뿐 아니라 그 가족이 잇따라 죽음을 맞았다. "어떻게 살아야 하는가?" 남명도 이러한 질문을 스스로에게 하지 않았을까. 그리고 그 몇 년 후, 남명은 벼슬을 통한 입신양명을 포기하고 고향으로 내려갔다. 물론 사람이 어떤 결심을 하는 데 딱 한 가지 이유만 작동하는 건 아니기 때문에 그의 낙향이 사화 때문만은 아닐 것이다. 하지만 어떤 식으로든 영향을 미쳤을 거라고 보는 게 더 상식적인 접근이다.

마지막 사화는 그의 장년 시절인 45살에 시작되었다.

임금이 바뀌어도 세상은 바뀌지 않았다. 오히려 더 사악해지고 있었다. 흔히 남명은 13차례나 임금이 주는 벼슬을 외면함으로써 현실을 외면했다고 생각하는 사람들이 있다. 하지만 그는 팍팍한 백성의 삶을 외면하지 않았고, 마음속에는 늘 경세(經世)의 포부를 가진 사람이었다. 그러나 사악한 권력에는 부역하고 싶지 않았다. 명종이 제수한 벼슬자리들도 사실 그를 들러리 세우려는 윤원형의 의도를 배제할 수 없었다. 여하튼 그런저런 사정으로 그는 평생 벼슬을 하지 않았다. 그리고 그 저변에는 사화라는 시대적 배경이 깔려 있다는 걸 무시할 수는 없다.

각설하고, 남명의 시대에 가장 중요한 사건인 사화에 대해 간략하게나마 알아봄으로써 그에 대한 이해의 폭을 넓혀보자. 더 나아가 이후의 조선 사회를 이해하는 하나의 키워드로 삼아도 좋을 것이다. 일단 사화라는 정치적 사건에 대해, 이를 일으킨 훈구파는 '난(亂)'으로 규정했고, 일방적으로 당한 사림에서는 '화(禍)'라고 주장했다. 역모와 사화는 그 근본적 성격이 다르다. 사화라는 표현이 쓰인 건 사림이 정치적으로 우세해진 선조 초반에 와서다. 정치권력이 바뀜으로서 억울하게 죽었던 사람들도 모두 복권되었다.

4대 사화

◆ 무오사화(1498)

최초의 사화다. 성종은 건국 초기부터 정권을 장악한 훈구파를 견제하기 위해 사림에서 인재를 등용하면서, 길재의 학통을 이어받은 김종직을 중용했다. 이를 계기로 그의 제자인 김굉필, 정여창, 김일손 등 영남 사림들이 조정에 진출했다. 성종의 신임을 바탕으로 김종직은 세조의 불의에 가담했던 공신들을 탄핵하면서 그들이 공신으로 받은 토지를 거둬들이자고 주장했다. 그러나 성종과 김종직이 죽자 훈구파의 반격이 시작되는데, 이것이 발화한 것이 무오사화다.

사화의 발단은 이렇다.

「성종실록」을 간행하는 실록청이 개설되고 훈구파 이극돈이 당상관이 되었다. 이극돈은 내심 켕기는 게 있었다. 그래서 사초에 자신과 관련된 일이 들어있는지 당시 사관이던 김일손에게 물어봤지만 일언지하에 거절당했다. 그래서 유자광에게 알아보게 하는데, 여기서 결국

문제가 터졌다. 김일손이 사초에 올린 내용 중 김종직이 쓴 〈조의제문
(弔義帝文)〉이 발견된 것이다. 내용은 제목 그대로 '의제를 조문하는 글'
이다. 즉 항우가 자신의 조카인 초나라 의제를 죽이고 자리를 빼앗은
일을 통해 단종을 죽인 세조를 대놓고 비난하는 글이었다. 그리고 이
극돈의 염려대로, 자신이 전라감사 시절에 세조 비 정희왕후의 국상
때 장흥 기생과 어울린 사실을 적시한 김종직의 상소도 사초에 있었
다. 결국 이극돈과 유자광은 〈조의제문〉의 문제를 확대하여 사림들을
제거할 계획을 세웠다.

유자광도 나름대로 김종직에 대한 원한이 있었다.

김종직이 함양 군수로 있을 때였다. 김종직은 함양 학사루에 걸린
유자광의 시를 뜯어냈었다. 유자광이 남이를 무고한 간신이라는 이유

학사루

김종직은 함양 군수 재직 시 학사루에 걸린 유자광의 시를 뜯어냈다.

로 그의 시를 치운 것이다. 무오사화는 이렇듯 관계자들의 상황이 얽혀서 결국 김종직계 사림들의 엄청난 화를 초래했다. 이미 죽은 김종직은 부관참시되고, 김일손 등이 능치처참당하고, 정여창, 김굉필, 최부 등이 유배되었다. 이때 이극돈 또한 파면당한다. 사초를 관장하는 관리로서 문제의 사초를 보고도 보고하지 않은 죄였다. 하지만 유자광만은 연산군의 신임을 받아 조정의 실세가 되었다.

무오사화는 다른 사화(士禍)와 달리 사화(史禍)라고도 쓰는데, 이는 사초가 원인이 되었기 때문이다.

◆ 갑자사화(1504)

갑자사화의 원인은 연산군의 생모 윤씨의 폐비와 복위 사건이었다. 폐비 윤씨는 성종의 총애로 후궁인 숙의에서 중전에 오른 인물이지만, 평소 시기와 질투가 심했다. 성종이 다른 후궁과 동침하는 일이 잦자, 후궁들을 독살하려고 비상을 숨겨두었다 발견된 일도 있었다.

그러던 중 결정적 사건을 저질렀다.

성종의 얼굴에 손톱자국을 낸 것이다. 이는 당시 궁중의 최고 어른인 인수대비를 분노케 했다. 드라마에서 그려지듯 인수대비와 후궁의 공모가 더해져, 그녀는 폐비를 면치 못하고 결국 사약을 받고 죽었다. 1479년의 일로 이때 연산군의 나이 4살이었다.

오랫동안 덮어두었던 이 사건은 임사홍이 연산군에게 밀고하는 바람에 다시 수면 위로 떠올랐다. 연산군은 당시 성종의 후궁들과 그 자손들 그리고 내시와 궁녀까지 모조리 죽이고, 인수대비의 머리를 받아

절명케 했다. 그러고는 생모 윤씨를 왕비로 추숭했다. 그러나 사건은 여기서 끝나지 않았다. 연산군은 당시 폐모 사건에 찬성했던 사람들을 모두 찾아내었다. 윤필상, 이극균 등이 처형되고, 이미 죽은 한명회, 정여창 등이 부관참시되고, 유배 중이던 김굉필, 최부 등이 죽임을 당했다.

무오사화가 일어난 지 불과 6년 만에 또 다시 발생한 대대적인 사화로 이제 막 정계에 자리를 잡기 시작한 사림파는 거의 몰락하고 말았다. 뿐만 아니라 훈구파도 여럿이 화를 당하는데, 이들은 부당한 공신전 몰수를 성토하며 연산군의 향락적인 궁중 생활을 비판했던 중신들이었다. 그러나 이 일이 있고 2년 후 일어난 중종반정으로 연산군은 폐위되고, 강화도에 유배된 지 두 달 뒤에 죽었다. 당시 31살이었다.

◆ 기묘사화(1519)

중종은 공신 세력을 견제할 목적으로 1515년에 조광조를 중용했다. 조광조는 도학에 근거한 철인 군주정치와 철저한 유교정치 실현을 목적으로 개혁에 급격한 드라이브를 걸었다. 이를 위해 조광조가 내세운 것이 바로 성리학으로 정치의 근본을 삼는 지치주의(至治主義)였다.

조광조는 천거 등용제인 현량과를 실시해 지방의 많은 신진 사림들을 등용하고, 소격서를 혁파하고, 향약을 실시했다. 뿐만 아니라 탄핵을 통해 반정공신들을 공격했다. 그러나 이는 남곤과 심정 등 훈구파의 반발을 불러왔다. 급기야 1519년에 일어난 반정공신 위훈 삭제 사건을 계기로 훈구파는 조광조 일파를 몰아낼 계책을 세웠다. 그것이 그 유명한 '주초위왕(走肖爲王)' 조작 사건이다. 궁궐의 나뭇잎에 문구를 적고 그 자리에 꿀을 발라 벌레가 갉아먹게 한 뒤 이를 중종에게 가져갔다. '주초(走肖)'를 합치면 조광조의 성씨인 조(趙)가 되니, 곧 '조광조가 임금이 되려 한다'고 뒤집어씌우려는 모략이었다.

문제는 중종의 변심이었다.

중종은 조광조의 도학정치에 피로감을 느끼고 있었다. 조광조 일파는 툭 하면 임금이 먼저 성군의 자질을 갖춰야 한다며 닦달했다. 하루에도 몇 번씩 공부를 해야 했다. 명색이 왕인데 맘대로 쉴 수조차 없었다. 그러지 않으면 어김없이 그들의 상소와 질타를 받아야 했으니 얼마나 피곤했을 것인가.

결국 조광조는 전남 화순 능주에 유배된 뒤 사사되었다.

그 외에도 여럿이 사형되거나 유배되었다. 조광조의 스승은 갑자사화로 죽은, 자칭 '소학동자'인 한훤당 김굉필이다. 그가 무오사화 때 평북 희천으로 귀양 왔을 당시 인근 마을로 발령받은 아버지를 따라온 조광조는 그를 찾아가 가르침을 받았다. 결국 스승과 제자 모두 사화를 피하지 못하고 죽었다. 후세는 이 둘을 기려 문묘에 배향했다.

◆ 을사사화(1545)

을사사화는 배경 설명이 좀 필요하다. 이전의 사화가 훈구와 사림, 즉 권신들 간의 다툼이었다면, 을사사화는 기본적으로 외척 간의 세력 다툼으로 일어났기 때문이다.

중종의 첫째 부인인 단경왕후 신씨는 연산군의 처남인 신수근의 딸로 반정이 성공하고 하루 만에 공신들의 요구로 폐위당한다. 신수근이 반정을 반대했기 때문이다. 공신들의 압력에 못 이겨 신씨를 폐위하긴 했지만 그건 중종의 진심이 아니었다. 중종은 그녀가 보고 싶을 때면 높은 누각에 올라 그녀의 본가가 있는 쪽을 바라보곤 했다. 이 사실을 전해들은 그녀는 집 뒷동산에 있는 바위 위에다 자신이 궁중에서 즐겨 입었던 분홍색 치마를 펼쳐놓았다. 중종은 치마를 보며 그녀에 대한 그리움을 달랬다. 이게 그 유명한 치마바위 이야기다. 이야기에 따라 그녀가 먼저 치마를 바위 위에 펼쳐놓았다고도 하나, 그게 뭐 그리 중요한가. 그녀의 집이 궁궐에서 눈에 잘 띄는 인왕산 인근이라고 하니, 나름 설득력 있는 애틋한 러브 스토리다.

여하튼 중종은 계비로 장경왕후 윤씨를 들이는데, 그녀는 아들(훗날 인종)을 낳고 얼마 뒤 죽었다. 그러고 나서 계비로 들어온 사람이 그 유명한 문정왕후 윤씨다. 문정왕후는 후궁 출신이 아니었다. 이전까지만 해도 계비 간택은 후궁 중에서 선발했는데, 이때부터 외부에서 선발하여 친영하는 제도가 생겼다. 그녀는 성질이 독하고 질투가 심했다고 전해진다. 그녀도 아들(훗날 명종)을 낳았는데, 인종이 왕위에 오르자 툭하면 찾아가 "우리 모자를 언제쯤 죽일 거냐?"면서 괴롭혔다. 일설에 의하면 그녀가 건네준 독이 든 떡을 먹고 인종이 죽었다고 한다.

문제는 중종 집권 시에 오랫동안 세자로 있던 인종의 외삼촌인 윤임 세력(대윤)과 문정왕후를 등에 업은 명종의 외삼촌인 윤원형 세력(소윤) 간의 세자 자리 쟁탈전이 발생한 것이다. 결국 대윤의 승리로 인종이 즉위하지만, 8개월 만에 급사하고 만다. 그리고 명종이 즉위하자 소윤이 권력을 잡았다. 결국 윤원형은 대윤 세력을 역모죄로 몰아 대대적인 숙청을 단행했다.

이 사건은 2년 뒤인 1547년의 양재역 벽서사건으로 이어져 봉성군 이완 등이 죽고 노수신, 유희춘 등이 유배되었다.

김해에 머물다

앞에서도 간간이 언급했지만, 성장기의 남명의 삶을 다시 한번 개괄하면 대략 이렇다. 태어나서 합천에 살던 남명은 아버지가 문과에 급제해 벼슬을 얻자 가족과 함께 한양으로 이사했다. 5살 때였다. 어린 시절 남명의 삶은 여느 양반집 자제들과 별반 다르지 않았다. 9살 때 큰 병에 걸려 죽을 고비를 넘겼고, 15살 때 아버지가 함경도 단천군수로 임명되자 아버지를 따라갔다. 그곳에서 유교 경전에만 한정하지 않고, 제자백가, 천문, 지리, 의학, 수학, 병법 등을 폭넓게 공부했다. 일설에는 이때부터 옷에 쇠 방울을 차고 다니며 정신을 깨우치고 스스로를 성찰하는 방법으로 삼았다고 한다. 18살에 아버지를 따라 다시 한양 장의동으로 돌아왔다. 이때 대곡 성운, 청송 성수침 등과 이웃하며 함께 학문을 닦고 인격을 수양했다. 22살 때 결혼하는데, 처가는 대대로 김해에 살아온 지방 사족이며 가산이 상당히 넉넉하였다. 25살 때 절에서 친구들과 공부하다가 크게 깨우쳐, 공명을 위한 형식적인 학문은 버리고, 유학의 정수를 공부하기로 마음먹었다. 그리고 26살에 아버지가 세상을 뜨자, 고향에서 장례를 치르고 3년 동안 시묘했다.

시묘살이가 끝나고, 남명은 고향 인근의 의령 자굴산에 들어가 공부에 전념했다.

자굴산 정상의 평평한 바위인 명경대(明鏡臺)가 보이는 절간에 머물렀다. 남명은 공부할 때 졸음을 잘 참은 듯하다. 제자들에게는 "한밤중의 공부가 요긴한 것이니, 공부하는 사람은 잠을 많이 자서는 안 된다"고 훈계하기도 했다. 이때 지은 시로 "높다란 명경대 공중에 솟게 한 이 누구인가? 하늘 받치는 기둥 부러져 이 골짜기에 박혔네"로 시작하는 〈명경대〉가 있다.

자굴산에서 2년 가까이 공부하는 동안 집안 살림은 더욱 어려워졌다.

외가 근처에서 어린 동생이 홀어머니를 모시고 살고 있었는데 끼니조차 잇기 어려운 형편이었다. 맏아들로서 집안일을 챙기지 않을 수 없기에 산에서 내려와 처가인 김해 신어산(神魚山) 아래 탄동으로 이사했다. 나중에 남명이 종부시 주부라는 벼슬을 제수받았으므로 김해 사람들은 이 마을 이름을 주부동으로 바꿔 불렀다고 한다(지금은 대동면 주동리다).

당시에는 딸도 유산 상속에 균등하게 참여하였다.

지금도 특정 가문의 분재기(分財記)가 여럿 전한다. 분재기는 재산을 상속할 때 그 내역을 상세하게 기록한 문서다. 당시 재산의 주요 내용은 크게 두 가지였다. 토지와 노비. 의아하게 생각하는 사람도 있겠지만, 당시에는 노비가 주요 재산 목록 중 하나였다. 더구나 노비가 낳은 자식도 그 집 주인의 소유로 인정되었기에, 당시 양반들은 가축이 새끼를 낳는 것보다 노비가 자식을 낳는 걸 더 기뻐했다고 한다. 여하튼 김해에는 처가에서 아내가 물려받은 집과 논밭이 있었다.

Guide's Pick

아들딸 구별 말고 상속은 균등하게!

고려시대와 마찬가지로 조선시대에도 재산 상속은 기본적으로 적자의 경우 자녀의 성별에 관계없이 균등하게 배분하였다. 물론 첩의 자녀에게도 상속은 이루어지지만, 적자에 비해 그 분배율이 현저히 적었고, 이 또한 양첩과 천첩의 자녀를 구별하였다. 흔히 양첩의 자녀는 적자의 6분의 1, 천첩의 자녀는 9분의 1 정도 상속받았다. 이 외에도 자신의 처지에 따라 모두에게 상속이 이루어졌다. 그리고 의당 당연한 말이겠지만, 제사를 승계받는 자녀에게는 소요되는 제사 비용 등을 감안하여 별도의 재산을 상속하였다.

보통은 부모가 살아 있을 때 상속을 진행하는데, 이때 분배 내용을 기록한 문서가 바로 '분재기'다. 생전에 분재를 하지 못했을 때는 3년상을 치른 후 자녀들이 협의하여 분재하였다. 이러한 상속 문화는 건국 이래 남명이 살았던 16세기 중엽까지 지속되었다. 사실 남명이 처가가 있는 김해에 가서 살기로 결심할 수 있었던 것도, 그곳에 아내가 상속받은 토지와 집이 있었기 때문이다. 처가가 부유한 지방 사족이기에 가능했다. 이는 당시까지만 해도 흔히 일어나는 일이었다. 퇴계의 재산에도 처가에서 상속받은 토지와 노비가 상당한 기여를 했다. 3대가 사는 집안이라면 처가뿐만 아니라, 어머니(외가)와 며느리(사돈) 또한 상속을 받게 되므로, 집안에 들어온 여인들의 재산이 그 집 재산 형성에 상당한 기여를 했다.

이러한 상속 문화에 변화가 생기기 시작한 건 임진왜란 전후이다.
이전까지만 하더라도 제사를 모시는 데 아들과 딸의 구분이 없었고, 윤회 봉사라 하여 돌아가면서 제사를 모시기도 하였으나, 이것이 오히려 제사를 소홀히 모신다는 비판이 일었다. 또한 이때부터 제사를 모시는 횟수도 증가한다. 이런 상황에서 딸들이 봉사(奉祀)에서 배제되는 분위기가 싹텄으며, 전례 없던 큰 전쟁의 여파도 이런 변화를 가속화하는 데 영향을 끼쳤다.

이런 배경에서 임진왜란 이후에 제사는 물론 재산도 장자 상속 개념으로 돌아선다.
이는 또한 당시 양반 가문의 어쩔 수 없는 선택이기도 했다. 양반의 명맥을 유지하려면 가문에서 과거 급제자가 나와야 한다. 3대가 지나도 급제자를 배출하지 못한 가문은 흔히 몰락의 길로 접어들었다. 과거는 하늘의 별 따기였다. 슬렁슬렁 공부한다고 해서 합격할 수 있는 시험이 아니었다. 그러려면 살림살이나 돈 걱정 없이 공부에만 매진해야 한다. 요즘 대한민국의 실정을 비춰 봐도 그렇지 않은가. '개천에서 용 나던 시절'이 사라진 건 교육에서 자본이 절대적 우위를 점하기 시작하면서부터다. 서울 지역, 그것도 강남 등 몇 개 지역에서 부모의 재력이 뒷받침된 학생들이 좋은 대학과 좋은 일자리를 독차지하기 시작한 것이다.

이런 상황에서 나온 해법이 요즘 경제학식으로 표현하면, 선택과 집중이었다.

여러 자녀에게 공평하게 분배했던 재산을 한 명에게, 시쳇말로 '올인'해야 그나마 급제의 확률을 높일 수 있었다. 많은 자녀 중 한 집안이라도 양반으로 살아남아야 했다. 그래야 양반 사대부의 유전자를 대물림할 수 있었다. 아무리 재산이 많아도 여러 자녀에게 쪼개고, 또 대를 이어 그 자녀들에게까지 쪼개기 시작하면 얼마 못 가 재산은 흔적도 없이 사라질 수 있었다. 그런 상황에서 출가외인인 딸의 재산까지 챙겨줄 리는 만무했다.

남명과 퇴계 시절만 해도 처가 잘 만난 덕을 봤던 호시절이었다. 이들의 학문적 성과에는 이와 같은 처가의 재산이 차지하는 지분이 분명 있었다.

30살에 김해로 옮긴 후 집 근처 신어산 아래 언덕에 그윽한 곳을 찾아 공부할 집을 따로 짓고, '높은 산에 올라가서 바다를 바라본다'는 의미로 '산해정(山海亭)'이라 이름 붙였다. 그리고 마치 좌우명처럼 글귀를 써서 붙였다. "말은 떳떳하고 미덥게, 행동은 떳떳하고 신중하게, 사악한 것 막아야 하고 정성스러움 간직해야 하네, 산악처럼 우뚝하게 연목처럼 깊게 하면, 찬란히 봄꽃처럼 피어나고 피어나리라."

남명이 김해에 터를 잡자, 대곡 성운 등 친구들이 먼 거리를 마다 않고 산해정을 찾아왔다. 한 번은 어린 시절 친구인 동고(東皐) 이준경이 『심경』이라는 책을 보내오자, 다 읽은 뒤 책의 여백에다 글을 남겼는데, 그 일부를 발췌하면 이렇다

산해정

산해정이 있는 곳은 김해시 대동면 주동리이다. 그런데 바로 옆 마을 이름이 예안리이다.
예안은 퇴계가 태어난 마을 이름과 같다. 우연치곤 나름 무언가 인연의 끈이 있는 것 아닐까.

"사람이 자기 마음을 잃고서 육체만 걸어 다닌다면 금수가 아니고 무엇이겠
는가? 내가 이 책의 가르침에 따라 내 마음을 단속하지 못한다면, 이 책을 선
물한 내 친구를 저버리는 것이 아니라 이 책을 저버리는 것이 되고, 이 책만 저
버리는 것이 아니라 내 마음을 저버리는 것이 된다. 사람에게 가장 슬픈 일은
마음이 죽는 것이다. 마음이 죽지 않는 약을 구하여 먹는 것이 급한 일이다.
이 책은 바로 마음을 죽지 않게 하는 약이다."

"사람에게 가장 슬픈 일은 마음이 죽는 것이다. (…) 이 책은 바로 마
음을 죽지 않게 하는 약이다." 이런 독후감이라니! 평생 책을 읽고 학

문에 열중한들 아무나 뽑아낼 수 있는 문장이 아니다. 혹여 김해 산해정에 가걸랑 다른 거 다 잊고, 마루에 앉아 이 문장만 되새김해도 충분할 듯하다.

이준경은 윤원형이 쫓겨나 경기도 벽제에서 죽은 뒤로 영의정이 된 인물로, 역사에서는 죽기 직전 선조에게 붕당의 폐단이 나라를 혼란에 빠뜨릴 거라는 유언을 올린 인물로 유명하다. 어린 시절 이준경이 남명에게 "자네는 산골 바위 틈 움막에서 말라 죽을 사람"이라고 말했다고 하니, 그의 사람 보는 안목이 크게 틀리지는 않은 듯 보인다. 실상 이준경과 남명은 불알친구로, 한 명은 중앙 정계의 실력자이고 한 명은 지방 사림에 은거한 사람이었지만, 같은 해에 죽을 때까지 그 깊은 사귐을 놓지 않았다.

남명은 책을 읽으면 여백에 감상평을 적거나 중요한 내용은 별도로 표시를 하곤 했다. 남명이 책을 어떤 식으로 읽었는지 알아볼 수 있는 재밌는 사례가 있다. 남명은 친구가 보내준 『동국사략』을 읽으면서 착한 사람과 나쁜 사람을 구별하여 붉은 먹과 검은 먹으로 표시했다. 완전히 착한 사람은 붉은 먹으로, 완전히 나쁜 사람은 검은 먹으로 표시했다. 또한 겉으로는 착한 사람 같으면서 속으로 나쁜 사람인 경우에는 바깥에 붉은 테를 두르고 속에 검은 먹으로 칠하고, 겉으로는 나쁜 사람 같아 보이지만 속으로 괜찮은 사람인 경우에는 검은 테를 두르고 속에 붉은 칠을 하였다. 이렇듯 책에 나오는 인물들을 자기 나름의 기준을 설정하여 네 가지 부류로 나누었다. 그러니 남명이 표시해놓은 이 책을 한 번 펼쳐 보면, 역대 인물들의 사람됨을 단번에 알 수 있었다.

김해에서 36살에 첫 아들 차산을 낳았다.

하지만 9살이 된 해에 죽고 말았다. 남명은 9살에 죽을 고비를 넘겼지만, 아들은 그러지 못했다. 김해 관가 터에서 동쪽으로 산이 있는데, 이곳에 남명이 아들을 묻었기에 그 이름이 조차산이 되었다고 한다.

43살 때는 회재 이언적이 경상도 관찰사로 부임해 남명에게 만나자고 정중하게 편지를 썼으나 만나주지 않았다. 그때 남명이 쓴 거절 편지 또한 멋지다. 그 일부를 발췌하면 이렇다.

"자기를 중매하는 처녀가 없듯 자진해서 윗사람에게 보이는 선비가 어찌 있
을 수 있겠습니까. (…) 제가 알기로는 나으리께서 벼슬을 버리고 고향으로
돌아가실 날이 멀지 않은 줄로 압니다. 그때 각건을 쓰고서 나으리의 고향
안강리 댁으로 찾아뵈어도 늦지 않을 듯합니다."

남명의 김해 생활도 거의 끝이 보였다.

아버지가 세상을 뜨자 한양에서 합천으로 내려온 것처럼, 남명이 김해를 뜨게 된 계기는 어머니의 죽음이었다. 외아들이 죽은 지 얼마 되지 않아 어머니도 세상을 뜨자, 남명은 어머니를 모시고 고향 합천으로 와 아버지 묘 옆에 묻고, 아버지 때와 마찬가지로 3년간 시묘했다.

시묘가 끝나자 남명은 거처를 김해에서 고향인 합천 삼가로 옮기기로 결심했다.

김해에는 입에 풀칠할 땅이라도 있지만 고향으로 가면 먹고 살 일부터 우선 걱정이었다. 그렇다 보니 남명은 자신을 따라 고향에 함께 가도 좋고, 김해에 계속 머무르고 싶으면 그렇게 해도 좋다며, 아내에게 선택권을 넘겼다. 남명은 아내에게 군이 함께 가자고 강요하지 않았다. 결국 아내는 김해에 남겠다고 해 남명 혼자 고향으로 옮겼다. 남명의 나이 48살쯤이었다. 이로써 남명의 김해 시절이 끝나고 고향인 합천 삼가현의 시절이 시작된다. 혹 오해가 있을까 덧붙이면, 아내를 두고 고향으로 온 남명이 혼자 산 건 아니었다. 부실(첩) 송씨가 곁에 있었다. 그녀와의 사이에 아들 셋을 두기도 했다. 남명이 김해를 다시 찾은 건 그로부터 한참 뒤인 1567년으로, 산해정에 잠시 기거하면서 오랜만에 아내와 함께 시간을 보냈다. 어쩌면 아내가 아팠는지도 모르겠다. 아내는 이듬해인 1568년에 생을 마감했다.

김해에는 남명이 머물며 학문을 연구하고 제자를 양성한 것을 기리기 위해 지역 유림들이 1578년에 세운 신산서원(新山書院)이 있다. 사액서원이었으나 흥선대원군 때 훼철당했다가 1999년에 복원되었다. 서원 안에는 조선 말기에 다시 세워진 산해정과 사당인 숭도사(崇道祠)가 있다. 이곳은 현재 평소에는 개방하지 않는다. 관람을 원하면 김해시청 문화재과로 전화해서 개방을 위한 별도의 시간 약속을 잡아야 한다.

귀향

  고향으로 돌아온 남명은 지금의 합천군 삼가면 토동에 뇌룡사(雷龍舍)와 계부당(鷄伏堂)을 짓고 이곳에서 학문 연마와 제자 양성에 힘썼다. 현재 계부당은 없어졌다. 그 이름에서 유추하건대, 닭이 알을 품듯이 정성을 다해 학문에 임하여 결국 부화시키겠다는 다짐의 표현이 아닐까. 현지에 있는 뇌룡정 안내판에는 '계복당'이라고 표기되어 있으나 오기(誤記)로 보인다.

  뇌룡사는 1900년대 초에 중건되면서 이름이 뇌룡정으로 바뀌었다.

  '뇌룡'은 『장자』에 나오는 글귀인 '시거이용현(尸居而龍見), 연묵이뇌성(淵默而雷聲)'에서 따왔다. 즉 '시동((尸童)처럼 가만히 있다가 때가 되

뇌룡정

김해에서 고향으로 돌아온 후 머물렀던 곳이다.

용암서원

면 용처럼 나타나고, 깊은 연못처럼 묵묵히 있다가 때가 되면 우레처럼 소리친다'는 의미이다.

뇌룡정은 구한말에 지역의 선비들에 의해 중건되었다가 2014년에 영천강변의 제방 공사를 하면서 위치를 약간 옮겨 현재의 자리로 이전했다. 이곳에서 61살에 산청의 산천재로 옮기기 전까지 학문을 연마하고 후학을 가르쳤다. '남명' 하면 제일 먼저 떠오르는 '을묘사직소'도 이곳에 머물 때인 55살에 쓴 것이다.

뇌룡정 바로 옆에는 남명이 배향된 용암서원이 있으나, 평상시에는 문이 잠겨 있다. 원래 회산서원이었으나 임진왜란 때 소실되고, 1601년에 재창건되었다. 1609년 사액을 받으면서 이름이 용암서원으로 변경되었다. 남명을 배향한 다른 서원과 마찬가지로 흥선대원군의 서원 철폐령에 의해 1871년에 훼철되었다가 2007년에 복원되었다. 거기서 마을 안쪽으로 더 들어가면 남명이 태어났던 생가가 있다. 이곳은 1970년대에 새마을사업을 하면서 없어졌다가 최근에 복원되었다.

지리산을 유람하다

남명은 고향에 머물 때인 1558년 초여름에 제자들과 지리산 유람에 나섰다. 계부당을 출발해 사천 쾌재정 앞 장암에서 배를 탄 일행은 배에서 하룻밤을 보내며 하동 포구를 지나 섬진 나루에 도착했다. 그리고 쌍계사와 청학동 등을 두루두루 돌아다녔다. 남명은 이를 「유두류록(遊頭流錄)」이라는 기행문으로 남겼다. 두류산은 지리산의 다른 이름이다.

글은 본격적인 여정에 나서기 전날인 4월 10일부터 유람에서 돌아와 서로 안타까운 이별을 하는 25일까지 16일간의 기록이다. 본격적인 지리산 유람은 섬진 나루에 도착하는 4월 16일부터였다. 흔히 역사에서 기록하는 월일은 음력을 쓰기에, 양력에 익숙한 사람들은 이를 감안해야 한다. 앞에서 계절이 초여름이라 한 것도 그런 이유에서다. 유람에는 매형인 이공량, 아우인 조환, 제자인 이정, 이희안 등 여럿이 함께 했다.

섬진 나루는 지금은 사라졌지만 매화로 유명한 광양 도사리와 하동 화심리를 잇는 나루터였다. 남명 일행은 남해 바다 쪽에서 올라와 하동을 거쳐 화심리에 도착했다. 모든 강이 그렇듯 섬진강도 바다로 들어갈 때는 폭이 넓어져 큰 강을 이룬다. 그래서 하동(河東)이라는 이름도 '큰 강의 동쪽에 있는 마을'이라는 의미로 붙여졌다.

이왕 지명의 유래에 대해 말하는 김에, 혹 섬진강 근처에 가거들랑 '섬진(蟾津)'이라는 이름의 유래에 대해 떠올리면 좋을 것 같다. 광양시 다압면 도사리에 있는 섬진마을에 가면 섬진강 유래비가 있다. 그 내용은 이렇다.

"본디 이 강의 이름은 모래내, 다사강(多沙江), 두치강(豆置江)이었던 것이 고려 말부터 섬진강(蟾津江)이라 부르게 되었다. 고려 우왕 11년(1385)에 왜구가 강 하구에 침입했을 때 광양 땅 섬거(蟾居)에 살던 수십만 마리의 두꺼비가 이곳으로 떼 지어 몰려와 울부짖자 이에 놀란 왜구들이 피해갔다는 전설이 있다. 이때부터 두꺼비 섬(蟾)자를 붙여 섬진강으로 불렀다고 전한다."

Guide's Pick

광양김은 어디로 갔는가?

현대인의 식탁에 없으면 섭섭한 김은 언제부터 먹기 시작했을까? 우리나라에서 처음 김을 시식한 유래는 몇 가지가 있지만, 나는 개인적으로 광양 태인도 시식설을 믿는다. 섬진강 하류 근처에 제철소가 세워지면서 지금은 광양과 육지로 연결되었지만 예전에는 태인도라는 섬(지금의 광양시 태인동)이 있었다. 우리나라에서 처음으로 김을 시식한 곳이다. 그 유래를 재구성하면 이렇다.

17세기 중엽 김여익이라는 사람이 병자호란으로 인조가 청에 항복하자 낙향해 태인도에 정착한다. 그가 처음에 어떤 경로로 김을 먹게 되었는지는 모르지만, 대개의 시작이 그렇듯 아마 우연한 기회에 바닷가에 햇볕에 말려져 있는 김을 먹었을 것이다. 그런데 먹어보니 맛이 나름 괜찮다. 밥 때가 되면 자꾸 생각난다. 필요는 혁신을 부르는 법이다. 계속 먹을 수 있는 방법을 궁리한다. 그러다 생산 방법을 알아냈을 것이다. 잉여는 교역을 낳는 법이다. 어느 날 생산한 물건을 가지고 제일 가까운 하동장에 가서 팔았다. 처음 보는 음식일 텐데도 꽤 팔린다. 다음 장에도 내다 팔았다. 그러다 어느 날은 사정이 생겨 장에 나가지 못했다. 그러자 이미 맛에 길들여진 하동 사람들이 아무리 찾아도, 그 물건을 팔던 사람이 보이지 않았다. 그런데 자신들이 찾는 음식의 이름이 뭔지도 몰랐다. 그냥 태인도의 김씨가 팔던 그것... 뭐 그랬을 것이다. 그러다 결국 이름을 얻게 되는데, 김씨가 파는 것이라 해서 '김'이라 불렀다는 이야기다. 김은 한자로는 해의(海衣)라고 한다. 말 그대로 하면 '바다 옷'인 셈이다. 왠지 느낌이 좋은 이름이다. 지금도 전라남도 쪽에서는 해의(혹은 발음이 변형되어 '해우'라고 한다)라고 부르는 사람이 많다.

요즘은 광양김을 볼 수가 없다.
제철소 건설로 인해 서식지가 파괴됐기 때문이다. 누구는 완도김을, 누구는 광천김을 최고로 치지만, 나는 아직도 광양김을 최고로 친다. 그것은 어머니 때문이다. 내 부모는 한때 건어물 장사를 하셨다. 당연히 김도 팔았다. 그래서 어릴 때 나는 김을 무지하게 많이 먹고 자랐다. 어느 날 어머니에게 물은 적이 있었다. "엄마, 어디 김이 제일 좋은 김이에요?" 어머니는 고민도 없이 말씀하셨다. "당연히 광양김이지!" 그 맛나던 광양김은 다 어디로 갔을까?

남명은 「유두류록」의 서문격으로 맨 앞에 재미있는 글을 적어두었다.

내용은 이렇다. "나는 두류산을 유람하였다. 산속에서는 나이를 귀하게 여기고 벼슬을 숭상하지는 않는다. 그러므로 술잔을 돌리거나 앉는 자리를 정할 때에도 나이를 기준으로 하였다. 그러나 어떤 때에는 그렇게 하지 않았다." 남명은 평생 벼슬을 하지 않았지만 일행 중 나이는 제일 많았다. '그래서였을까?' 싶다가도, 생각해 보면 산속에서만 그랬을까 싶다.

섬진 나루에서 시작한 남명 일행의 지리산 유람은 드라마 「토지」로 유명해진 최참판댁이 있는 악양리를 지나 화개장터를 거쳐 쌍계사로 들어갔다. 그리고 최종 목적지인 청학동으로 넘어갔다가 다시 돌아오는 여정이었다. 중간중간 한유한과 정여창, 조지서, 최치원 등 옛사람의 발자취도 더듬고, 때론 비에 발이 묶이기도 하고, 절의 승려나 근동에 사는 지인의 식사 대접을 받기도 했다. 어떤 이는 급한 일로 도중에 돌아가기도 하고, 설사로 드러눕기도 했다. 지금도 여럿이 여행하다 보면 흔히 일어날 수 있는 일들이다.

당시 양반들 유람에는 빠지지 않고 따라가는 사람들이 있었다.

바로 악사와 기생이었다. 이유야 빤하지 않겠는가. 남명 일행의 유람도 다르지 않았다. 중간에 돌려보내기도 했지만 처음에는 열 명의 기생이 함께 나섰다. 시공간이 다르더라도 노는 방식은 크게 다르지 않았나 보다. 엉덩이 붙이는 곳이면 풍악을 울리고 노랫소리가 담을 넘고 술잔을 부딪쳤다.

Guide's Pick

일두 정여창 고택

경남 함양 개평마을에 가면 하동 정씨 종가집인 일두 정여창의 고택이 있다. 마을 전체가 고택촌으로 골목골목, 집집마다 깔끔하게 단장해 놓았다. 드라마의 촬영지로 유명해져 주말이면 많은 관광객이 찾는 곳이다. 일두고택 옆에는 〈명가원〉이라는 술도가가 있는데, 이곳에서 만든 술이 그 유명한 '솔송주'다. 솔송주는 하동 정씨 가문에서 대대로 만들어온 전통주로, 고 노무현 대통령과 고 김정일 국방위원장의 2007년 남북정상회담 당시 공식 만찬주로 선정되면서 대중들에게 많이 알려졌으며, 2019년에도 문재인 대통령이 설 선물로 선택한 술이다.

개평(介坪)이라는 이름은 마을이 두 개천 사이에 끼어 있어서(介, 한자 형태만 봐도 산 아래로 두 개의 물이 흐르는 모양이다) 붙여졌다고 한다. 경상도는 서울에서 볼 때 왼쪽은 경상좌도(경북), 오른쪽은 경상우도(경남)로 구분하는데, 학자를 많이 배출한 함양은 학문적으로 경상우도의 중심이었다. 그래서 흔히 '좌안동 우함양'이라 불렸다. 좌도에서는 안동, 우도

정여창 고택

정여창은 김종직의 제자로, 문묘에 배향된 18성현 중 한 명이다.

에서는 함양이란 의미다.

정여창은 문묘에 배향된 18성현 중 한 사람이다. 흔히 김종직의 제자를 언급하면 늘 등장하는 세 명이 있다. 바로 김굉필, 김일손, 정여창이다. 이들의 삶과 죽음이 대개 비슷하듯이, 정여창도 무오사화에 연루되어 함경도에 유배되었다. 그리고 갑자사화가 일어나던 해에 유배지에서 먼저 병으로 죽었다. 친구들이 함경도에 가서 모시고 와 고향에 묻어주었다. 그렇지만 갑자사화가 일어나자 부관참시를 당했다.

지리산은 하늘이 울어도 울지 않는다

남명은 환갑이 되는 61살에 지리산으로 거처를 옮긴다. 고향인 합천 삼가현도 지리산과 그리 멀지 않은 곳이지만, 바로 이웃한 산청군 덕산의 지리산 품속으로 아예 들어갔다. 고개만 들면 지리산 천왕봉이 눈에 들어오는 양지바른 곳에 집을 짓고 산천재(山天齋)라 이름 붙였다. 그간 지리산 골짝 골짝을 살펴본 후에 택한 곳이다. 58살에 쓴 「유두류록」에 지리산을 찾은 게 11번이라고 했다. 그 후에 지리산을 찾은 기록은 없다. 그리고 3년 뒤 산천재로 이사했으니 최소 12번째 만에 드디어 원하는 터를 찾은 것이다. 산천재라는 이름은 『주역』 64괘 중 대축괘에서 취한 것으로, '군자가 굳세고 독실하게 공부하여 그 빛이 날로 새로워진다'는 뜻이다. 방 한쪽에는 자신이 그린 〈신명사도(神明舍圖)〉를 걸어두었다. 여기서 '신명'은 마음을 의미한다. 늘 곁에 두고 바라보면서 마음 수양의 근본으로 삼았다. 마루 천장에는 바둑 두는 모습, 밭 가는 모습, 차 달이는 모습의 각기 다른 벽화를 그려 놓았다.

산천재는 중산리 계곡과 내원사 계곡, 대원사 계곡 등 그 넓은 지리산 동쪽 사면의 모든 심산유곡의 물이 합쳐져 덕천강을 이루는 곳에 자리를 잡았다. 합천의 집과 전답, 그리고 제사 등 집안일을 동생 조환에게 모두 넘겨주고 이곳에 들어온 남명은 "빈손으로 와 무엇을 먹고 살까?" 걱정했는데 "맑은 물 십 리에 흐르니 마시고도 남겠네"라고 노래했다. 예나 지금이나 덕천강에는 꺽지 등 민물고기가 많이 살고

산천재

남명이 지리산으로 거처를 옮기며 지은 집으로, 고개만 들면 천왕봉이 보이는 곳에 자리 잡았다.

남명매

남명이 집을 지으면서 심었던 매화나무가 아직도 자리를 지키고 있다.

신명사도

남명은 산천재 방 한쪽에 이 그림을 걸어두었다.

있으니, 빈손으로 들어온 사람이 굶어 죽을 걱정을 좀 덜었을지도 모르겠다.

덕산으로 들어가는 길은 수양산과 검음산이 겹쳐 있는 좁은 골짜기를 통과해야 하는데, 그 입구에는 지금도 입덕문(入德門)이라는 글씨가 방문자의 마음을 경건하게 만든다. 남명이 명명한 이름이다. 글씨는 제자인 도구 이제신이 썼다. '덕으로 들어가는 문'을 통과하면 어떤 덕이 마중을 나와 줄까? 여행자는 때론 사소한 상상에 흥분한다. 그러면서 덕 안으로 들어간다. 덕산의 덕이기도 하고, 남명이라는 대학자의 덕이기도 하고, 노자 『도덕경(道德經)』의 덕이기도 하며, 반도의 역사를 품은 지리산의 덕이기도 했다.

후세 사람들은 퇴계에게 청량산이 있다면 남명에게는 지리산이 있다고 말한다.

그렇듯 지리산은 남명의 삶과 사상에 절대적인 역할을 했다. 남명은 산천재 앞 초가로 지은 상정이라는 정자에 시를 지어 걸었는데, 나는 지리산 근처에 올 때마다 이 시가 생각난다. 지금은 산천재 입구에 있는 〈남명선생시비〉에 이 시를 새겨두었다.

천 섬 들어가는 큰 종을 보소서!
크게 치지 않으면 소리 없다오
어떻게 해야만 두류산처럼
하늘이 울어도 울지 않을까?

종(鐘)이 소리가 나려면 당목으로 쳐야 한다.

큰 종일수록 더 큰 당목으로 더 크게 쳐야 소리가 난다. 그런데 지리산은 웬만한 당목으로는 어림도 없다. 세상에서 제일 큰 당목인 하늘로 쳐도 꿈쩍 않는다. 소리는커녕 미동도 없다. 학문은 무릇 그래야 한다. 자기 수양도 그래야 한다. 지리산은 하늘이 울어도 울지 않는 산이다. 남명은 그러한 지리산을 닮고 싶었는지도 모른다. 자신을 둘러싸고 있는 세상의 소란에 미혹되지 않고, 학문에의 정진과 철저한 자기 수양을 통해 지리산처럼 넓고 우뚝 솟아 있고 싶었을까. 어쩌면 지리산의 품으로 들어올 때부터 남명은 우화등선(羽化登仙)의 꿈을 꾸고 있지 않았을까. 남명은 매일 그러한 지리산을 올려다보며 자기 수양과 제자 강학에 힘썼다.

남명은 죽을 때까지 이곳에 머물며 덕계 오건, 한강 정구, 동강 김우옹, 수우당 최영경, 각재 하항, 망우당 곽재우, 대소헌 조종도 등 수많은 제자를 가르쳤다. 남명기념관에 들어서면 좌측 벽면에 '남명학맥도'가 있는데, 그중 한 사람의 이름이 유독 눈에 들어온다. 바로 약포 정탁이다.

정탁의 이름을 기억하는 건 이순신 때문이다.

사람들은 흔히 이순신의 은인을 언급할 때 류성룡만을 떠올리지만, 사실 1597년 선조가 이순신을 죽이려 들 때 이순신이 목숨을 건질 수 있었던 건 정탁의 공이 컸다. 당시 전투에 출정하지 않는다는 죄로 한산도에서 한양으로 압송되었을 때 이순신의 목숨은 경각에 달려 있었다. 정탁은 선조에게 이순신이 사형만 면하게 해달라고 변호하는 장문의 상소를 올렸고, 이에 선조의 마음이 바뀌어 이순신은 목숨을 건지고 백의종군할 수 있었다(사실 당시 실록을 보면 조정에서 선조가 이순신을 비난할 때 류성룡은 이순신을 변호하는 게 아니라 선조의 의견에 동조하고 있었다). 내 생각에 정탁은 이순신과 개인적인 친분도 없었고, 그리 좋아하지도 않았다. 하지만 잘못된 판단으로 명장을 한번 죽이면 나중에 진실이 밝혀져도 다시 살릴 수 없다는 건 알았다. 명량해전의 승전 이면에는 이렇듯 보이지 않는 사람들의 역할들이 기능했던 것이다. 흔히 개개인의 삶이 그러하듯이 역사도 그렇다. 우리에게 노출된 정보만이 어떤 인물이나 사건을 구성하는 전부가 아니다.

정탁이 남명을 찾아온 건 덕산으로 옮긴 지 얼마 후였다.

정탁은 경북 예천 출신으로 사실 퇴계의 제자다. 그런 그가 36살에 진주 교수로 부임되어 오자, 산천재로 남명을 찾아와 배움을 청한 것이다. 사실 정탁이 남명을 사사한 기간은 그리 길지 않다. 그러나 가장 중요한 가르침을 받았다. 정탁이 한양으로 발령 나 작별인사를 하러 찾아오자, 남명은 대뜸 이렇게 말한다. "내 집에 소 한 마리 있으니 자네가 끌고 가시게." 무슨 선문답 같은 소리로 들리겠지만, 정탁의 급한 품성을 아는 스승의 마지막 가르침이었다. 즉 정탁의 말과 의기가 빠르고 날카로워 마치 날쌘 말처럼 넘어지기 쉬우니, 때론 소처럼 더디고 둔함이 함께 해야 비로소 멀리 갈 수 있다는 뜻이었다. 정탁은 스승의 가르침이 무엇인지 깨닫고는 평생 그 말을 되새기며 살았다. 그래서 그런지 학문과 인물에 있어 정탁에 대한 평가는 퇴계와 남명의 모습이 모두 묘하게 오버랩되었다.

지리산 산천재로 남명을 찾아온 건 꼭 학문을 배우러 오는 제자들만이 아니었다.

1561년에 당시 팔도에 이름을 떨치던 기생 황진이가 남자 몸종 하나를 데리고 지리산 유람을 왔다가 남명을 찾아왔다. 상사병 걸린 총각의 상여가 움직이질 않자 황진이가 속옷을 벗어준 이야기, 지족선사의 파계, 화담 서경덕이나 벽계수와의 일화 등 황진이에 관한 이야기라면 대개의 사람들은 익히 알고 있다. 그러나 남명과 황진이의 만남은 그리 알려지지 않았다. 사실 이때는 이미 황진이도 회갑이 가까운 나이였기에 앞서 언급한 일화 속 만남들과는 그 결이 달랐을 것이다. 그렇다 하더라도 이런 후일담이 전하는 걸 보면 황진이는 황진이였던 모양이다. 황진이가 돌아간 뒤 제자들은 "『소학』에 '남녀 간에는 일곱 살만 되면 자리를 같이 하지 않는다'라고 했는데, 어째서 선생께서는 그 기생의 방문을 물리치지 않으셨습니까?"라고 물었다. 그러자 허허 웃으면서 하는 남명의 대답이 걸작이다. "천하에 제일 통과하기 어려운 관문이 화류관문이다. 내 스스로 이 관문을 통과할 수 있는지 시험해본 것이다. 자네들은 지금 스스로 지조가 자못 굳다고 생각하지만, 이 관문에 들어가면 다 녹아 없어질 걸세!" 남명이 그리 말하는 걸 보면 예나 지금이나, 늙으나 젊으나, 성인이나 범인이나, 남자나 여자나, 통과하기 쉽지 않은 관문임에는 틀림없는 것 같다.

1571년에는 토정 이지함이 지리산 유람 차 내려와 덕산으로 남명을 찾아왔다. 화담 서경덕의 제자였던 토정은 남명과 인간적 기질이나 학문적 관심사가 비슷했다. 남명은 먼 걸음을 한 토정을 극진히 대접했다. 어떤 이야기를 나누었는지는 전해지지 않지만, 두 사람이 산천재 툇마루에 앉아 천왕봉을 바라보며 대화를 나눴을 거라고 생각하니 괜히 가슴 한쪽이 뜨거워진다.

Guide's Pick

백성이 위험하다

남명이 산림처사의 길을 선택했다고 해서 현실을 외면한 것은 아니었다. 특히 백성의 삶과 관련해서는 누구보다 고민과 근심을 많이 했다. 백성의 곤궁한 현실을 이야기할 때면 팔을 걷어붙이고 말을 하다가 목이 메어 눈물까지 흘렸다고 한다.

남명은 백성을 위한 정치를 하지 않는 벼슬아치와 임금을 깨우치기 위해 「민암부(民巖賦)」를 지었다. 민암은 '백성이 위험하다'는 의미이다. '부(賦)'는 운문과 산문의 중간 형태의 글이다. 흔히 「민암부」를 두고 민본 사상의 결정판이라고 하는데, 지면상 전부를 싣지 못하고 일부만 발췌해서 옮겨 놓는다. 일부만 보더라도 남명의 마음을 충분히 읽을 수 있을 것이다. 개인적으로는 이 글을 읽으면서 허균의 『유재론』이 떠올랐다.

"배는 물 때문에 가기도 하지만, 물 때문에 뒤집히기도 한다네. 백성이 물과 같다는 말은, 옛날부터 있어 왔다네. 백성이 임금을 받들기도 하지만, 백성이 나라를 엎어버리기도 한다네. (…) 걸어 다니기에 평지보다 더 평

탄한 곳이 없지만, 맨발로 살피지 않고 다니다간 발을 상한다네. 이부자리보다 더 편안한 곳이 없지만, 뾰족한 것을 겁내지 않다간 눈이 찔린다네. 재앙은 소홀히 하는 곳에 있는 법, 위험은 산골짜기에만 있는 건 아니라네. 원한이 마음속에 있게 되면, 한 사람의 생각이 아주 날카롭게 된다네. 보잘것없는 아낙네라도, 부르짖으면 하늘이 호응한다네. (…) 걸왕과 주왕은 탕왕과 무왕에게 망한 게 아니라, 평범한 백성들의 마음을 얻지 못했기에 망한 거라네."

남명과 꺽지 이야기

민담이나 야사에는 남명이 도술을 부린다는 등의 갖가지 이야기가 전한다. 그중 하나가 꺽지와 관련된 이야기다. 대략 이렇다.

1567년에 명종이 승하한다.

그 소식을 들을 때 마침 남명은 덕천강 부근에서 꺽지 한 마리를 초장에 찍어 막 깨물려던 순간이었다. 하지만 국상 소식을 듣자마자 깨물었던 고기를 뱉어 강에 던졌다. 그 꺽지가 '살아서 많은 알을 낳았다. 그래서 덕천강에 꺽지가 많이 번식하게 되는데, 오늘날까지도 덕천강 꺽지는 모두 머리에 이빨 자국이 있다는 것이다. 더구나 당시 남명이 꺽지의 눈을 깨물었기 때문에 그때부터 덕천강 꺽지는 새끼일 때는 눈이 멀쩡하다가도 크면 한쪽 눈이 멀게 되었다고 한다. 언젠가 덕천강에 갈 일이 있으면 꺽지 머리를 한번 확인해보는 것도 재미있겠다.

민간에서 떠돌아다니는 이야기다 보니 그 버전도 다양하다.

그중 대표적인 게 이야기의 배경이 1544년 중종이 승하할 때라는 설이다. 혹자는 남명이 친구인 도구(陶丘) 이제신의 초대를 받고 덕천강에 갔다가 꺽지회를 대접받았는데, 그때 중종이 승하했다는 소식을 들었다며 나름 이야기에 구체성을 부여하기도 한다.

남명과 꺽지 이야기의 사실 여부를 떠나, 이 이야기의 배경은 명종이 승하하던 때가 맞는 것 같다. 이 이야기의 출발점이자, 유일한 팩트로 인정할 수 있는 건, '남명이 덕천강에서 꺽지를 먹으려 했다'이다. 덕천강은 남명이 1561년에 옮겨 간 지리산 산천재 앞에 있는 강이다. 그러니 남명이 삶의 마지막 시기를 보낸 1561년부터 1572년 사이에 생긴 일화라고 보는 게 자연스럽다. 더구나 1544년은 첫아들인 차산이 9살의 나이에 죽은 해로 남명이 김해에 머물던 시기다. 또한 도구 이제신(『청강집(淸江集)』의 저자인 청강 이제신과는 다른 인물이다)은 1510년생으로 남명의 친구가 아니라 제자이며, 남명이 덕산으로 들어오자 뒤이어 따라 들어와 근처에 살면서 남명을 극진히 모셨다고 하니, 덕천강의 꺽지회를 대접한 것도 그 시기였을 것이다.

이렇듯 아무리 민담이나 가담항설(街談巷說)일지언정 역사 속 인물과 관련된 이야기라면 기본적인 '팩트 체크'는 필요하다. 그 토대 위에 상상의 나래를 펴야 한다.

참고로 산청군청 홈페이지에는 남명과 꺽지에 관한 전설로 이런 이야기도 나온다.

세심정

남명의 제자들이 주축이 되어 덕천서원을 지을 때 함께 지은 정자다. 『주역』에 나오는 '성인이 마음을 씻는다(聖人洗心)'라는 말을 취하여 이름 붙였다.

"남명과 퇴계가 지금의 세심정(洗心亭) 근처에서 도술 시합을 하였다. 시천의 고기를 회를 쳐서 먹고 그것을 다시 뱉어내 살리는 시합이었다. 퇴계가 고기를 한참 썹다가 먼저 뱉어내었는데 살기는 하였으나 눈이 한쪽으로 돌아가고 말았다. 본래의 상태에서 많이 훼손되었을 뿐만 아니라 힘없이 떠내려 갈 뿐이었다. 이를 보고 남명은 웃으면서 역시 고기를 한참 썹다가 뱉어냈다. 그러자 남명의 물고기는 두 눈이 온전할 뿐만 아니라 힘차게 물을 거슬러 올라

갔다."

전설은 전설일 뿐이다. 그리고 시천은 남명의 홈구장이니 어드밴티지가 없겠는가. 여하튼 남명은 산천재에 머무는 동안 한 번쯤은 덕천강의 꺽지회를 맛나게 드셨을 것이다.

이와 비슷한 이야기는 여럿 있다.

비교해서 보면 재미있을 것 같아 하나만 소개한다. 「다산 정약용」편에서도 언급했던 진묵대사의 일화다. 진묵이 어느 날 탁발을 나갔다. 가마솥에 물고기 매운탕을 끓이던 사람들이 스님을 놀릴 요량으로 한 숟갈 하고 가라고 하자, 진묵은 아예 펄펄 끓는 큰 가마솥을 통째로 들고 모두 마셔버렸다. 사람들이 깜짝 놀라자, 진묵은 근처 개천으로 가서 엉덩이를 까고 변을 보았다. 그러자 가마솥에 삶아졌던 물고기들이 살아서 힘차게 물속을 헤엄쳐 갔다. 그런데 그중에 꼬리가 없는 물고기가 한 마리 있었다. 사람들이 그 이유를 묻자, 진묵은 가마솥 가장자리를 살펴보라고 한다. 과연 거기에는 눌어붙은 꼬리 토막이 하나 있었다.

남명의 죽음

1572년 설을 쇠자마자 제자들이 하나둘 산천재로 모여들었다. 전년도 12월부터 등창이 생겨 자리에 누워있는 스승을 찾은 것이다. 김우옹이 "만일 어쩔 수 없이 선생님께서 돌아가신다면 무슨 칭호를 써야겠습니까?"라고 묻자, 남명은 "나는 처사(處士)라고 일컫는 것이 옳겠네. 이것이 내 평생 뜻이었으니까. 처사라 쓰지 않고 관작을 쓴다면 이것은 나를 버리는 짓이네"라고 답한다. 15일 아침이 되자, 남명은 정인홍과 김우옹을 불러 "오늘은 내 정신이 전과 같지 않으니, 아마도 죽을 것 같구나. 다시 약을 들이지 말라"고 말한다. 그리고 2월 8일, 남명은 마지막까지도 경과 의를 강조한 후에, "죽고 사는 것은 평범한 이치이다"는 말을 남기고 숨을 거둔다.

그날 갑자기 세찬 바람이 불고 폭설이 내려 천지가 한동안 캄캄했다고 한다.

당시 도참사상의 대가로 『남사고비결』 등을 쓴 격암 남사고는 어진 사람의 운명을 관장하는 자미성이 빛을 잃자, 자기의 운명이 다 되었다 생각하고 벼슬을 버리고 고향인 울진으로 가던 길이었다. 그러나 도중에 남명이 죽었다는 소식을 듣고서 "어진 사람이 따로 있었구나"라고 경탄했다고 한다. 또한 토정 이지함도 남명의 죽음을 예견했다고 전한다.

남명이 몸져누운 1월 초에 경상감사로부터 남명이 앓고 있다는 소식을 들은 선조는 즉시 어의를 보내 병을 돌보도록 명했다. 그러나 어의가 도착하기도 전에 남명은 세상을 뜨고 말았다. 선조는 남명에게 통정대부 사간원 대사간을 추증하였다. 또한 곡식으로 부의하고 예조좌랑 김찬을 보내 영전에 치제하였다.

「선조실록」에는 남명의 졸기(卒記)가 길게 실렸다.

「선조실록」을 편찬할 때는 광해군 시절로 북인이 정권을 잡고 있었다. 알다시피 남명의 제자 중 상당수가 북인에서 활동했다. 그러나 인조반정으로 정권을 잡은 서인들은 「선조수정실록」을 다시 편찬할 때 남명의 졸기에도 손을 대 자신들의 입맛에 맞게 일부 수정하였다. 이 또한 안타까운 역사의 이면이다.

남명이 죽고 4년 뒤인 1576년에 제자들은 덕산서원(德山書院)을 세웠다.

덕산서원은 회재 이언적을 모신 옥산서원, 퇴계 이황을 모신 도산서원과 더불어 삼산(三山)이라고 불릴 정도로 그 위상이 높았다. 그러다가 광해군 때 사액을 받으면서 덕천서원(德川書院)으로 이름이 바뀌었다. 같은 해에 고향인 삼가의 유림들이 힘을 모아 회산서원(광해군 때 사액을 받아 용암서원으로 변경)을 세웠고, 그 2년 뒤에는 남명이 18여 년간 거주했던 김해에 신산서원이 세워졌다. 이 세 군데 서원이 모두 사액을 받게 되는데, 정인홍의 역할이 컸다고 한다. 남명을 배향한 서원은 모두 흥선대원군 때 철폐되었다가, 1920년부터 복원사업이 추진된 덕천서원이 1926년부터 다시 향사를 치르게 되었고, 신산서원은 1999년에, 용암서원은 2007년에 복원되었다.

현재 덕산에 있는 「남명 선생 신도비명」은 송시열이 지은 것이다.

처음 신도비명을 지은 건 제자인 정인홍이었다. 광해군 7년(1612)에 남명에게 영의정이 추증되자 정인홍은 신도비명을 짓고 신도비를 세

덕천서원

남명의 학문과 덕행을 추모하기 위해 남명 사후 4년인 1576년에 창건하였다. 본래 덕산서원이었으나 광해군 1년(1609)에 사액을 받으면서 명칭이 바뀌었다. 흥선대원군 때 서원철폐령으로 훼철당했다가 1920년대 지방 유림들에 의해 복원되었다.

경의당

덕천서원의 정문인 시정문을 들어서면 정면에 보이는 건물로 5칸의 강당이다. 중앙의 마루와 양쪽 협실로 되어 있는데 이곳은 유림의 회합과 강학, 토론 등 교육이 이루어지는 서원의 중심 공간이다.

숭덕사

덕천서원의 사당인 숭덕사에서는 매해 8월 18일에 남명
제라는 이름으로 추모제를 지내고 있다.

웠다. 그러나 인조반정 이후에 조경과 허목, 송시열이 다시 지었는데,
지금 덕산에 있는 신도비는 송시열이 지은 것이다. 그 일부를 옮겨오
면 이렇다.

"내가 후세에 태어나서 선생의 문하에서 쇄소하지는 못했다. 당시의 여러 현
인들의 논의로부터 상상하고 추측해 보면, 천길 절벽 위에 우뚝 선 듯하고
해와 달에 맞서서 그 빛을 다툴 만한 그 기상이 지금까지 사람들로 하여금
늠연히 경외하는 마음을 일어나게 하니, 풍교를 일으켜 세워 퇴폐한 습속을
진작시키기에 너무도 당연하다. 심지어 임종하는 순간에도 오히려 경의로써
배우는 이들을 친절하게 깨우쳤으니, 이 어찌 한 숨결이 남아 있는 순간까지
조금의 태만함도 용납하지 않는다는 예가 아니겠는가!"

남명은 생전에 스스로 잡아놓은 자리인 산천재 뒷산에 묻혔다.

묘갈명은 오랜 친구였던 대곡 성운이 지었다. 〈남명묘갈명〉 중에서 몇 군데 대목을 발췌하는 것으로 남명 선생 이야기는 마무리 짓도록 하자.

『좌전』과 유종원의 글을 더욱 좋아하였다. (…) 배우는 사람은 잠을 많이 자서는 안 된다. 사색하는 공부는 오로지 밤에 할 수 있다. (…) 매양 책을 읽다가 긴요한 곳을 만나면 반드시 세 번 반복해서 읽은 뒤 적어 두었다."

3장

교산 허균의
발길 따라 떠나는
시간여행

날아오르지 못한 이무기

몇 년 전까지만 해도 옛사람들의 유적지 방문을 겸하여 강원도 강릉을 찾는 사람들은 으레 율곡 이이와 그의 어머니 신사임당과 관련된 곳을 먼저 떠올렸다. 율곡이 태어났던 오죽헌, 정조가 율곡의 학문을 기리고자 율곡이 어린 시절 쓰던 벼루에 글을 써서 남긴 것을 보관하고 있는 어제각, 그리고 기념관을 둘러본 후, 인근에 있는 운치 있게 잘 보존된 전통 가옥인 선교장을 피곤한 무릎 살살 두드리며 한 바퀴 돌곤 했다. 선교장(船橋莊)은 경포호가 마을 안쪽으로 깊이 들어왔을 때 배를 타고 건너는 동네, 즉 '배다리 마을'에서 그 이름이 유래했다. 출판사 이름으로 많이 알려진 열화당(悅話堂)과 인공 연못 위에 세운 아름다운 정자 활래정(活來亭)이 유명하며, 최근에는 영화나 드라마 촬영지로 사람들의 발길을 많이 끄는 곳이다. 그런 다음 경포대를 거처 경포해수욕장으로 가 동해바다의 시원한 바람에 몸을 내맡겼다.

그런데 요즘은 '허난설헌 생가'로 홍보되고 있는 초당 허엽의 집과 그 옆에 함께 있는 '허균·허난설헌 기념관'을 둘러보고, 근처의 초당 순두부 마을에 들러 순두부로 한 끼를 해결하고 가는 사람들이 많아 졌다. 그리고 발품을 더 파는 사람들은 경포대에서 주문진 쪽으로 향하다, 사천면의 허균 외가 마을 뒷산 호젓한 곳에 혼자 서 있는 '허균 시비'를 찾았다.

허균이 태어난 곳이 강릉 사천의 외가인지 서울 건천동인지는 확실하지 않다.

책들마다, 그리고 학자들마다 의견이 다르다. 누구는 강릉 사천 외가라고 하고, 누구는 서울 건천동이라 하고, 누구는 허난설헌과 같은 강릉 초당 허엽의 집이라고 하고, 누구는 불확실하다고 말한다. 정확한 기록이 남아 있지 않으니 그럴 것이다.

허균은 광해군 대인 1618년에 역적이란 죄명뿐 아니라 성리학의 시대에 '유교반도(儒教叛徒)'로 몰려 능지처참을 당했으며, 조선 왕조가 끝날 때까지도 복권되지 못한 유일한 사람이다. 한때 북인에 몸담아 광해군으로부터 "그대의 충성은 해와 달처럼 빛나고 있다"는 찬사를 들으며 총애를 받기도 했지만, 북인과 광해군에 의해 역적으로 몰려 죽임을 당한 것이다. 더구나 인조반정으로 정권을 잡은 서인들은 북인(특히 대북)과 손을 잡은 광해군을 폭군으로 낙인찍고, 그 실세들을 모두 역적으로 몰아 완전히 제거했다.

허균은 북인에게도, 서인에게도 모두 버림받는 처지가 되었다.

허균은 인조반정의 가장 큰 명분이 된 '폐모살제(廢母殺弟)'에서 '폐모'와 '살제' 모두에 깊숙이 관여하였다. 1613년 은상(銀商)을 털던 박응서가 체포되면서 흔히 '칠서지옥(七庶之獄)'으로 일컬어지는 계축옥사가 일어났다. 그 여파로 광해군의 아우인 영창대군이 죽임을 당했다. 박응서는 칠서 중 한 명이었다. 그리고 허균은 칠서의 배후조종자로 의심받았다. 그다음은 1618년에 일어난 인목왕후 폐모 사건이다. 이때는 허균이 직접 전면에 등장해 폐모론을 관철시켰다. 역사는 허균을 이이첨의 아바타로 기록했다. 그가 쓴 글은 폐모살제와 역적의 꼬리표를 달고 대부분 불태워졌다. 그나마 『학산초담(鶴山樵談)』과 같이 틈틈이 엮은 시평집과 1611년 함열 유배 때 엮어 사위에게 맡긴 문집인 『성소부부고(惺所覆瓿藁)』, 1610년에 쓴 후 죽는 해에 다시 보강해 펴낸 『한정록(閑情錄)』, 시기는 분명치 않으나 그가 썼다고 전하는 『홍길동전』, 그리고 간간이 안정복 같은 후대의 사람들이 다소 부정적으로 그를 언급한 글들이 남아있을 뿐이다. 그의 저작 능력이나 글쓰기 패턴으로 봤을 때 더 많은 글을 썼을 거라고 생각하니 더욱 아쉽다.

개인적인 추측으로 허균은 서울 건천동에서 태어난 것 같다.

임진왜란을 피하여 강릉에 머무르던 25살 때(1593) 허균이 쓴 『학산초담』에는 이런 내용이 나온다. 일찍이 강릉이 인재가 많이 나는 곳이라고 하면서, "작은형님과 누이 난설헌도 임영(강릉의 옛 지명)에서 정기를 타고 태어났다고 말할 만하다." 즉 강릉 땅의 정기를 타고 태어난 사람들을 열거하는 내용 중에 형과 누이를 언급한 것이다. 글의 전후 맥락을 정확히 따져봐야 하지만, 내가 느낀 허균의 성격이라면, 그리고 일반적인 인간의 행위 패턴을 보더라도, 만약 자신이 강릉에서 태어났다면 어떤 식으로든 자신의 존재를 이 글에 집어넣었을 것이다. 또한 허균은 바로 위 누이인 난설헌과 6살의 나이 차가 나는데, 허균이 태어나던 해인 1569년에는 아버지인 허엽이 이미 홍문관 부제학 등 청요직에 중용되던 시기였으므로 온 가족이 서울의 건천동으로 와 함께 살지 않았을까. 물론 조선시대에는 '남귀여가혼(男歸女家婚)'의 관습에 따라 처가에서 출산하는 경우도 많았지만, 그것 또한 혼례를 치른 후 처가에 들어가 살면서 첫째나 둘째 정도를 낳을 때까지가 대부분이었다. 허균의 경우 동복에서 낳은 셋째 자식일뿐더러 형 허봉과 무려 18살의 나이 차가 났으니 부모가 서울 건천동에 살 때 낳았을 가능성이 크다.

확실한 건 허균이 어릴 적 벗들과 뛰어 놀던 곳은 건천동이다.

건천동은 동서 분당의 한 축인 동인의 김효원이 살던 동네이며, 김종서, 정인지 등 전대의 인물뿐만 아니라 당대의 인물인 노수신, 류성룡, 이순신, 원균 등이 살던 동네였다.

그런데 허균의 캐릭터에는 강릉 사천의 외갓집에서 태어난 것이 어쩌면 더 맞을지도 모르겠다. 『허균 평전』에 보면, 허균 스스로 외갓집이 있던 자리를 이렇게 설명했다. "개울 동쪽의 산줄기는 오대산 북쪽으로부터 용처럼 꿈틀거리면서 내려오다가 바닷가에 와서 사화산의 수(戌)자리가 우뚝 솟았다. 그 아래로 예전에는 큰 바위가 있었고, 개

교문암

허균의 호 교산은 이 바위 이름에서 따왔다.

울이 엇갈리는 곳의 밑바닥에 늙은 이무기가 엎드려 있었다. 신유년 (1561) 어느 가을날, 이무기가 그 바윗돌을 깨뜨리고 사라져버렸다. 바위가 두 동강이 나면서 문처럼 구멍이 뚫렸으므로, 사람들이 교문암 (蛟門岩)이라고 불렀다." 허균의 호 교산(蛟山)은 이 이야기에서 비롯되었다. 자신을 아직 용이 되어 하늘로 올라가지 못한 이무기라고 생각한 것이다. 교산은 마을 뒷산의 이름이기도 했다.

결과적으로 참으로 절묘한 호이다.

용이 되어 하늘로 승천하지 못한 이무기만큼 허균을 잘 드러내는 표현이 또 있을까. 우리에게 알려진 허균의 생애는 바로 이 이무기의 삶과 닮아 있었다. 홍길동 또한 청룡의 꿈을 꾸고 태어난 사람으로 묘사되었다. 『홍길동전』에서 길동의 아버지인 홍 승상의 태몽에 용이 등장한다. "승상이 경치를 구경하며 점점 들어가니 까마득한 절벽은 하늘에 닿을 듯 솟아 있고, 굽이굽이 흐르는 맑은 계곡물은 골짜기마다 폭포를 이루어 오색구름 어려 있다. 갑자기 길이 끊어져 갈 곳을 몰라 방황하는데 문득 푸른 용이 물결을 헤치고 머리를 들어 소리친다. 그 소리에 온 산이 무너지는 듯하는데, 용이 입을 벌리고 기운을 토하며 승상의 입으로 들어온다. 깜짝 놀라 깨달으니 일생에 다시 보기 어려운 좋은 꿈이다. 마음속으로 생각하기를 '이는 반드시 군자를 낳을 길몽이로고' 한다." 꿈 내용을 듣고 있으면 마치 허균이 말한 교문암의 설명과 묘하게 오버랩이 된다.

Guide's Pick

남귀여가혼 VS. 친영례

우리나라 역사를 보면 남자들은 오랫동안 처가살이를 해왔다. 그런데 대부분의 사람들은 학교에서 배운 데릴사위제만 떠올리며, 고구려 이후로 그러한 관습이 없어진 줄 안다. 하지만 우리가 생각하는 것보다 오랜 기간 처가살이의 전통이 유지되어 왔다.

그 관습을 지칭하는 말이 바로 '남귀여가혼(男歸女家婚)'이다.

이 말 속에 지금도 흔히 쓰는 표현인 '장가간다'는 의미가 들어있다. 말 그대로 풀면 '남자는 여자의 집에 가서 혼인한 후 돌아온다'이지만, 문제는 언제 돌아오느냐. 물론 모든 인간사가 자기 형편에 따라 각양각색이지만, 대개는 첫 아이가 태어난 후에 남자의 집으로 돌아왔다. 좀 더 있더라도, 그 아이가 걸음마를 뗄 정도면 돌아왔다. 그때쯤이면 보통 둘째 아이도 태어난다. 물론 몇 십 년, 혹은 죽을 때까지 돌아가지 않고 처가살이를 하는 경우도 있었다. 그렇기에 때론 장가온 사람이 자기 가문의 일가를 처가 마을에서 새롭게 일구기도 했다. 대표적으로 경주 양동마을의 월성 손씨 가문이 그렇다. 우리가 익히 알 듯, 율곡 이이도 본가인 경기도 파주가 아닌 외가인 강릉에서 태어났다. 현모양처의 대명사격인 율곡의 어머니 신사임당은 결혼 후에도 20년 정도를 시댁이 아닌 강릉의 자기 집에서 살았다.

남귀여가혼의 관습은 조선시대에도 계속되었다.

그러나 변화의 조짐이 생겨났다. 그 시작은 성리학이 들어오면서부터였다. 성리학은 기본적으로 여성의 사회적 지위를 인정하지 않는 학문이었다. 『소학』은 그 대표 주자였다. 그러다 조선 중기에 접어들면서 차츰 변화의 바람이 거세지기 시작했다. 거기에는 주희가 쓴 『주자가례』가 한몫했다. 16세기 초중반 퇴계 등 주류 성리학자들이 이 책을 읽으면서 주희가 주장하는 예법을 따르기 시작했다. 조정에서도 이 문제에 대한 논의가 일어났다. 결국 일부 성리학자들이 남귀여가혼의 관습을 따르지 않기 시작했다.

대신에 처가에 가서 신부를 신랑의 집으로 데려와 혼례식을 하는 '친영례(親迎禮)'가 확산되었다. 친영례는 원래 중국의 전통 혼례 방식으로, 흔히 조선에서는 왕실에서 세자빈 등을 맞을 때 이 방식으로 치렀다. 태종이나 세종 등 왕실에서는 진즉부터 친영례 도입을 공론화했으나 당시까지만 해도 사대부들은 딸의 혼수 비용 문제 등 이런저런 사유로 여전히 남귀여가혼의 관습을 따랐다. 그러던 것이 16세기에 『주자가례』의 확산과 함께 변화가 일어난 것이다. 허균의 누이인 허난설헌도 친영례에 의해 17살에 혼인과 함께 강릉을 떠나 시댁으로 들어가 살았다. 이러한 변화는 임진왜란을 겪으면서, 그리고 비슷한 시기에 상속 제도가 장자 상속 개념으로 변하면서 급속히 확산되었다. 이처럼 친영례와 장자 상속의 확산과 함께 조선은 결과적으로 모계사회에서 부계사회로 넘어가게 되었다. 결국 남귀여가혼의 혼인 풍습은 일부 명맥을 유지하다가 18세기에 사라진다.

여담으로 덧붙이자면, 남귀여가혼의 혼인 절차에서는 신랑 신부의 첫날밤이 정식 혼례가 치러지기 전에 이루어졌다. 남자가 여자 집에 도착한 날 바로 첫날밤을 보내며, 혼례는 통상 3일째 되는 날 치렀다. 합법적인 '속도위반'인 셈이다.

허균이 어디에서 태어났건, 교산과 교문암이 있던 외갓집 마을인 사천은 허균의 일생에 많은 영향을 미쳤다. 지금은 그 터만 남아 있지만 사천면 하평(荷坪) 마을 언덕에는 예조참판을 지낸 외조부 김광철이 살았던 애일당(愛日堂)이 있었다(하평이라는 마을 이름은 허균의 형인 하곡 허봉의 호를 따온 거라고 한다). 애일당은 강릉의 명당지 중 하나다. 풍수지리로 따지면 간좌곤향(艮坐坤向)의 서남간 방향이고, 그 지형이 극히 귀한 역기(逆氣)가 서린 생령지라 전한다. 허균의 외조부 또한 애일당이 명당자리라 딸이 집에서 수태를 못하게 했다고 한다. 남명 조식이 외가에서 태어난 일화와 마찬가지인데, 역시나 외조부의 계획은 실패한 듯하다. 정확한 기록은 찾을 수 없지만, 마을 유래에서 보듯 허봉은 그곳에서 태어나지 않았을까 싶다. 임진왜란이 일어났을 때 허균은 고된 피란길 끝에 어머니를 모시고 외가로 왔다. 피란 중에 갓 태어난 아들을 잃었고 산후 후유증으로 아내마저 잃은 후였다. 전쟁의 실상은 참혹했다. 허균은 애일당에서 매일 떠오르는 해를 보면서 무슨 생각을 했을까. 다른 건 몰라도 삶과 죽음에 대한 질문을 계속 하지 않았을까. 외갓집의 서재인 반곡서원에는 천여 권의 책이 있었다. 허균은 그렇게 몇 년 동안 외갓집에 머물면서 전쟁의 아픔을 잊으려 애쓰며 책을 읽고 글을 지으며 살았다.

나중에 허균은 강릉에 최초의 사설 도서관인 '호서장서각(湖墅藏書閣)'을 만들었다. 그곳에는 4천여 권의 도서가 있었다. 책은 허균이 북경에 갈 때 강릉 부사 유인길이 노잣돈으로 쓰라고 준 홍삼을 은으로 교환해 중국에서 구입한 뒤 강릉으로 가져온 것이다. 딱히 보관할 곳이 없어 경포호 옆의 정자를 비우고 보관한 것이 결국 장서각이 되었다.

허균은 '글 읽기를 지나치게 즐기는 사람'이라는 의미로 스스로를 서음(書淫)이라고 자칭할 정도로 책을 좋아했다. 〈호서장서각기〉에는 장차 벼슬을 그만두고 "만 권 책 속의 한 마리 좀벌레"가 되어 생을 마치고 싶다고 쓸 정도였다. 10여 년 전에 빌려간 책을 돌려달라며 한참 선배인 한강 정구에게 쓴 편지에도 이 표현이 있는 걸로 봐서, 허균은 정말로 책 속의 좀벌레가 되고 싶었을지도 모른다.

초당 허엽은 아들과 딸을 각각 세 명씩 두었다. 일찍 사별한 첫째 부인 청주 한씨에게서 큰아들 허성과 두 딸을, 둘째 부인 강릉 김씨에게서 허봉과 허난설헌, 그리고 허균을 얻었다. 한 집안에서 태어난 초당 허엽, 악록 허성, 하곡 허봉, 난설헌 허초희, 교산 허균은 모두 글을 잘 짓고 문장이 뛰어나 당대 사람들은 이들을 묶어 '오문장가'라 불렀다. 초당 일가의 가족묘는 원래 서초동에 있었으나 도시 개발로 1968년에 용인시 수정산 기슭으로 옮겼으며, 그곳에 있는 허균의 묘는 가묘다.

Guide's Pick

초당 순두부

요즘 강릉을 찾는 사람들은 허난설헌 생가터에서 그리 멀지 않은 곳에 있는 초당 순두부촌을 찾아 문전성시를 이루곤 하는데, 그 초당 두부의 기원이 바로 허균의 아버지인 허엽으로부터 생겨났다. 허엽은 강릉의 특이한 맛이 나는 샘물로 두부를 만들어 먹었는데(혹자는 바닷물을 간수로 사용해 두부를 만들었다고도 한다), 이를 맛본 사람들이 모두 좋아했다. 그 두부의 맛이 지금까지 전해오는 것이다.

허엽이라는 이름이 대중에게 알려지게 된 계기는 선조 대인 1575년에 시

초당 순두부촌

초당 허엽이 만든 두부로 인해 지금은 식당촌이 형성되었다.

작된 붕당 때문이다. 허엽은 젊었을 때 서경덕에게 글을 배웠으며, 이황에게도 잠시 수학했다. 허엽은 동서 분당이 일어났을 때 김효원 등에 의해 동인의 영수로 추대되었다. 허균은 임진왜란 중 첫째 부인이 죽고, 둘째 부인을 맞이하는데 그녀가 바로 김효원의 딸이다. 당시 김효원은 이미 죽은 뒤였다.

동인은 허엽을 영수로 류성룡, 이발, 우성전 등이 활약했고, 서인은 박순을 영수로 정철, 윤두수 등이 활약했다. 우성전은 허균의 매형이었다. 허엽은 서경덕에게 함께 수학한 노수신, 박순과 가깝게 지냈다. 노수신은 끝까지 허엽과 가깝게 지냈지만, 박순은 끝내 원수가 되고 말았다. 동서 분당으로 당파가 갈렸기 때문이다. 율곡 이이는 한때 붕당을 없애기 위해 '동쪽, 서쪽을 깨끗이 씻을 방도를 아뢰는 상소'라는 뜻의 〈진세척동서소〉를 올리기도 했지만, 끝내는 서인 패거리에 휩쓸렸다.

허엽은 경상감사로 재직 중 병에 걸려 서울로 올라오다가 상주 객관에서 생을 마쳤다. 그때 허균의 나이 12살이었다.

◆ 허성

허성은 허균보다 21살 많은 이복형으로 문장뿐만 아니라 학식과 덕망도 높았다. 아버지가 돌아가신 후, 허성은 허균의 실질적인 아버지 역할을 했다. 선조가 허균의 지식과 글재주를 아꼈다고 하지만, 허균이 여러 번 파직당하면서도 또 등용된 배경에는 친구인 최천건과 함께 허성의 역할이 컸다.

허성이라는 이름이 역사에 등장하는 건 크게 두 번이다.

첫 번째는 1590년에 통신사의 일원으로 일본에 파견된 일이다. 당시 정사 황윤길, 부사 김성일과 함께 허성은 서장관으로 파견되었다. 1년 후인 이듬해 3월에 돌아온 통신사는 일본의 침략 가능성을 두고 서로 상반되는 결과를 보고했다. 정사인 황윤길은 "도요토미가 반드시 쳐들어올 것"이라 했고, 부사인 김성일은 "도요토미가 그럴 만한 위인이 못 된다"며 쳐들어오지 않을 것이라고 보고했다. 문제는 황윤길은 서인이고, 김성일은 동인이었다. 그러다 보니 보고 결과에 각자의 당파가 가세한 형국이 되었다. 이런 일은 현대 정치권에도 흔한 일이다. 사안에 대한 합리적 접근과 판단보다는 당론에 따라 목소리를 높이는 건 예나 지금이나 마찬가지다.

하지만 허성은 달랐다.

김성일과 같은 동인이지만, 황윤길과 마찬가지로 "도요토미가 반드시 쳐들어올 것"이라고 보고했다. 결과적으로 소속 당론에 얽매이지 않은 그의 주장이 맞았다. 1592년 4월 13일, 모든 사람이 설마하고 있을 때, 도요토미는 15만의 대군으로 조선을 침략했다. 사실 통신사 일행이 일본의 침략 징후를 눈치 채는 건 그리 어렵지 않았다. 도요토미 히데요시는 당시 통신사에게 조선에게 길을 터줄 것을 요구했다. 그때 도요토미 히데요시가 사용한 단어가 바로 정명향도(征明嚮導), 즉 명을 치려 하니 길을 안내하라는 의미였다. 하지만 대마도의 성주는 대마도와 조선과의 관계를 고려해 그 단어를 좀 더 부드러운 표현인 가도입명(假導入明)으로 바꾸었다. 즉 명으로 가려하니 길을 빌려달라는 말로 완화해서 전달했던 것이다. 우리가 흔히 쓰는 정명가도(征明假道)는 여기에서 나왔다.

여담 하나, 혹자는 동인인 김성일이 일부러 정사이자 서인인 황윤길의 말과는 무조건 반대로 말했다고 주장함으로써 붕당의 폐해를 지적하기도 하지만, 그렇지 않다는 주장도 많다. 실제로 김성일은 그렇게 판단한 것이라는 주장이다. 전쟁이 일어난 후 김성일의 행동을 보면 그 주장도 일리가 있다. 그는 임진왜란이 일어나자 경상도 초유사로 임명되어 전장에서 솔선하여 '제1차 진주성 전투'를 승리로 이끄는 데 공헌했다. 그리고 계속해서 왜군의 공세를 완화시키는 데 주력하다, '제2차 진주성 전투'를 앞두고 전쟁터에서 전염병으로 세상을 떴다. 자신의 오판을 만회하고 속죄하려는 인상을 받은 건 나만의 착각일까.

두 번째는 선조 말년이다.

선조는 죽기 전에 7명의 신하를 불러놓고 어린 영창대군을 부탁한다는 밀지를 내렸다. 이런 신하들을 고명대신(顧命大臣)이라 부른다. 조선 역사에서 이런 경우는 간간이 있었다. 대표적으로 문종이 어린 단종을 두고 죽을 때 김종서, 황보인 등에게 후일을 부탁한 이야기는 유명하다. 선조 또한 세 살 밖에 안 된 어린 영창대군이 걱정되었다. 이전에도 선조는 유영경, 신흠, 허성 등 7명의 신하를 은밀히 불렀었다. 선조는 이들에게 곁가지가 줄기보다 무성한 대나무 그림을 보여주면서 곁가지를 잘라야 한다는 암시를 줬다고 한다. 즉 광해군에서 영창대군으로 세자를 바꾸려는 속내를 내비친 것이다. 이때 참여한 신하들을 별도로 유교칠신(遺敎七臣)이라고 한다.

익히 알려졌다시피, 세자 교체 의도를 눈치 챈 이이첨이 유영경을 탄핵하자 선조는 오히려 이이첨을 귀양 보낸다. 하지만 우연인지 운명인지, 이이첨이 미적거리며 귀양을 떠나지 않고 있을 때 선조가 죽고, 광해군이 보위에 오른다. 권력을 잡은 대북파는 유영경 등 소북파를 죽이거나 귀양 보내고, 광해군의 친형인 임해군과 선조의 손자들을 죽였다. 그리고 영창대군은 그로부터 5년 뒤에 일어난 '칠서의 난'에 연루되어 강화도에 유배되었다가 이듬해 살해당한다. '칠서의 난'에 관해서는 뒤에 다시 살펴보기로 하자.

◆ 허봉

허균에 대해 공부하면서 개인적으로 가장 끌린 인물은 바로 허봉이었다. 허봉은 문과에 급제한 이듬해 사가독서(賜暇讀書) 대상자로 선발되어 독서와 연구에 전념한다. 당시의 사가독서는 문학에 뛰어난 젊은 관리에게 녹봉을 주면서 두모포(지금의 옥수동 강가) 독서당에서 글만 읽게 했던 제도로, 관료들에게는 최대의 영예이자 앞날이 보장되는 길이었다. 이후 허봉은 1574년에 명나라 황제의 생신을 축하하는 사신단의 서장관으로 중국을 다녀온다. 이때의 기록을 『하곡조천기(荷谷朝天記)』로 남겼는데, 현존하는 최초의 연행기다.

잘나가던 허봉이 관료로서의 생명에 암울한 그림자가 드리운 건 율곡 이이를 탄핵하고부터였다. 1583년, 여진족 이탕개가 함경도 종성을 침범했다. 이이가 병조판서로 있을 때였다. 긴박한 상황에서 이이는 임의로 출전명령을 내렸다. 그러자 허봉은 박근원, 송응개와 함께 "이이가 병권을 마음대로 휘두르고 임금을 무시하였다"며 이이를 탄핵했다. 요즘 식으로 말하면, 국정 농단의 책임을 물은 것이다. 당시는 동서 분당이 심화되는 시기였고, 이는 허봉 등의 동인이 서인인 이이를 탄핵한 사건으로 탈바꿈해 당파 간의 싸움이 되었다. 선조는 "나도 이이와 성혼의 당에 들고 싶다"며 이이의 손을 들어주었다. 결국 탄핵을 주도한 세 사람의 유배가 결정되었고, 허봉은 함경도 갑산으로 머나먼 유배의 길을 떠났다. 역사에서는 이 사건은 '계미삼찬(癸未三竄)'이라는 이름으로 기록하고 있다. 결과론적이긴 하지만, 운명이 그렇다. 이이는 이듬해 병으로 죽음을 맞는다. 만약 이탕개가 1년만 늦게 침범했더라면, 허봉의 인생도 180도 달라졌을 것이다.

허봉과 친분이 두터웠던 류성룡은 예조판서가 되자 그의 해배를 위해 노력했지만 성사되지 않았고, 영의정 노수신의 노력으로 3년 만인 1585년에 해배되었다. 노수신은 아버지인 허엽과 절친으로, 그 자신 또한 을사사화로 19년간 유배 생활을 했었다. 해배된 후 허봉은 벼슬을 버리고 백운산과 금강산에 들어가 책을 읽으며 지냈다. 이 시기에 불교에 심취해 사명대사와 깊이 사귀었다. 일설에는 귀양에서 풀려나

긴 했지만 선조의 명령으로 한양 안으로 들어올 수 없었다고 한다. 풀어 주되 단서조항을 붙인 셈이다. 나라로부터 버림받은 허봉은 결국 금강산 인근 생창역에서 황달과 한담으로 인해 38살로 숨을 거둔다.

허봉은 술을 잘 마셨다고 전한다.

옥당(홍문관)에는 노구솥이 하나 있었는데, 닷 되의 술을 담을 만한 크기였다. 솥에 가득 담긴 술을 한숨에 '원샷'으로 마시면 그 사람의 이름을 노구솥에 새겼다. 예전에는 오직 김천령이라는 이름 하나만 새겨져 있었는데, 허봉의 이름이 그다음으로 새겨졌다. 허균은 작은형의 이러한 풍류를 자랑스럽게 생각해서 『성옹지소록』에 기록했다. 허봉은 허균보다 18살 위다. 형인 동시에 스승이며, 돌아가신 아버지를 대신하기도 했다. 허균은 성격과 풍류뿐 아니라 불교에 심취한 것, 세상을 대하는 태도 등 허봉으로부터 가장 많은 영향을 받았다. 허균은 허봉이 죽은 뒤에 그가 남긴 글들을 모아 『하곡집』으로 엮었다.

허균의 글 중에 「통곡헌기(慟哭軒記)」가 있다.

지금은 한문수필 부문에서 수능에도 출제될 만큼 많이 알려진 글이다. 허친이 자신의 집에 '통곡헌'이라는 편액을 달자, 주변 사람들이 괴이하게 생각하며 비웃었다. 그러자 허균이 나서서 허친이 '통곡헌'이라는 이름을 붙이게 된 내력을 설명하며 허친을 변호하고, 동시에 날로 잘못되어 가고 있는 나라와 사람들의 세태를 비판적으로 묘사했다. 허친은 허균의 조카인데, 바로 허봉의 아들이다. 허친은 허균이 역적으로 죽을 때 연좌되어 귀양을 간다.

손곡 이달

허균에게 첫 스승 이달은 첫 파열음이었다. 어린 시절 만난 스승이 서자
라는 신분의 벽에 막혀 능력이 있음에도 나라에서 쓰임을 못 받는 현실은
어쩌면 허균이 느낀 세상의 첫 부조리로 다가왔을 것이다. 뛰어난 재능을
지니고도 서류라고 하여 버림받은 스승의 불행을 곁에서 직접 보면서 더
할 수 없는 동정심과 이해심을 갖게 되었다. 이는 마치 뛰어난 문장 실력
에도 불구하고 여자로 태어났기에 시를 지어선 안 된다는 소리를 들었던
누이 허난설헌의 현실과 오버랩되면서 똑똑한 허균의 뇌 속에 각인되었
을 것이다. 일찍부터 이런 부조리에 눈을 뜨면서 허균의 혁명 사상은 발
아하고 있었는지도 모른다. 그 영향으로 그는 자연스레 칠서와 같은 서자
들이나 기생 등 사회적 약자 계층과 어울렸을 것이다.

이달은 원주 손곡리에 살았는데 그 이름을 따서 호를 손곡이라 했다.
대제학을 지낸 이첨의 서손으로, 허균과 허난설헌의 시 선생이었다. 고려
시대에 한시가 꽃을 피운 이래 조선 초까지는 소동파의 시가 유행이었다.
그래서 과거 급제자를 발표하면, "이번에도 33명의 소동파가 나왔다"고
칭송했다. 이달도 소동파의 시를 본받아서 그 뼛속까지 터득했다. 그러던
어느 날 박순으로부터 "시의 도는 마땅히 당으로써 으뜸을 삼아야 한다"
는 말을 듣고, 손곡에 있는 옛 집에 들어앉아 5년 동안 당나라 시집만 읽
고 시를 지었다. 드디어 당시에 통달해 고죽 최경창, 옥봉 백광훈과 함께
삼당시인(三唐詩人)으로 불렸다.

허균이 이달을 처음 만난 건 이 무렵으로, 첫 만남은 허봉의 집에서 이루

어졌다. 이달의 초라한 행색을 본 허균은 형의 친구에게 제대로 예의도 갖추지 않은 채 제멋대로 행동했다. 하지만 허봉이 즉흥적으로 부탁한 이달의 시를 듣고, 허균은 깜짝 놀라 얼굴빛을 고치고 머리 숙여 사죄한 후, 스승으로 모시게 되었다. 후일 허균은 "문장은 서애 류성룡을 따르고, 시는 손곡 이달을 따랐다"고 했으며, "누이와 함께 손곡에게 시를 배울 때가 일생 중에서 가장 행복한 때"라고 회상했다.

이달은 서자의 삶을 한탄하며 살던 불우한 시인이었다.
허균도 이를 가슴아파하며, 스승이 "평생 몸 눕힐 곳도 없었고 사방으로 떠돌아다니며 걸식했다"고 동정했다. 또한 손수 이달의 시를 모아 시집을 엮었고, 이를 명나라 사신 주지번에게 소개했으며, 이달을 주인공으로 한 『손곡산인전』을 지었다.

이달은 일흔이 넘은 말년에 평양에서 늙은 기생을 데리고 살다가, 죽은 뒤에는 기생들의 공동묘지인 선연동 한 귀퉁이에 묻혔다.

◆ 허난설헌

광한전(廣寒殿)은 둥근 달 속에 선녀가 사는 곳인 월궁의 이름이다. 사람들에게는 항아가 사는 궁전으로 잘 알려져 있다. 춘향이가 그네 타며 놀던 전북 남원의 광한루는 바로 이 광한전에서 따온 이름이다. 또한 백옥루는 문인(文人)이나 묵객(墨客)이 죽은 뒤에 간다는 천상의 누각이다. 허난설헌은 8살 때 광한전 백옥루를 위한 상량문을 지었다. 상량문은 대들보를 올릴 때 행하는 상량식을 축하하는 글이다. 당시 상량문을 지을 만한 시인이 없자 그녀를 초대해 짓게 했다고 한다.

「광한전 백옥루 상량문」은 광한전 주인의 신선 생활을 묘사하고, 그가 여러 신선을 초대하기 위해 광한전을 짓게 된 배경을 적었다. 상량문을 보면 알겠지만, 예나 지금이나 아무리 신동이라 해도 8살에 짓기에는 누가 봐도 믿기지 않는다. 다만 그 사실 여부를 떠나 개인적으로 안타까운 건, 그녀가 27살이라는 너무 젊은 나이에 그 문재를 다 펼치지도 못하고 인간 세상을 떠나 백옥루로 갔다는 사실이다. 차라리 그녀가 지은 상량문처럼 광한전 주인의 초대를 받아 글을 지어주러 잠시 다니러 갔다고 믿고 싶은 건 나만의 기대일까. 허균도 같은 심정이었을 것이다.

막내로 태어난 허균은 형들이나 누나와 터울이 많았다.

그중에서도 6살 터울의 바로 위 누나와 더 애틋하였다. 둘은 삼당시인으로 불리며 당대 최고의 시인 중 한 명인 손곡 이달에게 함께 시를 배웠다. 그러나 남매의 즐거운 공부는 그리 오래 지속되지 못했다. 허난설헌이 17살에 김성립에게 시집을 간 것이다. 전하는 말로는 남편과의 관계도 그리 원만하지 못했으며, 시어머니의 시집살이도 심했다. 그러다 보니 결혼 생활은 늘 고독했다. 더구나 사랑하는 딸과 아들을 연달아 잃었다. 대중적으로 많이 알려진 그녀의 시 중 하나가 〈곡자(哭子)〉인데, 바로 그때의 심정을 읊은 시다. 허경진 교수의 『허균 평전』에서 전문을 옮겨온다.

지난해에는 사랑하는 딸을 여의고

올해에는 사랑하는 아들까지 잃었네

슬프디 슬픈 광릉 땅에

두 무덤이 나란히 마주 보고 서 있구나

사시나무 가지에는 쓸쓸히 바람 불고

솔숲에선 도깨비불 반짝이는데

지전을 날리며 너의 혼을 부르고

네 무덤 앞에다 술잔을 붓는다

너희들 남매의 가여운 혼은

밤마다 서로 따르며 놀고 있을 테지

비록 뱃속에 아이가 있다지만

어찌 제대로 자라나기를 바라랴

하염없이 슬픈 노래를 부르며

피눈물 슬픈 울음을 속으로 삼키네

　가혹한 삶의 고통 속에서 유교적 조선이 강요하는 운명을 받아들이지도 못한 그녀는 신선이 사는 세계로 숨어들었다. 그곳에서 수많은 유선시(遊仙詩)를 지었다. 조선이라는 현실에 발을 디디고 살 수 없었던 그녀는 그렇듯 선계의 풍광을 노래하는 시를 주로 지었다. 허균으로부터 그녀의 시집에 붙일 글을 부탁받은 명나라 주지번은 그녀에 대해 "봉래섬을 떠나 인간 세계로 우연히 귀양 온 선녀"라고 적었다.

　뛰어난 문재를 타고난 남매는 서로 닮는 법인가.

　허균 또한 누이처럼 세상을 벗어나 신선 세계에서 살고 싶은 소망을 품고 있었다. 대표적으로 『정유조천록』에 실린 〈백상루(百祥樓)〉라는 시에 그 마음이 드러났다. 1597년에 명나라 군대의 원조를 청하는 사신으로 가던 중 안주 백상루에서 지은 시다.

사람 산다는 게 백 년도 못 되는데
몸을 위해 일하는 게 너무나 번거롭구나
명예와 이익도 또한 헛된 것이니
일찌감치 그만두지 않고 무얼 하고 있나
임금이 맡기신 일만 끝내고 나면
벼슬일랑 내던지고 산 속으로 돌아가리라
학 탄 이에게 물어보노니
내게도 신선 세계를 허락할 건가

허난설헌은 어느 봄날 달콤한 꿈을 꾸었다. 신선이 살고 있는 광상산에서 노니는 꿈이었다. 꿈인지 생시인지 모를 꿈속에서 지은 시가 『학산초담』에 전하는데, 그중 일부는 이렇다.

연꽃 스물일곱 송이 붉게 떨어지니
달빛 서리 위에서 차갑기만 하여라

일종의 예지몽인 셈이다. 책에서 허균은 "우리 누님이 기축년(1589) 봄에 돌아가셨으니 그때 나이가 27살이었다. 그녀의 시에 '삼구홍타

(三九紅墮, 스물일곱 송이 붉게 떨어지니)'라 했는데, 미리 징험한 것이 되고 말았다"라고 덧붙였다.

허균이 말했듯이, 그녀는 강릉의 정기를 타고 태어났다.

하지만 조선은 그 정기를 품어줄 만한 땅이 못되었다. 조선 사대부들의 필독서인 『소학』은 요즘의 페미니즘 시각으로 보면 여성에게 폭력적인 언사로 가득했다. 한 번쯤 들어봤을 '남녀칠세부동석'도 이 책의 가르침이었다. 또한 실학의 대가인 이익조차도 『성호사설』에서 "글을 읽는 것과 가르치는 것은 남자가 할 일이다, 여자가 이에 힘쓰면 그 해로움이 끝없을 것"이라고 할 정도였으니 조선의 여인이 감당해야 할 한계가 어떠했겠는가. 널리 알려진 이야기로, 그녀는 세 가지 한(恨)을 가슴에 안고 세상을 떠났다. "이 넓은 세상에서 하필이면 왜 조선에 태어났는가", "하필이면 왜 여자로 태어났는가", "하필이면 수많은 남자 가운데 왜 김성립의 아내가 되었는가"

허난설헌에게 그나마 다행인 건 오빠와 동생의 존재였다.

허봉은 시집간 동생이 시 공부에 게을리할까 봐 수시로 격려의 글을 보내고, 새로 나온 두보의 시 해설서를 보내며 "두보의 명성이 내 누이에게서 다시 일어나길" 기대했다. 또 임금이 하사한 귀한 붓을 보내며 가을 규방에서 풍경들과 놀아보라고 권했다.

허균 또한 누이와 함께 시 배우는 걸 좋아했고, 누이의 재능을 아까워했다. 요즘의 한류 열풍에 빗대어 "우리나라 한류의 원조는 허난설헌"이라고 말하는 사람들이 많다. 이 또한 허균이 아니었으면 애초에 불가능한 일이었다. 허균은 공주목사로 있던 1608년에 누이의 시 210편을 실어 『난설헌집』을 간행했다. 중국으로 건너간 이 시집은 중국 문인들 사이에 요즘 말로 빅 히트를 쳤다. 당시 조선에 오는 중국 문인들에게 그녀의 시집은 구해야 할 필수 품목이었다. 허균이 역적으로 처형된 뒤에 조선에서는 시집 발문에서 허균의 이름을 먹으로 지우기까지 했지만, 북경에서는 여전히 상종가를 치고 있었다. 동양 삼국의 최고 여류시인이라는 평가도 중국 시인의 입에서 나왔다. 그녀는 죽은 후에 자신의 호처럼 북경 거리에 난설(蘭雪)을 흩뿌렸던 셈이다. 어쩌면 그곳이 그녀의 백옥루인지도 모르겠다.

그녀의 시집은 중국에서도 간행되었다.

허균은 1609년에 명나라의 책봉사 유용이 왔을 때 종사관으로 그들을 접대했다. 유용은 주지번의 소개로 알게 된 허난설헌의 시를 요청했고, 허균은 미리 준비해둔 『난설헌집』 2권을 주었다. 그것이 중국으로 건너가 간행된 것이다. 전하는 말로는 그녀의 시집이 북경에서 간행될 때는 그곳 종잇값이 오를 정도였다고 한다. 그에 앞서 주지번은 1606년에 사신으로 조선에 와 허균으로부터 허난설헌의 시를 받아 읽고는 감탄하여 중국으로 가져갔었다. 물론 조선의 눈 밝은 문인들도 그녀의 시를 칭찬하는 데 동참했다. 시집의 발문을 쓴 류성룡은 "훌륭하다. 부인의 말이 아니로구나. 허씨 문중의 기이한 재주가 어찌 이리도 많단 말인가"라고 했다. 또한 매천 황현은 "세 그루의 보배 나무를 둔 초당의 집안에서 신선의 재주로는 경번(허난설헌의 자)이 제일"이라고 했다. 한마디로 오빠나 동생보다 낫다는 말이었다.

허난설헌 생가

허균 · 허난설헌 기념관

허씨 오문장가 시비

기념관 옆에 초당 허엽을 비롯한 허씨 오문장가의 시비가 있다.

개인적으로는 허난설헌의 시 중 〈채련곡(采蓮曲)〉을 가장 좋아한다. 당나라 시인 이백의 동명의 시를 차용해 지은 시다. 그런데 시가 너무 방탕하다고 해서 문집에는 실리지 못했다고 한다. 괜한 의심일지 모르지만, 이백과는 달리 여자를 주인공으로 내세웠기 때문이 아닐까 싶다.

가을 호수 맑고 넓어 푸른 옥이 흐르는 듯한데

연꽃 깊숙한 곳에 작은 배 매어 두고

물 건너 임을 보고 연밥을 던졌다가

행여나 누가 봤을까 한나절 부끄러웠네

사실 허난설헌과 이백은 서로 통하는 점이 있다. 둘 다 신선을 꿈꾸었다. 주지번이 허난설헌을 "귀양 온 선녀"라 했듯, 이백을 당 현종에게 소개시켜준 시인 하지장은 이백을 "적선(謫仙)"이라고 했다. 즉 "하늘에서 귀양 온 신선"이라는 뜻이다. 시선(詩仙)으로 불리는 것에서 알 수 있듯이 이백은 한때 도가에 심취했다. 허난설헌이 신선이 사는 광상산의 꿈을 통해 자신의 죽음을 예지했듯, 이백은 착월대(捉月臺)에서 장강에 비친 달을 잡으려고 뛰었다가 신선이 되어 하늘로 올라갔다는 전설이 있다. 허난설헌이 마음과 기질이 통하는 이백을 만나 이승의 한을 풀고, 광상산에서 못다 한 노래를 맘껏 읊고 있기를 기대해본다.

참고로 허난설헌의 무덤은 1969년에 발견되었고(중앙일보 1969.5.6 기사), 생가는 1975년에 발견되었으며(중앙일보 1975.1.30 기사), 외가는 1972년에 발견되었다.

Guide's Pick

달과 항아 이야기

흔히 달에는 두꺼비가 살고 있다고 한다. 중국 역사책 『십팔사략』에는 부부인 '예'와 '항아'의 이야기가 나온다. 아주 옛날에 이 땅에 해 열 개가 한꺼번에 뜬 적이 있었다. 해가 하나만 떠도 더운데 열 개가 뜨니 얼마나 더울 것인가. 원래 열 개의 해는 모두 천신의 아들로, 서로 돌아가면서 하나씩 뜨기로 되어 있었다. 그런데 작당을 해서 한꺼번에 뜬 것이다. 그러니 땅 위의 모든 생명체는 다 말라죽게 생겼다.

보다 못한 천신은 활의 명수 '예'를 해결사로 내려 보낸다.

예는 활의 명수답게 공중의 해를 하나씩 쏴서 떨어뜨렸다. 드디어 마지막 남은 하나의 해를 향해 활시위를 당기려는 순간, 이 땅의 왕이, "마지막 하나마저 떨어뜨리면 해가 모두 사라지니 제발 하나만은 남겨두라"고 사정한다. 지금 우리 머리 위에 뜨는 해가 그때 목숨을 부지한 마지막 하나다.

이 일로 천신은 화가 나서 예를 아내인 항아와 함께 지상으로 내쫓았다. 자기가 시킨 일이지만, 자기 자식을 아홉 명이나 죽였으니 벌을 내린 것이다. 지상으로 내쫓긴 예와 항아에게 닥친 걱정거리는 시한부 목숨이라는 데 있었다. 하늘에 살면 평생 죽을 걱정이 없는데, 땅으로 쫓겨나니 땅위의 인간들처럼 때가 되면 죽어야 될 팔자가 되었다. 그래서 둘은 땅 위에 살면서도 죽지 않는 알약을 가지고 있다는 서왕모를 찾아가 사정했다.

그렇게 해서 어렵사리 알약 두 알을 얻었다.

그러나 조건이 있었다. 두 사람이 한 알씩 먹으면 둘이 평생 죽지 않고 살지만, 혼자 두 알을 다 먹으면 그 사람은 다시 하늘로 올라갈 수 있었다. 집으로 돌아온 예는 좋은 날을 택하여 함께 약을 먹자고 항아와 약조했다. 그런데 항아는 아무리 생각해도 옛날에 살던 천상이 그리웠다. 항아는 알약 두 알을 혼자 먹고, 천상으로 올라갔다. 위에서 이 모습을 지켜보던 천신은 아무리 생각해도 항아가 괘씸했다. 그래서 괘씸죄에 걸린 항아를 천상에서 받아주지 않고, 대신 달에 가서 평생 두꺼비 모습으로 살게 만들었다. 그래서 달에는 두꺼비가 살게 되었다는 전설 같은 이야기다.

붕당을 알면 역사가 보인다

조선 중기 이후의 역사를 이해하려면 반드시 붕당의 역사를 알아야 한다. 흔히 조선은 붕당 정치, 즉 당쟁으로 망했다고 하는 사람들이 있다. 물론 조선 후기로 갈수록 붕당 간 권력 다툼이 치열해지고, 이를 이용하여 임금이 특정 당파를 선택해 당파 간 무분별한 살육이 반복되는 폐단이 있었지만, 그렇다고 그 모든 죄를 붕당 정치가 뒤집어쓰는 건 바람직하지 않다. 또한 많은 학자들의 지적처럼, 일제강점기 시절 식민사관에 입각해 왜곡되어 주입된 측면도 부정할 수 없다.

그렇지만 붕당을 긍정적으로 보든 부정적으로 보든, 임진왜란 이후에 일어난 모든 사건에 붕당의 그림자가 짙게 드리운 건 부정할 수 없다. 기축옥사, 계축옥사, 인조반정, 병자호란, 북벌론, 3대 환국, 무신란, 사도세자의 죽음, 신유사옥 등등 모든 사건에는 당파의 논리가 개입했다. 새로운 임금이 즉위할 때도 마찬가지다. 수많은 인물의 유배 또한 당쟁의 결과물이었다. 우리가 조선시대의 민중사를 별도로 공부하지 않는 한, 대개의 조선시대 이야기는 사대부 중심의 귀족 사회 이야기다. 지금으로 따지면, 청와대와 국회를 중심으로 한 그 주변 사람들의 이야기일 뿐이다. 우리가 접하는 역사 기록 또한 자신들의 흔적을 남길 수 있는 여력과 기회가 있었던 그들의 기록이다.

그러니 당쟁사를 이해하지 않고는 그 시대 역사에 제대로 접근할 수 없다.

이 말을 거꾸로 하면 조선시대 모든 사건과 인물마다 당쟁의 관점에서 접근하면 그만큼 쉽게 이해할 수 있다는 말이 된다. 예를 들어 허균은 붕당이 시작된 초기에 활약했던 사람임에도, 의도적이든 운명적이든 당쟁에 개입했고, 당쟁의 영향을 받았으며, 당쟁의 희생자였다.

다만 역사적으로 붕당은 사림파 간의 권력 싸움으로 선조 대 이후에 적용되는 개념이다. 따라서 그 이전의 역사를 공부하려면, 성격은 조금 다르지만 훈구파와 사림파의 권력 투쟁의 역사, 즉 4대 사화를 이해해야 한다.

그럼 일단 붕당 정치의 시작과 그 흐름에 대해 간략하게 살펴보자.

붕당은 연산군부터 명종까지 이어진 4대 사화가 끝나고 선조 대에 권력을 잡은 사림파 간의 다툼이다. 붕당은 이조전랑 자리를 둘러싸고 벌어진 김효원(신진세력)과 심의겸(기성세력) 간의 다툼으로 시작되었다. 이조전랑은 5품 이하의 하급 관료 추천권과 삼사 언관직에 대한 추천권, 후임자 자천권(自薦權)을 가진 중요한 자리였다. 당시에는 이조전랑을 거쳐야만 재상에 오를 수 있다는 말이 있을 정도로 요직이었다. 붕당의 역사는 흔히 1575년을 그 기점으로 거론하지만, 그 시작은 1572년부터였다. 싸움의 1라운드는 심의겸의 공격으로 이루어졌다. 당시 이조전랑이었던 덕계 오건이 김효원을 이조전랑으로 추천하자, 심의겸은 "명종 때 외척인 윤원형의 집에 식객으로 드나들던 사람이 이조전랑 자리를 차지하는 건 문제가 있다"고 걸고넘어졌다. 그래도 늦었지만 결국 1575년에 김효원은 이조전랑이 되었다. 참고로 후임자 선정에 어떤 영향을 끼쳤는지 확인할 순 없지만, 오건과 김효원은 모두 남명 조식의 제자였다.

2라운드는 김효원의 후임 문제였다.

심의겸은 후임자로 자신의 동생인 심충겸을 추천해달라고 부탁했다. 하지만 1라운드에서 마음이 상한 김효원은 "심충겸 같은 외척에게 권력의 핵심인 이조전랑과 같은 요직을 절대 맡길 수 없다"고 반대하면서 척신 정치의 개혁을 주장하고 나섰다. 이 말은 당시 분위기에서는 상당히 설득력이 있어서 젊은 사림들의 지지를 받았다. 왜냐하면 조선 역사에서 훈구파 중심의 외척 정치가 사라지고 사림파가 전면에 등장한 건 불과 10년 전이었기 때문이다. 즉 1565년에 문정왕후가 죽음으로써 외척정치가 끝났다고 생각했는데, 심의겸은 바로 명종의 비인 인순왕후의 동생으로 외척 세력이었다.

이 사건을 계기로 상대적으로 서울의 동쪽인 건천동에 살고 있던 김효원은 동인, 정동에 살고 있던 심의겸은 서인으로 갈라졌다. 하지만 동인과 서인을 가른 건, 사는 동네가 아니라 그들이 추종하는 학파 및 그 학파의 지역적 기반과 긴밀히 연관되어 있었다. 그래서 동인은 주로 조식과 이황의 제자들로 이루어진 영남학파가, 서인은 이이와 성혼을 추종하는 기호학파가 중심이 된다. 한나라 때 인물인 정현은 '동사위붕(同師爲朋), 동지위우(同志爲友)'라고 정의했는데, 붕이라 함은 같은 스승을 모신 벗이요, 우는 같은 뜻을 가진 벗인 셈이다. 결과적으로 조선의 붕당(朋黨)은 같은 스승을 모신 벗들의 집단 성격이 강했으니, 우리 붕당사에 비춰보면 그의 정의는 맞는 셈이었다. 참고로 한자 '붕(朋)'은 그 부수가 '달 월(月)'이 아니라 '고기 육(肉)'이다. 고기라고 하니 어감이 좀 이상하지만, 그냥 몸이라고 보면 된다. 즉 몸(사람) 둘이 함께 있으니 '벗'이라는 의미이다. 말을 듣고 보니, 어깨동무하며 걷는 다정한 친구처럼 보이지 않는가.

율곡 이이는 붕당을 중재하기 위해 많은 노력을 기울인 것으로 알려졌다.

대사헌이었던 이이는 우의정 노수신과 의논해 심의겸과 김효원을 각각 외직인 개성유수와 부령부사로 물러앉게 했다. 하지만 율곡은 애초에 심의겸과 가까운 사이였다. 서인이었던 심의겸은 한양과 가까운 곳인 데 반해 동인이었던 김효원은 먼 외직으로 보냄으로써 팔이 안으로 굽는다는 비판을 피할 수 없었다. 그리고 1584년 이이의 죽음 이후 치열한 대결로 치달았던 당쟁은 심의겸이 탄핵을 받아 파직된 후 동인이 권력을 장악하였다.

하지만 1589년에 정여립 모반 사건(기축옥사)이 일어나자 전세는 역전되었다.

정여립은 원래 이이의 제자로 서인이었으나 이발 등과 가까워지면서 동인에 가담했다. 둘은 체격이나 성격이 비슷해, 문인이면서도 무인의 기질을 함께 타고났다. 그런데 그가 옛 스승인 이이를 비판하고 나섰다. 물론 이이가 죽은 이후였다. 이에 서인들은 정여립에 대해 앙심을 갖게 되었다. 그러던 차에 정여립의 모반 사건이 일어난 것이다. 관군에 쫓기던 정여립은 전북 진안 죽도에서 아들과 함께 자살했지만, 서인들은 이런 호기를 그냥 놓칠 리 없었다. 정철이 사건을 조사하는 위관이 되어 판을 키움으로써, 결국 이발을 비롯한 동인들을 포함하여 약 천 명에 육박하는 사람들이 화를 입었다. 세간에는 눈물만 흘려도 정여립의 죽음을 슬퍼한다고 해서 잡아다 죽였다고 한다. 이 과정에서 이발의 노모와 어린 아들까지 죽임을 당했다. 이전까지만 해도 가족 중 여자는 신분을 박탈해 노비로 삼을지언정 죽이진 않았다. 그러니 기축옥사는 한마디로 조선 최대의 공안정국이었다. 이로써 권력의 축은 다시 서인으로 넘어가는 듯했다.

그런데 다시 1591년에 세자 책봉(건저) 문제가 터졌다.

정철이 광해군을 세자로 책봉해야 한다고 했다가 삭탈관직당하면서 서인이 실각하고 다시 동인이 득세했다. 그러나 기축옥사의 주역인 정철에 대한 처벌 수위를 두고 동인은 갈라졌다. 기축옥사 때 남명 조식 학파와 화담 서경덕 학파의 학자들이 크게 희생되었는데, 주로 이들이 정철의 사형을 주장하는 강경파로 북인이 되었다. 정철도 자신의 직무에 따라 일을 처리한 것이니 사형은 과하므로 귀양으로 끝내야 한다는 퇴계 이황 학파 계열의 온건파는 남인이 되었다. 이러한 분파는 기축옥사 당시 이미 예견되었다. 남명과 화담의 제자들이 큰 희생을 당할 때 같은 동인이면서 퇴계 학파의 좌장격인 류성룡은 일언반구 아무 대응이 없었다. 이에 남명과 화담의 제자들은 불만이 쌓인 상태였다. 정철은 사형은 면하였으나 유배에 처해졌다. 임진왜란이 일어나자 1년 만에 선조의 부름을 받고 의주까지 호종했으나, 결국 이듬해 벼슬을 내놓고 강화도에 칩거하다가 그해 말에 세상을 떠났다.

이후에는 유영경, 이이첨 등 북인이 권력을 잡았다.

권력의 속성은 분파를 낳는 것일까. 북인은 광해군과 영창대군의 세자 책봉 문제를 둘러싸고 다시 이이첨의 대북과 유영경의 소북으로 나뉜다. 이후 분파가 계속되지만, 일반적으로 그 정도까지 기억할 필요는 없다. 광해군이 즉위하자, 유영경은 유배된 후 사사되고 대북의 이이첨이 모든 권력을 장악했다. 사실 이이첨은 사림파로부터 무오사화의 주동자로 지목되어 배척된 훈구파 이극돈의 후손이다. 그렇기에 그의 가문은 사림이 정치의 전면에 등장한 이후에는 큰 행색을 못하고 숨죽이며 살아왔던 가문이었다. 그러한 억눌림에 대한 한풀이일까. 권력을 거머쥔 이이첨의 칼날은 거침없이 춤을 추었다. 권력에 위협이 되는 많은 왕자들과 그 측근들을 제거했고, 결국 광해군뿐 아니라 자신의 몰락을 촉발하는 '폐모살제'에 이르게 된다.

북인의 정치 생명은 광해군 대까지였다.

1623년 서인이 주축이 되고 일부 남인이 합세하여 인조반정이 일어나자, 북인은 몰락했다. 결국 남아있던 일부 북인은 남인에 흡수되었고, 이후 붕당 정치는 사실상 서인과 남인 간의 다툼이 되었다. 물론 인조 정권은 반정을 주도했던 서인이 대부분의 주요 권력을 독점한 집권기였다. 따라서 그들은 병자호란의 처참한 패배에 대한 책임에서 자유로울 수 없는 집단이었다.

서인과 남인의 첫 대결은 효종 대에 발생한 '북벌론' 논쟁이었다.

북벌을 서두르자는 서인과 시간을 갖고 준비를 철저히 해야 한다는 남인의 다툼이었다. 이 논쟁은 이전처럼 큰 화를 동반하지는 않았고, 서인이 잡고 있던 주도권도 그대로 유지되었다. 그러나 두 당파 간에 잠복해있던 뇌관은 현종 대에 와서 결국 터졌다. 두 번에 걸쳐 일어난 그 유명한 '예송논쟁'이 발생한 것이다. 예송논쟁은 모두 어린 나이에 결혼한 인조의 계비 자의대비의 복상(服喪) 문제 때문에 일어났다. 당시는 계비가 세자나 세자빈보다 나이가 적은 경우가 종종 있었다. 자의대비도 효종보다 나이가 어렸다. 더구나 효종의 비는 효종보다도 한 살이 더 많았다.

조선시대에는 자식이 죽으면 부모도 상복을 입어야 했다.

문제는 '상복을 얼마 동안 입어야 하는가?'였다. 일반적으로 큰아들이 죽으면 3년, 둘째 아들이 죽으면 1년이고, 큰며느리가 죽으면 1년, 둘째 며느리가 죽으면 9개월을 입어야 했다. 하지만 효종과 효종 비의 경우 논란의 소지가 있었다.

'1차 예송논쟁(기해예송)'은 1659년 효종이 죽자 일어났다.

발단은 효종이 둘째 아들(봉림대군)임에도 첫째 아들(소현세자)이 죽자 왕위를 이어받았기 때문이다. 서인은 둘째 아들이니 당연히 자의대비가 상복을 1년간 입어야 한다고 주장했다. 이에 반해 남인은 첫째 아들이 죽어 왕위를 이어받았으니 당연히 첫째 아들의 예우를 받아야 하며, 왕은 일반 양반과 그 예법이 다르므로 3년간 입어야 한다고 주장했다. 결론적으로 1차 예송논쟁은 서인의 승리로 끝났다.

그러나 1674년에 효종 비가 죽자 '2차 예송논쟁(갑인예송)'이 다시 일어났다.

이번에는 큰며느리의 예로 1년을 입어야 한다고 주장한 남인의 승리로 끝났다. 참고로 현대 사회에도 국회 청문회 같은 곳에서 여야 간 대립이 있을 때 대표 논객이 나서기도 하는데, 예송논쟁의 경우 서인은 송시열, 남인은 윤선도가 그런 인물이었다. 같은 해에 현종 또한 갑작스런 죽음을 맞이했다. 예송논쟁의 승자가 된 남인은 숙종 초까지 약 6년간의 짧은 권력을 잡았다. 그리고 세 번의 환국이 연 이어 일어났다. 경신, 기사, 갑술 환국이 그것이다.

사실 예송논쟁까지만 해도 서인과 남인 간의 주도권 다툼일 뿐 상대방에 대한 화(禍)를 동반하지는 않았다. 그러나 환국(換局)이라는 이름에서 느껴지듯이 숙종 대에 일어난 환국은 상대방에 대한 대대적인 숙청을 동반했다. 숙종 또한 환국이라는 카드를 적절히 만지작거리면서 자신의 개인사를 풀기도 했을 뿐 아니라, 신료들을 견제하고 왕권을 강화했다.

경신환국은 숙종이 즉위한 지 6년이 되는 1680년에 일어났다.

남인의 영수인 영의정 허적의 유악 사건이 발단이었다. 허적이 조부인 허잠의 시호를 맞이하는 잔칫날에 쓰기 위해 임의로 유악(油幄 : 왕실이 사용하는 기름칠한 천막)을 가져갔다. 마침 그날 비가 왔다. 숙종은 원로대신의 잔치에 유악을 보내고자 했으나, 허적이 이미 가져간 것을 알고 격노했다. 숙종은 남인이 맡고 있던 모든 군권을 회수해 서인에게 넘기는 인사를 단행했다. 사건은 여기서 끝나지 않았다. 허적의 서자인 허견의 역모 사건이 터졌다. 결국 허적 등 남인 인사들이 죽임을 당하거나 유배되었다. 경신환국의 여파는 서인 측에도 미쳤다. 송시열의 노론과 윤증의 소론으로 갈라진 것이다.

1689년에 일어난 기사환국의 발단은 장희빈이었다.

경신환국이 일어나던 해에 숙종의 계비가 된 인현왕후가 자식을 낳지 못하자, 숙종은 장희빈의 아들을 원자로 삼았다. 장희빈은 남인의 지원을 받고 있었다. 이에 서인은 중전의 나이가 아직 23살로 젊으니 후궁 소생을 원자로 정하는 건 부당하다고 반대했다. 이에 앞장선 사람 역시 서인의 영수 송시열이었다. 그는 수십 번의 상소를 줄기차게 올렸다. 화가 난 숙종은 서인이 그러는 건 너무 오래 득세했기 때문이라 여기고 송시열을 제주도로 유배 보낸다. 이때 그의 나이 83살이었다. 송시열이 제주도에서도 계속 상소를 올리자, 숙종은 그를 문초하기 위해 압송하는 도중에 사약을 내렸다. 송시열이 정읍을 지날 때였다. 결과적으로 서인이 축출당하고 남인이 정권을 다시 잡게 되었다. 인현왕후는 폐비되고, 장희빈은 왕비가 되었다. 장희빈의 아들은 이듬해 세자에 책봉된다.

1694년에 일어난 갑술환국의 발단은 명확하지 않다.

다만 그 중심인물이 영조의 어머니이자 우리에게 드라마 「동이」로 더 익숙해진 무수리 출신의 후궁 숙빈 최씨임은 분명해 보인다. 일설에는 숙빈 최씨가 숙종에게 장희빈의 오빠인 장희재가 자신을 독살하려 했다고 알리자 숙종이 돌연 환국을 일으켰다고도 하고, 총애를 받던 숙빈 최씨가 숙종에게 폐위된 인현왕후가 보고 싶다고 말해 환국이 촉발되었다고도 한다. 결과적으로 남인은 축출되고 서인이 다시 정권을 잡았다. 장희빈은 중전에서 다시 희빈으로 강등되고, 인현왕후는 다시 중전으로 복귀했다. 이 사건 이후 남인은 권력에서 거의 배제되었다.

남인이 권력 투쟁에서 탈락하자, 당쟁은 노론과 소론의 싸움터가 되었다.

문제는 숙종의 후임이었다. 노론은 숙빈 최씨의 아들인 연잉군(영조)을 지지하고, 소론은 장희빈의 아들인 왕세자(경종)를 지지했다. 처음엔 소론이 성과를 냈다. 경종이 즉위한 것이다. 그러나 오래가지 못했다. 보위에 오른 지 4년 만에 경종은 승하하고 만다. 그 뒤를 이어 영조가 즉위하자, 노론의 세상이 되었다. 영조는 탕평책을 강화하기 위해 붕당의 근거지로 활용되던 서원의 사사로운 건립을 금지시키고, 과거시험으로 탕평과를 실시하고, 관직에 각 당파의 인사를 섞어서 배치하는 쌍거호대(雙擧互對) 인사(판서가 노론이면 참판은 소론을 임명)를 단행했지만, 그 긴 치세 기간 동안 노론 일색의 당파를 강화했다는 비판을 피할 순 없었다.

이후 순조 대에 이르러 안동 김씨 일문이 권력을 독점함으로써 당파에 의한 당쟁의 시대가 종식되고, 일족이 정권을 독점하는 세도(勢道) 정치가 시작되었다.

조선의 붕당 정치에 대한 평가는 다양하다.

어쩌면 시대를 막론하고 정치세력 간 당파가 생기는 건 당연하다. 혹자는 현대의 의회정치와 비교하며, 그 긍정적인 면을 부각시켰다. 다른 이는 당파가 공적 기능은 상실한 채 자기 집단과 그 구성원의 사적 이익에만 집착했다고 비판했다. 성호 이익 또한 『성호사설』에서 붕당이 이해관계에서 생긴다고 밝히면서, "이(利)가 하나이고 사람이 둘이면 곧 2개의 당을 이루고, 이가 하나이고 사람이 넷이면 4개의 당을 이룬다"며 비판적으로 바라봤다. 늘 그렇듯 사람이 문제다. 때론 문제에서 해법이 나온다. 그러니 역으로 생각하면 사람이 해결책이기도 하다. 그런데 그게 쉽지 않다. 사람은 늘 가변적이기 때문이다. 그런 점에서 유학이 추구하는 '수기치인(修己治人)'의 정치는 설득력 있는 지향점이었다. '수기'가 선행되어야만 그나마 올바른 '치인'을 기대할 수 있는 것이다.

가까운 사람의 죽음

모든 죽음은 예기치 않게 다가온다. 그리고 어떤 죽음도 익숙해지지 않는다. 특히 부모나 자식, 형제와 같은 가까운 사람들의 죽음은 누구라도 쉽게 감당하지 못한다. 때론 그러한 죽음은 살아남은 사람의 삶을 크게 흔들어놓기도 한다.

허균은 비교적 어린 나이에, 그것도 짧은 기간 내에 많은 죽음을 감당해야 했다. 그가 겪은 첫 번째 죽음은 12살 때였다. 경상감사였던 아버지 허엽이 병에 걸려 서울로 올라오다가 상주 객관에서 세상을 떠났다. 큰형인 허성과 작은형 허봉이 아버지를 대신해 보살펴줬다지만, 방황하는 사춘기인 어린 나이에 아버지의 빈자리는 어떤 식으로든 영향을 미쳤다. 허균은 뒷날, "아버지가 일찍 세상을 떠나는 바람에 내가 버릇없이 자랐다"고 회고했다. 그래도 허균은 이 시기를 잘 견뎌낸 듯하다. 14살에 허봉의 소개로 스승 이달을 만나 공부에 매진하는 한편, 17살에는 의금부 도사 김대섭의 둘째 딸과 혼인했다.

그러나 죽음의 시련은 그를 가만 놔두지 않았다.

허균이 15살 때 머나먼 갑산으로 귀양 갔던 허봉이 해배된 지 3년 만에 객사했다. 허균이 20살 때였다. 시련은 여기서 끝나지 않았다. 다음해에 허난설헌마저 짧은 삶을 마감했다. 이제 그의 동복형제는 아무도 없었다. 그리고 아직 끝나지 않은 시련이 다가오고 있었다.

1592년은 당시 조선에 살던 모든 사람에게 크나큰 상처를 남긴 시련이었다.

허균도 예외는 아니었다. 임진왜란이 일어나자, 24살의 허균은 어머니와 아내, 어린 딸을 데리고 강원도 쪽으로 피란을 떠났다. 무슨 운명의 장난인가. 당시 아내는 임신 중이었다. 홀몸으로도 험난한 피란길이다. 결국 도중에 단천에서 아들을 낳았지만 사흘 뒤 산후 후유증과 굶주림 끝에 세상을 등졌다. 허균이 공부를 게을리할 때마다 자신의 숙부인 직첩이 늦어진다며 곁에서 뒷바라지하던 아내였다(정3품 당상관이 되면 그 아내에게 숙부인의 직첩을 주었다). 허균은 피란길에 줄곧 타고 다닌 소를 팔아 관을 사고 옷을 찢어서 염한 후 급하게 묘를 만들어 장례를 치렀다(나중에 강릉 외가 근처로 이장했다). 갓 태어난 아들도 엄마의 뒤를 따라 갔다. 전쟁통의 죽음이 어찌 허균에게만 해당할 것인가. 그렇더라도 손쓸 수도 없이 바로 눈앞에서 목격한 아내와 아들의 죽음

허균 시비

외가인 애일당 뒤 언덕에 허균의 시비가 애처로이 홀로 서 있다.

은 허균만이 감당해야 할 시련이었다. 이후 허균은 어머니를 모시고 뱃길에 올라 9일 뒤 외가인 강릉 애일당으로 갔다. 그곳은 왜적이 이미 거쳐 간 뒤였다.

하나뿐인 혈육인 어머니마저 전쟁이 끝난 지 얼마 되지 않은 1601년에 세상을 떠났다. 허균의 나이 33살로, 해운판관이라는 벼슬을 제수받아 충청도와 전라도 일대를 다니던 시절이었다. 아마도 이때 허균은 어머니를 모시고 다닌 듯하다. 자신이 쓴 『조관기행』이란 책에 당시 상황이 적혀 있었다. "12일 점심때는 금구현에서 쉬고, 저물녘에 전주에 들어가니 방백이 찾아와 인사하였다. 13일 진남헌에 나가 방백과 함께 재주 놀음을 보았다. 저녁 무렵에 어머니가 드신 설익은 감이 체하여 부축하고 들어갔는데, 초저녁에 병이 매우 위태로웠다. 나는 부사 채형, 중군 이홍사, 판관 신지제와 밤새도록 동헌에 앉아 결과를 기다렸다. 14일 진시에 병을 돌이키지 못하고 세상을 떠났다."

이러한 죽음들이 허균에게 어떤 영향을 미쳤는지는 알 수 없다.

하지만 가족의 연이은 죽음은 어떤 식으로든 개인의 삶에 그 흔적을 남기게 마련이다. 세상사 일희일비(一喜一悲)하면서 살지 말자고 아무리 다짐해도 희(喜)소식은 없고 비(悲)소식만 찾아올 때가 있다. 문제는 비(悲)는 좀체 감당이 안 된다는 점이다.

Guide's Pick

뎃포 VS. 무뎃포

『임진왜란과 한중관계』의 저자 한명기 교수는 "임진왜란 당시 조선 사대부들은 일본 열도를 췌도라고 불렀다. 있어도 그만 없어도 그만인 섬이라는 의미이다. 이는 우리 몸의 장기인 췌장에서 유래한다. 췌장(膵臟)은 있어도 그만 없어도 그만인 장기다"고 했는데, 이는 당시 조선 지배층이 얼마나 주변 국제 정세에 둔감했는지를 보여준다.

하지만 당시 일본은 조선 사대부들의 생각과 달리 격변의 회오리 속에서 변화의 절정으로 치닫고 있었다. 당시 일본은 1477년부터 시작된 '전국시대'라는 싸움의 시대가 도요토미 히데요시라는 걸출한 영웅의 등장으로 마무리되고 있던 시기였다. 더군다나 1543년 동남아로 가던 중국 배 한 척이 일본 큐슈 남쪽 다네가시마(씨앗섬)라는 섬에 표류하자, 배에 타고 있던 포르투갈 상인은 섬의 영주에게 자신이 가지고 있던 총을 바쳤다. 이 배는 당시 중국 절강성을 기반으로 강력한 세를 자랑하던 해적의 배라고도 한다.

이 총에 가장 관심을 보이며 열광한 인물은 바로 오다 노부나가였다. 그리고 우리에게도 '나가시노 전투'로 매우 익숙한 대회전이 1575년에 벌어진다. 이때 노부나가는 도요토미 히데요시와 연합하여 조총으로 무장한 채 주로 칼을 들고 맞서는 다케다 가찌오 부대를 제압한다. 1575년이면 조선은 이조전랑 자리로 동서 분당이 시작되던 해였다. 일본이 더욱 강력해진 전투력과 무기를 바탕으로 전국 통일로 향하고 있을 때 조선은 고작 관직 하나 때문에 두 패로 갈라져 입으로만 싸우고 있었던 것이다. 결국 조총 부대를 앞세운 왜군은 임진왜란 때 부산을 거쳐 파죽지세로 한양까지 쳐들어왔다.

중국이나 조선에서 총의 이름을 조총이라 부르게 된 건 흔히 두 가지 설이 있다.
누구는 총의 총신이 황새 부리처럼 길다고 해서 그렇다고 하고, 누구는 총이 하늘에 뜬 새도 쏴서 떨어뜨린다고 해서 그렇다고 말한다. 둘 다 그럴 듯한 설명이다. 하지만 여기서 흥미로운 건 한명기 교수의 설명이다. 조선이나 중국과 달리 일본은 총의 재질에 주목했다. 그래서 총의 이름을 철포(鐵砲)라고 했다. 이 철포를 일본말로는 '뎃포'라고 한다. 즉 조총을 가졌으면 뎃포가 되고, 조총도 없이 달려들면 무뎃포가 된다. 그래서 앞서 언급한 나가시노 전투는 결국 '뎃포 대 무뎃포'의 싸움이라는 것이다. 한동안 우리 사회에서 유행했던 말인 '무대포'가 여기서 유래한 듯싶다.

파직과 복직의 세월

임진왜란 이후, 관료로서의 허균의 삶을 규정하는 단어는 파직과 복직이다. 이 시기 허균은 수차례 파직과 복직을 반복하는데, 대개의 사유는 불교를 숭상하고, 서얼이나 기생과 어울리며 반유교적인 행동을 서슴지 않고 기강을 무너뜨린다는 것이었다. 그러니 그의 탄핵 스토리를 대강 훑어보는 것도 인간 허균을 이해하는 데 도움이 될 것이다.

탄핵에 의한 첫 파직은 1598년 황해도도사 시절이다.

남들의 눈치도 보지 않고 기생들과 놀러 다니다가 사헌부로부터 탄핵을 받았다. 심지어 알고 지내던 한양의 기생들을 데려와 놀았다고도 한다. 결국 여섯 달 만에 파직된다. 두 번째는 1604년 수안군수로 있을 때다. 당시 허균은 불교를 믿는다고 탄핵을 받아 또다시 벼슬길에서 물러났는데, 일설에는 별도의 거처에 불상을 모셨다고 한다.

다음은 사람들에게 가장 널리 알려진 1607년 삼척부사 시절이다.

「선조실록」에는 이때의 상황이 기록되어 있다. "삼척부사 허균은 유가의 아들로 그 부형이 종사하던 것과는 반대로 불교를 숭신하여 불경을 외며 평소에도 치의(緇衣, 승려가 입는 물들인 옷)를 입고 부처에게 절을 하였고, 수령이 되었을 때에도 많은 사람이 보는 앞에서 재(齋)를 열어 반승(飯僧, 중에게 밥을 먹이는 일)하면서도 전혀 부끄러워할 줄 몰랐으며, 심지어 중국 사신이 나왔을 때에는 방자하게 선담(禪談) 불어(佛語)를 하며 부처를 좋아하는 일을 장황하게 늘어놓아 중국 사신의 눈을 현혹시켰으니, 매우 해괴하고 놀랍습니다." 결국 채 석 달이 못 되어 불상을 모시고 염불과 참선을 한다는 이유로 탄핵을 받아 쫓겨났다. 석 달이라고 했지만, 3월에 제수되어 5월에 삼척에 도착했는데, 도착한 지 13일 만에 파직된 것이다. 삼척은 아버지인 허엽과 장인인 김효원이 한때 근무했던 곳이었으니 13일 만에 쫓겨난 허균의 심사는 얼마나 복잡했을까.

그러나 같은 해 12월에 허균은 다시 공주목사로 부임한다.

허균이 그토록 밥 먹듯이 파직되고도 다시 일자리를 구할 수 있었던 건 큰형인 허성과 스승인 류성룡, 그리고 친구인 최천건이 있었기 때문이었다. 공주목사로 추천한 건 최천건인 듯하다. 그해 봄에 류성룡은 세상을 떠났고, 당시 허균이 최천건에게 보낸 편지에는 이런 내용이 있다. "제가 벼슬살이하는 것은 가난 때문이니, 아내와 자식을 보호하고 굶주림과 추위를 면한다면 충분합니다." 하지만 그 자리도 오래 머물지 못하고 파직된다. 친구인 심우영, 이재영, 윤계영을 식객으로 불러들여 보살펴주었는데, 사람들이 이를 두고 관아에 삼영(三營)을 설치하였다고 비방했기 때문이다.

광해군의 즉위로 북인이 정권을 잡자, 허균도 한때 광해군의 총애를 받으며 승승장구했다. 그러던 1610년 형조참의로 재직할 때 과거시험 부정 사건이 터졌다. 허균에 관한 글을 읽다 보면, 어느 순간 예상치 못한 에피소드를 접하게 된다. 흔히 알려진 허균의 이미지는 시를 잘 짓는 문장가, 오래전 읽었던 누이의 시들을 단지 기억력 하나로 문집

으로 엮어내는 천재, 신분을 초월한 혁명가, 최초의 한글 소설인 『홍길
동전』을 쓴 작가다. 그런 그가 부정 시험에 연루된 혐의로 유배를 간
것이다.

사정은 이렇다.

허균은 1610년 11월에 전시의 시관이 되었는데 여기서 자신의 조카
(허성의 아들인 허보)를 합격시켰다는 혐의를 받고 다른 시관과 함께 탄
핵을 받는다. 기록에 의하면 이 사건은 이이첨 등 당시 북인 집권층이
연루된 총체적인 부정행위였다. 이 시기 허균은 소과 급제 동기인 북인
의 이이첨에게 의탁하고 있었다. 그러나 사건은 허균이 모든 연루자의
죄를 뒤집어쓰는 방향으로 흘러가고 있었다. 이 일로 허균은 40일 옥
살이 끝에 결국 이듬해인 1611년 1월에 함열에 유배되었다. 허균의 조
카 허보는 사실 급제할 능력이 충분했지만, 이 사건 이후로 다시는 과
거를 보지 않았다.

본능대로 살리라

삼척부사에서 파직되었다는 소식을 들은 허균은 〈문파관작(聞罷官
作)〉이라는 명시를 남긴다.

예절의 가르침이 어찌 자유를 얽매리오
뜨고 가라앉는 것을 다만 천성에 맡기리라

그대들은 모름지기 그대들의 법을 지키게

나는 나름대로 내 삶을 이루겠네

가까운 벗들이 서로 찾아와 위로하고

아내와 자식들은 언짢은 마음을 품었건만

오히려 좋은 일이나 생긴 듯 나는 즐겁기만 하니

이백이나 두보만큼 시로써 이름을 날리게 되었음일세

서른이 갓 넘은 즈음에, 처음 이 시를 접하고 나는 마음속에 큰 일렁임이 일어나는 것을 느꼈다. 내 방 한쪽에, 그리고 컴퓨터에 "君須用君法(군수용군법, 그대들은 모름지기 그대들의 법을 지키게), 吾自達吾生(오자달오생, 나는 나름대로 내 삶을 이루겠네)"이라 써놓고는 틈날 때마다 되새김질을 하곤 했다. 세월이 흘러가고 나이를 먹어가면서 그 일렁임이 처음만 못한다 하더라도, 여전히 마음 한 구석에는 "나름대로 내 삶을 이루겠다"는 다짐이 자리하고 있다.

누군들 자신이 이루고자 하는 삶이 없겠는가.

다만 우리가 살아내야 하는 삶은 원한다고 해서 뭉텅뭉텅 집어주는 세상이 아니다. 누군가는 자신의 삶을 이루기도 하겠지만, 대개는 열심히 쫓아가도 쉬이 허락되지 않는 게 또 우리네 삶이다. 그래서 스스로 "나름대로 내 삶을 이루려고 살아가다 보면 그것이 결국 내 삶이 아니겠는가" 하며 위로하기도 한다. 허균 또한 그랬을 것이다. 악착같이 삶을 이루어내겠다기보다는 '세상과 화합하지 못하는(不與世合)' 자신을 이 시를 통해 위로하고 싶었는지도 모른다.

그러면서도 허균은 불교를 좋아한다는 이유로 자신을 탄핵하는 자들에게 굴복하지 않았다. 그들은 단지 성리학만을 신봉하는 자들이고, '예절의 가르침'이라는 이름으로 인간의 자유와 본성을 구속하는 자들이다. 그러니 쥐뿔 니들이나 니들 법에 갇혀 살아라, 나는 내 나름대로의 삶을 내 방식대로 완성하겠다. 니들은 성현의 가르침을 따라 살지만, 나는 그 위에 있는 하늘의 가르침, 즉 천성에 따라 살겠다고 공언한다. 이러한 공언은 허균의 인생 전체에 걸쳐 그의 삶을 규정하는 중요한 다짐이었다. 그럼으로써 조선 사회의 체제를 벗어날 수 있는 새로운 삶의 방법을 꿈꾸었다. 결국 이런 다짐은 '예절의 가르침'에 얽매인 유학자들, 특히 정치적으로 반대편에 있었던 서인들을 모두 적으로 만드는 단초가 되었다. 중국에서 이탁오(李卓吾)가 유교반도(儒教叛徒)로 몰려서 처형당했듯이, 조선에서는 허균이 유교반도의 길을 걸어가고 있었다.

허균은 '예절의 가르침(禮教)'이 지배하는 현실로부터 자기 자신을 해방시키기 위해 예교가 지배하는 현실과의 화합을 거부하고 자기만의 본능에 따라 살겠다고 선언한다. 명분을 많이 내세우는 사회일수록 다른 하위 계급에게는 더 많은 것을 요구한다. 차단벽을 세우는 것이다. 자기 계급을 보호하고 하위 계급이 함부로 넘볼 수 없는 명분을 예절의 가르침이라는 이름으로 강요함으로써 결국 신분의 양극화를 고착화시키는 전술이다. 요즘도 기득권층이 노리는 게 비슷하다. 다만 경제 양극화란 이름으로 바뀐 것뿐이다. 사회 체제는 바뀌었어도 지배 집단의 생존 전략은 비슷하다.

하나 더 즐기시게!

허균은 많은 절을 찾아다닌 듯하다. 그중에는 금강산의 낙가사도 있었는데, 이 절에는 옥준이라는 스님이 있었다. 옥준은 고승으로 추앙을 받으면서도 계율에는 별로 얽매이지 않아 술마시기, 말타기, 활쏘기, 바둑두기, 이 네 가지를 주로 일삼았다. 이를 알게 된 허균은 삼척부에 딸린 기생을 보내주면서, 넷 외에 하나를 더 즐기라는 의미에서 〈오기가(五嗜歌)〉를 지어줬다. 삼척부의 기생을 보내준 걸로 보아, 그 짧았던 삼척부사 시절인 듯하다.

허균이 불교에 관심을 가지기 시작한 건 형 허봉을 통해서였다.

갑산 유배 후 서울로 들어오지 못하고 방랑 생활을 할 때 허봉은 불교와 깊은 인연을 맺었다. 이러한 형의 모습을 보면서 허균 또한 불교를 공부하기 시작했고, 형을 통해 사명당 같은 고승들과 인연을 맺었다. 물론 이러한 배경에는 허균의 학문적 탐구열과 조선의 답답한 성리학 질서에 대한 반발 등도 무시할 수는 없다. 당시에는 성리학이 아닌 다른 학문에 빠지거나 다른 신앙을 좇으면 이단으로 몰아 파직이나 귀양을 보내고 죽이기까지 했다. 그 때문에 불교는 산속으로 쫓겨 가고, 도교는 신선사상으로 흐르고, 고유사상은 민간신앙으로 흘러갔다. 그런 현실 속에서도 허균은 불교뿐 아니라 도교나 민간신앙, 양명학, 북경의 서양 문물 등 다양한 방면에 관심을 가졌다. 당시에는 모두 이단으로 취급되던 것이었다.

개인적으로 임진왜란 이후의 주류 성리학자들을 이해할 수 없는 게 하나 있다.

명나라에 대해 재조지은의 은혜에 보답해야 한다는 명분론을 앞세우고, 병자호란이라는 참혹한 순간에도 대명의리를 저버리지 않았던 그들이 왜 명나라에서 주류 학문으로 융성했던 양명학은 그토록 이단시했을까? 역사적으로도 1593년 평양성 전투 이후 임진왜란 내내 조선에 온 명나라 장수나 학자들이 양명학을 수용하라고 압박했음에도, 조선의 성리학자들은 그들의 학문은 배척한 채 은혜에만 집착했다. 수용은커녕 박해했다. 그러한 이중적 태도는 어디에서 연유하는 것일까? 아직 풀리지 않는 의문이다.

Guide's Pick

최명길 VS. 김상헌

2017년에 개봉한 영화 「남한산성」의 실질적인 두 주인공은 최명길과 김상헌이다. 당시 최명길은 이조판서로서 주화파의 대명사였고, 김상헌은 예조판서로 척화파의 상징이었다. 물론 인조가 항복할 때 청의 요청으로 척화파 핵심인물을 넘길 때 김상헌의 이름은 빠졌다. 처음에는 포함되었으나, 최종 3인이 결정될 때 빠지고 대신 삼학사로 불리는 홍익한, 윤집, 오달제가 넘겨졌다. 익히 알려졌다시피 이들은 모두 심양으로 끌려가 죽임을 당했다.

각설하고, 영화를 보는 내내 사람들은 왠지 불편함과 답답함을 느꼈을 것이라고 생각한다. 나 또한 그랬다. 그러한 느낌은 어디에서 오는 것일까? 내 기준으로만 본다면 이것이다. 전쟁이 일어나자 두 정치인의 행보는 명확히 달랐다. 최명길은 청의 움직임에 따라 계속 새로운 판단과 시도를 하고, 목숨을 잃을 수도 있지만 사태 해결을 위해 청군의 진영을 수시로 드나들었다. 청의 마부대가 엄청난 속도로 한양에 들이닥쳐서 인조 일행이 애초 계획대로 강화도로 들어갈 수 없게 되자, 스스로 자청해서 마부대의 진영으로 간 사람도 최명길이었다. 담판을 위한다고 했지만 실상은 임금인 인조가 남한산성으로 들어갈 수 있도록 하는 시간끌기용이었다. 최명길은 그 순간에는 그게 최선이라고 판단했고, 실행 방안을 제시하며 실천에 옮긴 것이다.

그런데 김상헌은 애당초 청이 언제 어디서 무엇을 하든 관심이 없었다. 청이 오랑캐라는 건 불변의 진리였고, 명은 은혜를 갚아야만 할 상국이었다. 백성들의 목숨을 담보로 정치권력을 쥐고 있음에도 그에게 다른 판단이 파고들 틈은 전혀 없었다. 전쟁이 어떻게 돌아가는지, 우리 군대의 능력이 어떤지, 과연 싸워서 척화를 실행할 수 있는지, 다른 대안은 없는지 따위는 개나 줘버려야 할 문제였다. 그래놓고는 인조가 항복을 결정하자 목을 매 죽으려고 했을 뿐이다. 그간에 일어난 수많은 군사와 백성의 처참한 죽음은 그의 성리학적 명분과 대명 의리에 따르면 당연히 감수해야 할 희생이었다. 사실 이런 캐릭터는 우리 주변에서 종종 볼 수 있다. 오로지 자기가 믿고 있는 것만 맞고, 외부의 환경 요인은 전혀 고려치 않으며, 사고의 합리성이나 삶의 다양성 따위는 개나 줘버리는 사람들 말이다.

사실 불편함의 근거는 이것이다.
인조반정의 동지로 출발한 두 사람의 인생은 병자호란을 겪으면서 완전히 갈라졌다. 역사가 알려주듯, 김상헌은 이후에도 척화와 북벌의 상징으로 추앙받고, 그의 후손은 대대로 재상과 판서로 잘살았으며, 서인의 권력은 오래도록 유지되었다. 반면에 최명길은 오랑캐와 손을 잡고 대명 의리를 저버렸다는 비난 속에 시달려야 했다. 후손 또한 소론으로 당파를 달리하였지만 권력에서 멀어졌고, 일부는 강화도로 낙향해 양명학을 연구하였다. 이러한 이야기는 역사 속에서, 그리고 지금의 우리 주변에서도 자주 접할 수 있다. 사람들은 누구나 어떤 상황에 맞닥뜨렸을 때 자기 몫의 판단과 행위를 한다. 당연히 그 결과에는 합당한 책임을 져야 한다. 하물며 권력과 가까운 곳에서 국가의 안위와 백성의 생명을 담보로 판단하고 행동한 사람이야 말해 무엇 하겠는가. 역사의 교훈이란 그래야 한다. 하지만 지금도 현재 진행형인 친일파와 독립군 후손들의 처지를 보면 알 수 있듯이 현실은 그러한 교훈을 주지 못한다. 이런 현실 또한 불편함과 답답함을 가중시키는 이유다.

천주교 전래

사람들은 우리나라의 천주교 전래 역사를 떠올리면, 정조와 순조 시대를 먼저 떠올린다. 신유사옥 등 많은 천주교인이 연루되어 죽은 박해의 역사가 뇌에 깊이 박혀 있기 때문이다. 하지만 조선에 천주교가 전해진 건 그보다 훨씬 전이다.

기록에 의하면, 허균의 큰동서이기도 한 이수광은 중국을 세 차례나 다녀왔는데, 1611년에 들어오면서 마테오 리치가 쓴 『천주실의』를 가져왔다. 그리고 1614년 7월에 『지봉유설』을 탈고하면서 천주교를 소개했다.

그 이후에 천주교에 대한 기록은 1621년 유몽인의 『어우야담』에 나온다.

그는 "인도의 서쪽에 구라파라고 하는 나라가 있다. 구라파는 그곳 나라의 말로 큰 서쪽이라는 뜻이다. 그 나라에 한 도(道)가 있으니, 기례단(크리스챤)이라고 한다. 그곳 나라 말로 '하나님을 섬긴다'는 뜻이다. (중략) 그들은 부처와 노자 및 우리의 가르침(유교)을 원수처럼 배척한다"고 적었다. 이어서 유몽인은 허균이 처음으로 천주교를 들여왔다고 밝혔다. "허균이 중국에 갔다가 그들의 지도와 게(偈) 12장을 가지고 왔다. 그들의 말 가운데는 이론이 많다. 천당과 지옥이 있다고 하며, 결혼하지 않는 것이 옳다고 하니, 우리의 가르침을 거스르고 세상을 현혹시킨 죄를 어찌 벗어날 수 있겠는가?"라며 사실상 허균을 비판하는 내용이었다. 이처럼 허균 사후에 자신의 책에서 허균을 언급하는 사람들은 대부분 비판적으로 서술하고 있었다. 유몽인은 같은 책에서 허균에 대해, "여러 어른이 그를 칭찬하면서 '이 아이는 뒷날 마땅히 문장을 잘하는 선비가 될 것이다'고 했다. 그러나 오직 한 사람, 그의 매형 우성전만은 그의 시를 보고 이렇게 말했다. '뒷날 문장을 잘하는 선비가 되기는 하겠지만, 허씨 집안을 뒤엎을 자도 반드시 이 아이일 것이다'"라는 이야기도 함께 기록했다. 어쩐지 결과에 끼워 맞춘 듯한 냄새가 난다. 사실 우성전은 동인이 남인과 북인으로 갈릴 때 남인의 영수로 활약했다. 그러니 아무리 처남 매형 사이지만, 자기 아내의 이복동생인데다 성격도 거침없고 자유로우며, 북인에 몸담은 허균에 대해

좋게 생각하지 않았을 것이다.

후일에 연암 박지원 또한 "게 12장이 있는데, 허균이 중국에 사신으로 가서 그 게를 얻어왔다. 그렇다면 사교가 동쪽으로 온 것도 아마 허균으로부터 시작되었을 것이다. 지금 사교를 배우는 무리들을 돌아보면 바로 허균의 잔당들이다"라고 적고 있는데, 이는 연암이 이가환 등 당시 천주교 신자들인 남인을 공격하기 위해 역적으로 죽은 허균을 끌어들인 인상을 지울 수 없다.

하지만 허균이 게 12장으로 알려진 찬송가를 들여온 것은 1616년이다.

그러니 조선에 천주교와 관련한 것을 처음 들여와 소개한 사람은 이수광으로 보인다. 그가 『천주실의』를 가져온 후에 허균이 게 12장을 들여왔다. 이후에도 청나라에 볼모로 잡혀갔던 소현세자가 천주교 신부인 아담 샬을 만났고, 돌아올 때 수많은 서양 문물을 들여왔다고 하니, 그중에는 천주교 관련 서적이나 물건이 있을 가능성이 크다. 그러나 인조를 비롯한 서인들은 그가 가져온 서양 물건과 서적을 보고 서양 오랑캐에게 정신을 팔아먹었다며 소현세자를 비난했다. 결국 소현세자는 귀국 두 달 만에 죽게 되는데, 조선 왕실의 여러 독살설 가운데 사실로서 가장 유력한 것이 바로 소현세자의 독살설이다.

유배지에서 핀 꽃

앞서 언급한 것처럼 허균은 1610년 11월에 있었던 전시의 시관으로,

자신의 조카를 합격시켰다는 혐의로 이듬해 1월 함열에 유배된다. 당시 「광해군일기」에는 이때의 상황을 이렇게 적었다. "허균은 총민함과 문장의 화려함이 근래에 견줄 만한 자가 없지만, 망령되고 경박하며 또 행실을 단속하지 못하였다. (중략) 전라도 함열 땅에 정배하였다."

다산과 추사 등 우리가 익히 아는 조선시대 인물들이 유배를 통해 학문적, 예술적 성과를 이루었듯이, 허균 또한 이때 자신의 문집인 『성소부부고』 편찬의 기초를 다졌다. 그래서 그나마 지금 우리가 그의 글들을 접할 수 있게 되었다. 아쉬운 것은 그 뒤에는 일부 단편적인 글들을 제외하면 새롭게 엮은 문집이 없다 보니, 1611년(43살) 이후 만년의 생각들을 구체적으로 보여주는 글이 부족하다는 점이다. 즉 그때부터 1618년 죽기까지의 글은 거의 전해지지 않고 있다. 40일간 옥살이 하는 중에도 『성옹지소록』이라는 책을 쓸 정도로 왕성한 저작을 했기에, 전해지지 않는 글들에 대한 아쉬움이 더 크다. 역적으로 몰려 죽지만 않았어도 얼마나 많은 글들이 후세에게 전해졌을까.

문집은 당사자가 죽은 뒤 자손이나 제자에 의해 출간되는 것이 상례였으나, 역적으로 죽은 허균의 문집은 그럴 수 없었다. 그나마 그가 귀양살이를 하는 동안 자신의 원고를 정리해서 문집의 형태로 만들어 놓은 게 다행인 셈이다. 문집의 이름에서 '성소(惺所)'는 자신의 호이고, '부부고(覆瓿藁)'는 '장독이나 덮을 정도의 하찮은 글'이라는 뜻이다. 이는 겸손의 표현이 아니라 자신을 중국 전한 시대 대문장가 양웅에다 견준 것이라고 한다. 사실 허균에게 겸손은 그리 어울리는 캐릭터는 아니다. 허균은 죽기 전에 이 문집의 초고를 사위에게 주었는데, 그 아

함열 유배지

함열에 유배된 허균이 머물던 곳으로 지금은 어린이집이 차지하고 있다. 오래된 안내판만 있을 뿐 허균을 기억할 만한 흔적은 없다.

들인 이필진이 보존했다.

『성소부부고』에는 우리에게 익숙한 작품들도 수록되어 있다.

신라 최치원부터 당대 문인까지의 시 비평집인 『성수시화』는 물론, 허균의 작품 중에 많은 사람들의 입에 오르내리며, 식당 이름으로도 인기 있는 『도문대작』도 이때 지은 것이다. 때론 유배의 무료함을 달래기 위해, 때론 먹거리 부족 등 유배 생활의 현실적인 고통이나 외로움을 잊기 위해 허균도 많은 작품을 쓰고 정리했던 것이다.

실상 허균의 유배 생활은 그렇게까지 힘들지 않았던 듯하다.

당상관까지 지낸 데다 큰형이 아직도 판서로 있었고, 현감인 한회일과의 친분도 두터웠다. 한회일이 때때로 토산품을 보내오기도 했고, 가끔은 기생들을 데리고 와서 위로해주기도 했다. 허균도 함열현의 객사를 중건했을 때 중건기를 쓰면서 한회일을 극찬했다고 한다.

어디서 본 듯한 식당 이름, 도문대작

『도문대작(屠門大嚼)』은 음식 문화와 관련된 기록으로는 가장 앞서는 저작 중 하나다. 책명은 '푸줏간 앞에서 크게 입맛을 다신다'는 의미이다. 역시 '허균스러운' 이름이자, 참으로 절묘한 작명이다. 그래서 그런가. 현대에도 눈 밝은 사람들이 식당 이름으로 쓰기도 한다.

유배 생활의 불편함 중 가장 크게 다가오는 건 아무래도 먹거리다.
허균 또한 도착한 지 얼마 안 되어 기윤헌에게 쓴 편지에, "먹을 것만 탐하는 사람으로서는 굶어 죽겠습니다"라고 엄살 아닌 엄살을 피우기도 하고, 고기를 보내준 한 원님에게 "실처럼 잘게 썰어 회를 쳤더니 군침이 흐릅니다. 젓가락으로 집어 입에 넣으니 국수나 먹던 창자가 깜짝 놀라 천둥소리를 냈습니다"라며 짐짓 과장하기도 했다. 옷이야 뭐 패션피플이 아닌 다음에야 유배객의 신분으로 크게 신경 쓸 일이 아니고, 잠자리 또한 좀 불편하더라도 정해진 곳에 머물면 그만이지만, 매일 입속으로 넣어주는 음식은 이래저래 한양의 집 생각이 간절했을 것이다. 서울에서 벼슬하는 사대부라면 아무리 곤궁해도 제철마다 이런저런 음식 맛을 볼 수 있었겠지만, 유배지의 식단이 어찌 그러겠는가.

허균이 함열 현감인 한회일로부터 푸대접을 받진 않았지만, 먹거리가 그리 풍족하지 않았던 건 사실이다. 겨울에는 끼니를 잇기 어려울 정도로 열악했다. 결국 그러한 환경이 상상력을 자극해 『도문대작』을 쓸 수 있는 기반이 되었을 것이다. 혹시 아는가. 돈이 아까워 생선을 천장에 매달아 놓고 쳐다보기만 했다는 자린고비처럼, 허균도 밥 한 술 넣은 후 『도문대작』에 적혀 있는 음식 이름을 반찬으로 삼았는지. 실제로 '푸줏간 앞에서 크게 입맛을 다신다' 뒤에는 생략된 의미가 있었다. 바로 '비록 고기를 못 먹어도 귀하고 또 마음에 통쾌해서'다. 허균이 쓴 글에도 이런 배경이 잘 드러난다.

"내가 죄를 짓고 바닷가로 유배되었을 적에 쌀겨마저도 부족하여 밥상에 오르는 것은 상한 생선이나 감자 및 돌미나리 등이었고, 그것도 끼니마다 먹지 못하여 굶주린 배로 밤을 새울 때면 언제나 지난 날 산해진미도 물리도록 먹어 싫어하던 때를 생각하고 침을 삼키곤 하였다. (중략) 마침내 종류별로 나열하여 기록해 놓고 가끔 보면서 한 점의 고기로 여기기로 하였다. 쓰기를 마치고 나서 『도문대작』이라는 이름을 붙이고, 먹는 것에 너무 사치하고 절약할 줄 모르는 세속의 현달한 자들에게 부귀영화는 이처럼 무상할 뿐이라는 것을 경계하고자 한다."

『도문대작』에서 허균은 음식을 떡, 과실, 새나 짐승의 고기, 수산물, 채소, 다담(茶啖) 등의 종류별로 분류하고, 거기에 해당하는 맛있는 음식을 항목별로 기록했다. 각 항목에는 음식의 특징, 생산지, 생산 시기 등을 썼으며 때에 따라서는 어느 지역에서 나오는 것이 맛있는지를 간단히 기록했다. 그야말로 미식가의 메모라 할 만하다. 예를 들면 "수박은 서과(西瓜)라고 하며 고려 때 개성에서 처음 재배했다", "홍합을 중국인들은 동해부인(東海夫人)이라고 한다"고 적었다. 뿐만 아니라, 요즘은 많이 알려진 은어(銀魚)와 도루묵(木魚, 還木魚) 이야기도 실려 있으며, "생강(薑)은 전주에서 나는 것이 좋고 담양과 창평의 것이 다음이다"나 "겨자(芥)는 해서에서 나는 것이 가장 맵다"처럼 생산지를 소개하기도 했다.

사실 허균의 함열행은 10년 만이다.

1601년 당시에는 해운판관이라는 벼슬로 충청도와 전라도 일대의 조운을 감독하러 돌아다녔다. 하지만 그때와 처지는 정반대였다. 당시만 해도 어느 곳을 가더라도 진수성찬으로 접대를 받는 실정이었지만, 지금은 유배객의 신세였다. 참으로 격세지감의 엄혹함을 체감하는 순간이었을 터이다.

인심은 함열

기록에는 허균이 함열을 유배지로 자원했다고 한다. 그렇다면 광해군 북인 정권의 어쩔 수 없는 배려일 것이다. 시험 부정에는 이이첨 등 당시 실세들이 상당수 연루되었으나, 허균 혼자 책임을 지고 유배길을 떠났기 때문이다. 그해 3월에 유배지에서 쓴 편지에는 자신이 왜 함열을 원했는지 그 이유가 드러난다. "사람들이 이곳은 작은 방어와 준치가 많이 난다고 하여 이곳으로 유배지를 원했던 것입니다. 그런데 금년 봄에는 전혀 없으니 역시 운수가 기박합니다. 늙은 저는 입맛을 위해 왔는데, 거친 거여목으로도 주린 배를 채우지 못하니, 우스운 일입니다."

전라도 여러 고을의 산수와 풍속을 노래한 〈호남가〉에는 이런 구절이 있다.

"풍속(風俗)은 화순(和順)이요 인심(人心)은 함열(咸悅)인데." 물론 이 노래는 허균이 죽고 한참 후인 조선 말에 지은 것으로 알려졌다. 그렇더라도 동네 인심이 그리 하루아침에 변하겠는가. 원래 함열은 인심이 좋은 동네였을 것이다. 함열이라는 이름 자체가 '모두가 기쁘다'는 의미이니 인심이 좋지 않으면 그럴 수 없다.

사실 함열이 허균의 유배지였다는 걸 아는 사람은 많지 않다.

다산처럼 유배지의 흔적이 남아 있지 않은데다가, 역적으로 죽은 허균이 조선에서는 영원히 복권되지 않았기에 후대 사람들조차 그의 이름을 입에 올리지 않았으리라. 요즘처럼 전국 어느 지역이나 관련 인물들을 발굴해 경쟁적으로 복원하는 실정에, 복원은커녕 아직도 그가 함열에서 묵었던 집터가 어디인지조차 불명확하다는 게 아쉽다.

허균의 흔적은 없지만, 함열에는 그곳과 전혀 인연이 없는 김육의 불망비는 세워져 있었다. 김육은 김상헌의 제자로 서인이었다. 광해군 시절 문묘배향 문제로 정인홍과 일전을 벌인 후 대과 응시 자격이 박탈되어, 고향인 가평 잠곡리에 초가삼간을 짓고 직접 농사를 지으며 자신의 호 잠곡(潛谷)의 의미처럼 때를 기다렸다. 인조반정으로 다시 조정에 나가자, 농촌생활의 비참함을 체험한 이때의 경험을 바탕으로 그는 대동법 전문가가 되었다. 광해군 때 경기도에만 일부 실시했던 대동법을 전라도와 경상도까지 확대하자고 줄기차게 요구한 이도 그였다. 조창(漕倉)이 있었던 함열 사람들은 그에 대한 고마움의 표시로 불망비를 세웠다. 그의 개혁사상은 나중에 유형원으로 이어졌다.

참고로 당시 세금은 크게 두 가지로 나뉘었다.

전세(田稅)와 공납(貢納)이다. 전세는 논밭에 매기는 세금으로, 통상

수확물의 10분의 1정도를 내었다. 공납은 공물, 즉 지방 특산물을 왕에게 바치는 것이다. 각 고을마다 내야 하는 특산물의 종류와 양이 정해져 있었다. 백성을 더 괴롭힌 건 바로 이 공납이었다. 전세는 토지 소유주에게 매기는 것으로, 16세기 전후 토지를 가진 사람은 대략 20퍼센트 내외였으니, 토지 없는 백성의 부담은 없는 셈이다(물론 이론상 그렇다는 말이다. 토지 없는 소작농은 땅 주인의 전세를 대신 납부할 뿐만 아니라 추가로 이래저래 뜯기는 게 일반적이었다).

공납의 폐해는 그 시작부터 예견되어 있었다.

애초에 고을에서 생산되지 않거나, 이미 오래전에 산지가 바뀐 품목이 공물로 지정되는가 하면, 해당 품목에 흉년이 들어 소출이 없어도 어떡하든 공납해야 했다. 그리고 그 틈을 파고든 게 일종의 브로커인 방납업자의 횡포였다. 처음에 이들은 백성들이 내야 할 품목을 대납해주고 수수료를 챙겼다. 물론 그 수수료도 엄청난 이윤을 붙였다. 하지만 거기서 끝나지 않았다. 이들은 지방 관아와 한통속이 되었다. 관아에서는 백성이 공납 품목을 내려고 해도 받지 않고, 대신에 방납업자에게 사서 내라고 했다. 특산물이다 보니 핑계는 많았다. 예를 들어 백성이 들고 온 공물이 싱싱하지 않으니 방납업자에게 싱싱한 걸로 사서 내라고 하면 그만이었다. 이제 어떻게 될지는 빤하지 않겠는가. 세금을 내지 못하면 관아에 끌려가 엄청난 고초를 겪어야 하니 백성들은 울며 겨자 먹기로 방납업자를 찾아갔다. 방납업자는 막대한 이윤을 붙여서 백성에게 팔았다. 기록에 따르면 100배 이상의 이익을 붙여서 팔았다고도 한다.

이는 조선시대판 정경유착이었다.

이들의 담합을 피해갈 수 있는 백성은 거의 없었다. 방납업자는 곧 상인이었다. 요즘 식으로 하면 중간도매상이다. 지금도 농산물 가격이 오를 때면 그 근원을 유통업자의 농간으로 이해하는 사람들이 많은데, 그때는 오죽했으랴. 또한 방납업자와 연계된 아전은 방납업자와 백성 사이의 악질 브로커였다.

사실 문제의 근원은 오래전부터 내재되어 있었다.

조선의 아전들은 아무리 일을 해도 나라로부터 급여를 받지 못했다. 권리와 의무, 그리고 손에 쥔 권력은 버젓이 공무원인데, 월급은 주지 않았다. 그 말인즉슨, 시쳇말로 '삥 뜯어' 먹고 살라는 거나 다름없었다. 그리고 그들에게 먹잇감을 던져준 게 바로 공납이라는 조세제도였다. 그렇잖아도 월급 받는 관료들에게 시달리며 단련된 머리였다. 두뇌 회전은 누구보다도 빨랐다. 그들이 공납이라는 황금시장을 그냥 놔둘 리 없었다. 결국 죽어나가는 건 백성뿐이었다. 이들 무임금 공무원들의 폐해는 조선 후기까지 계속되었다. 특히 평야가 많고 물산이 풍부한 전라도 지역이 심했다. 오죽했으면 매천 황현은 조선의 3대 병폐로 황해도 기생, 충청도 양반과 함께 전라도 아전을 꼽았겠는가. 『목민심서』에도 다산 정약용이 강진에서 전라도 아전의 자식들을 가르치면서, 그리고 〈애절양〉이라는 시를 낳게 한 현실을 직접 목도하면서 그 폐해를 성찰한 결과물이 반영되었다.

이러한 공납의 폐단을 막기 위해 도입한 제도가 바로 대동법이다.

즉 세금 중 가장 폐단이 큰 특산물 납부를 토지를 가진 지주에게 쌀로 납부하게 만든 것이다. 이론상으로만 보면 땅이 없는 빈자는 공납에서 자유롭게 되고 지주는 세금 부담이 늘어났다. 특히 토지가 많을수록 부담은 더 늘어났다. 이것이 후대로 내려가면서 이익의 '손상익하(損上益下)'의 정신이 되고, 부자의 부를 덜어 가난한 사람을 도와주자고 주장하는 다산의 '손부익빈(損富益貧)'으로 이어진다. 요즘으로 치면 종부세인 셈이다. '대동(大同)'이란 공자가 말하는 이상사회인 '대동사회'에서 따온 말로, 모두가 함께 잘사는 유토피아인 셈이다. 하지만 이후로도 백성들에게 유토피아는 오지 않았다.

대동법의 모태가 된 건 이이와 류성룡이 주장한 수미법(收米法)이다. 그러나 이는 시행되지 않았다. 그러다 광해군이 즉위하자마자 실시한 것이 대동법이다. 이때는 선혜법(宣惠法)이라는 이름으로 경기도에서만 시행되었다. 그리고 이를 운영할 관청으로 선혜청(宣惠廳)이 설치되었다. 이를 주도한 사람은 당시 영의정이던 이원익이었다. 그는 특이하게도 선조, 광해군, 인조 대에 모두 영의정을 지낸 인물이었다. 그는 당파로는 남인에 분류되었지만, 광해군(북인)과 인조(서인)가 즉위하자마자 모두 영의정으로 추대되었다. 보통 정권 초반은 집권 당파의 힘이 가정 클 때임에도 그는 반대 정파로부터 영의정의 자리를 제안받은 셈이다. 물론 당시 집권 당파의 정치적 목적이 계산된 결과지만, 그렇더라도 해당 인물에게 기본적인 성품과 자질이 없다면 불가능한 일이다. 「광해군일기」에는 선혜청 설치에 관한 이원익의 주장이 실려 있다. 일부만 옮겨오면 이렇다.

"각 고을에서 진상하는 공물(貢物)이 각사(各司)의 방납인들에 의해 중간에서 막혀 물건 하나의 가격이 몇 배 또는 몇십 배, 몇백 배가 되어 그 폐단이 이미 고질화되었는데, 기전(畿甸, 경기도)의 경우는 더욱 심합니다. 그러니 지금 마땅히 별도로 하나의 청을 설치하여 매년 봄가을에 백성들에게서 쌀을 거두되, 1결당 매번 8말씩 거두어 본청에 보내면 본청에서는 당시의 물가를 보아 가격을 넉넉하게 헤아려 정해 거두어들인 쌀로 방납인에게 주어 필요한 때에 사들이도록 함으로써 간사한 꾀를 써 물가가 오르게 하는 길을 끊으셔야 합니다."

'선혜'란 곧 '은혜를 베푼다'는 의미이다.

하지만 그 은혜는 오래가지 못했다. 이 법은 또 다른 비극을 잉태했다. 공물을 대동미로 일 년에 두 번 납부하면 끝나야 했지만, 왕실과 지방 관청에 필요한 공물은 아무 때고 별도로 거두어 갔다. 아무리 좋은 제도가 있을지라도 사람이 그 운용을 어떻게 하느냐에 따라 결과는 천양지차다. 대동미를 받고도 각 고을에서 법에 없는 온갖 명목으로 공납을 쥐어짜기 시작하니 백성들의 고충은 오히려 가중되었다. 심리적으로는 이중 과세를 당하는 기분이었을 것이다.

이렇듯 흐지부지되던 대동법이 다시 부활한 건 인조가 즉위하면서였다.

이원익은 다시 한번 대동법의 시행을 주장했다. 이로써 인조 즉위년에 강원도, 충청도, 전라도로 대동법을 확대하면서 삼도대동청을 설치했다. 하지만 실시 지역을 확대하니 새로운 문제가 생겼다. 대동미를 운반하는 데 비용이 너무 많이 들었다. 특히 충청도와 전라도의 대동미를 배(조운선)로 운반하면서 잦은 침몰 사고로 인한 손실이 컸다. 또한 양전(量田, 토지 조사)이 제대로 이루어지지 않아 세금 부과에 대한 공정성 논란이 제기되었다. 광해군 대에 발생한 이중 과세 문제도 해결하지 못했다. 무엇보다도 기존 기득권층의 반대와 저항에 직면했다. 일반 백성을 위한 정책이 발표되면 기득권층과 그에 기생하는 인간들이 들고 일어나는 건 예나 지금이나 마찬가지다. 양반 지주와 아전, 그리고 그들과 담합한 방납업자들은 대동법이 정착하는 걸 무력화시키려고 안간힘을 썼다.

더구나 인조 즉위 다음해인 1624년 이괄의 난이 발생했다.

조선 역사상 처음으로 한양의 궁궐을 반란군에게 내준 인조는 공주의 공산성으로 피신하기에 이른다. 난은 평정되었지만 이로 인해 나라 경제는 피폐되었고, 민심은 조정으로부터 멀어져갔다. 결국 채 이년도 안 되어 충청도와 전라도의 대동법은 결국 폐지되었다.

이런 상황에서 대동법 시행에 자신의 운명을 바친 인물이 등장하였으니, 그가 바로 김육이었다. 그는 병자호란 이후 줄기차게 대동법 시행을 주장했다. 효종 즉위년인 1649년에 '양호(兩湖, 호남과 호서)' 지방에 대동법을 확대 실시하자는 김육의 주장이 오랜 논란 끝에 받아들여져 대동법은 결국 부활에 성공한다.

이렇듯 초기의 대동법은 많은 우여곡절을 겪으며 부침을 거듭했다. 그러나 1894년 갑오개혁으로 폐지될 때까지 조선 후기의 가장 중요한 조세 제도로서의 역할을 다했다. 그 성공 여부를 떠나 당시 세금 중 가장 폐단이 컸던 공납을 개선하려는 대동법의 시행 목적은 인정해야 한다. 그것이 함열 사람들이 김육의 불망비를 세운 이유일 것이다.

Guide's Pick

교산과 다산

교산 허균과 다산 정약용의 삶은 언뜻 유사한 측면이 많다. 둘 다 둘째 부인인 어머니의 몸에서 막내로 태어났으며, 자신뿐만 아니라 동복형제들의 삶이 모두 순탄하지 않았고, 바로 위의 형은 정권의 미움(탄압)을 받아 요절(순교)하였다. 둘 다 천주교의 역사에 이름이 거론되는 건 물론 학문적 관심사도 비슷했다. 불교 이론에 해박할 뿐 아니라, 당대의 고승들과 가까이 사귀었다. 또한 교산이 양명 좌파인 이탁오의 책을 읽었듯이, 다산 또한 자신의 글에 이탁오 선생을 인용하는 걸로 보아 그의 책을 읽었을 가능성이 크다. 서로 시대가 달랐지만 두 시기 모두 이탁오의 책은 금서나 다름없었다.

특히 개혁을 꿈꾸던 마음은 세월을 초월해 똑같았다.
다만 차이라면 교산이 개혁을 꿈꾸다 역적으로 몰려 능지처참을 당한 반면, 다산의 『경세유표』는 훗날 동학농민혁명 세력에게 전해져 실제 혁명을 추진하는 사상적 기반이 되었다는 점이다.

굳이 엮자면, 둘 다 젊은 시절의 한때를 서울 명례방에 살면서 망년지우

(忘年之友)의 사귐을 실천했다. 또한 다산에게 '네 가지를 마땅히 해야 하는 집'인 강진의 사의재(四宜齋)가 있다면 교산에게는 '도연명, 이태백, 소동파와 함께 벗이 되고자 하는' 사우재(四友齋)가 있었다.

뭐니 뭐니 해도 둘의 가장 큰 공통점은 약자들 편에 섰다는 점이다.
둘은 서얼, 천민, 기생, 궁녀, 승려, 노인, 유아, 병자, 장애인, 홀아비, 과부, 고아, 독거노인 등등 사회적 약자들의 편에서 그들의 이야기를 들어주고 그들의 삶을 개선하려고 노력했다.

사랑과 우정 사이

허균과 매창이 처음 만난 것은 1601년이었다. 당시 허균은 33살, 매창은 29살이었다. 흔히 하는 말로 궁합도 안 본다는 4살 차이였다. 그해 7월, 허균은 세곡(稅穀)을 배로 실어 나르는 일을 감독하는 해운판관이 되어 충청도와 전라도 지역을 순회하였다. 이는 지방 수령이 되는 것과 함께 허균이 원하고 좋아하는 관직이었다. 생각해 보면, 문학적 풍류가 넘쳐나고, 자유분방할 뿐 아니라 서얼이나 천민 계층과도 스스럼없이 어울리는 허균의 캐릭터와도 제법 어울리는 일이었다.

더군다나 호남지역은 불과 몇 달 전에 다녀간 곳이었다.

그해 봄에 허균은 호남 각 고을을 돌아다니며 과거를 베풀고 감독하는 시관이 되었다. 호남의 고을들을 돌아다니며 재주 있는 젊은이들을 모아 그들의 문장을 심사하는 일은 천재적 문장가 허균에게는 안

성맞춤인 업무였다. 웃으면서 신나게 평가하고 있는 허균의 얼굴이 눈에 선하다. 더구나 저녁에는 그 고을 수령에게 풍성한 대접을 받으니, 그만한 일이 또 어디 있겠는가. 이 일이 끝나자마자 해운판관이 되어 다시 왔으니, 남쪽으로 향하는 허균의 발걸음이 얼마나 가벼웠을까.

그러나 허균은 이 좋은 관직 또한 오래하지 못했다.

이때는 파직이 아니라 추천 때문이었다. 그해 11월 원접사 이정구가 허균을 제술관으로 천거했다. 『조선왕조실록』에 따르면 이정구는 선조에게 "연소한 사람 중에 해운판관 허균은 시에 능할 뿐 아니라, 성품도 총민하며 전고(典故, 전례와 고사를 아울러 이르는 말) 및 중국에 대해 많이 압니다"라며 허균을 천거했다. 이 책을 쓰면서 국사편찬위원회에서 제공한 조선왕조실록 웹사이트를 참고했는데, 허균에 대한 품평 중 드물게 보는 긍정적 품평이었다.

해운판관이 된 그달 23일에 허균은 전북 부안에 도착했다.

비가 몹시 내렸으므로 객사에 머물고 있었다. 그리고 운명적인 만남이 기다리고 있었다. 매창이 허균 앞에 와서 거문고를 뜯고, 시를 읊었다. 빗소리와 거문고와 시 읊는 소리가 방안에 가득한데, 예나 지금이나 술이 빠질 수 없었다. 시간이 가는 줄도 모르고 둘은 술을 나눠 마시며 서로 시를 주고받았다. 그렇게 밤이 깊어졌다. 그러나 매창은 기생이었지만 허균과 가깝게 지내던 이귀의 정인이었다. 이귀는 김제군수로 있을 때 매창과 연을 맺었고, 허균이 오기 몇 달 전에 한양으로 올라갔다. 그래서 매창은 조카딸을 허균의 방으로 들여보내 대신 수

청을 들게 했다. 불과 2년 전인 황해도도사 시절, 한양의 기생을 데려와 놀다가 탄핵을 받아 파직될 만큼 자유분방한 허균이지만, 가릴 건 가려야 했다. 어쩌면 오래 서로 시를 주고받고 싶은 마음이 그의 본능을 억눌렀을지도 모른다.

매창의 원명은 이향금이고 매창은 호다.

부안 아전인 이탕종의 서녀로, 계해년에 태어났다고 해서 계생, 혹은 계랑이라고 불렸다. 시 짓는 솜씨가 뛰어나 남도의 황진이라고도 했다. 허균은 그녀를 계생으로 불렀다. 역사 속 인물 중에 그녀의 정인으로 언급되는 사람이 세 명 있다. 그녀를 만난 순서대로 보면, 유희경, 이귀, 허균이다. 이들의 삶은 서로 꽤 거리가 있었다. 유희경은 천민 출신 시인으로 당대에 이름을 날리던 문사였고, 이귀는 인조반정의 공신으로 한 세월을 풍미했으며, 허균은 광해군 시절 잘나가던 관료에서 하루아침에 역적으로 몰려 능지처참을 당했다.

그중 매창이 평생 정인으로 사랑한 사람은 유희경이었다.

유희경이 46살에 매창을 처음 만났는데 그때 그녀의 나이 18살이었다. 둘은 나이를 초월해 시를 매개로 깊이 사귀었다. 그러던 중 유희경이 한양으로 떠나고 좀 지나 임진왜란이 발생했다. 긴 이별의 시작이었다. 전쟁 중 유희경은 의병으로 활동했으며, 그 공으로 면천되었다. 그러나 전쟁이 끝나도 둘은 만나지 못했다. 기록에 의하면, 둘은 허균이 다녀가고도 한참이 지난 1607년에 잠깐 재회한다. 그리고 나서 몇 년 후, 매창은 1610년에 38살의 나이로 세상을 뜬다. 지금은 부안읍 남쪽에 거문고와 함께 묻혀 있다. 아직도 사람들은 그곳을 '매창이뜸'이라고 부른다. 그녀가 죽은 후 60년 정도 지나자, 고을 아전들이 중심이 되어 『매창집』을 변산의 개암사에서 간행하였다. 시집이 출간되자 많은 사람들이 시집을 찾았다. 그래서 매창의 시집을 찍어내느라 개암사의 재원이 바닥났다는 말이 전해지고 있다.

부안 출신의 시인 신석정은 매창, 유희경, 직소폭포를 가리켜 부안 삼절(扶安三絶)이라고 했다. 부안에 가면 매창공원이 있고, 시비에는 우리에게도 익숙한 오랜 기다림의 마음이 새겨져 있다. 매창이 유희경을 생각하며 쓴 시다.

이화우 흩날릴 제 울며 잡고 이별한 님
추풍낙엽에 저도 날 생각는가
천리에 외로운 꿈만 오락가락 하노라

그러고 보면 매창의 연애운은 그다지 잘 풀린 것 같지는 않다.

옆 동네 지방관으로 왔던 관리는 인사발령이 나서 떠나고는 연락이 없고, 출장 왔던 공무원은 한양으로 돌아가더니 몇 년 만에 편지나 보내와 투정이나 부리고, 어린 나이에 정을 준 늙은 애인은 15년이 더 지나서야 잠깐 얼굴만 스칠 뿐이었다. 당시 기생의 삶에서 박복하지 않은 연애가 어디 있겠냐마는, 400년 후의 늙은 후배의 괜한 상념이 안타까운 건 어쩔 수 없겠다. 모르긴 몰라도, 허균과 유희경은 그녀의 시향(詩香)과 거문고 소리를 평생 그리워했을 것이다.

매창과의 짧은 만남 후 긴 시간이 흐른 뒤, 허균이 매창에게 쓴 편지

매창기념관

에는 둘 간의 사랑과 우정 사이의 번민이 잘 드러난다. "만일 그때 조
금이라도 다른 생각이 들었더라면 우리가 이처럼 10년씩이나 가깝게
지낼 수 있었겠느냐." 허균의 고백처럼 둘은 끝내 사랑이라는 어지러
운 지경에 이르지 않고, 정신적 연인으로서 교감을 나눈 듯하다. 분출
해버린 사랑은 언젠가 끝날 운명을 안고 있기 십상이지만, 우정은 쉬
이 그 끝을 가늠하지 않는 법이다. 끝나버린 사랑을 붙잡고 "친구라도
될 걸 그랬어"라고 아무리 외쳐봐야 소용없다. 둘의 사귐이 지금까지
도 아름다운 울림을 주는 이유다.

Guide's Pick

태안반도 운하 건설 계획

당시 세곡 운반은 국가 재정을 유지하는 중요한 수단이었다. 그래서 시간이 오래 걸리는 육로보다는 해로를 통해 한양으로 운반하였다. 내륙 지역의 경우 남한강이 있는 충주에 설치한 조창인 가흥창에서 남한강을 통해 비교적 안전하게 한양의 경창인 용산 풍저창으로 운반하였다. 그러나 조선 최대의 곡창지역인 호남의 세곡은 어쩔 수 없이 서해를 통해 운반해야 했다. 나주의 영산창과 영광의 법성포창, 함열의 성당창 등에서 모은 세곡은 조운선에 실어 태안반도를 지나 한강을 통해 서강의 광흥창으로 운반하였다.

문제는 안전하게 한양까지 수송하는 게 그리 만만치 않다는 점이다. 갑작스런 풍랑을 만나 조운선이 뒤집히기도 하고, 왜구들이 조운선을 노리고 공격하기도 했다. 실제로 태안 앞바다는 풍랑도 자주 일어날 뿐 아니라 왜구의 습격을 받은 것도 여러 번이었다. 더구나 왜구들은 한강의 입구인 강화도 인근에서 조운선을 기다렸다가 공격하기도 했다.

그래서 조선 초부터 조정의 화두 중 하나는 안정적인 세곡 수송을 위한 대책을 강구하는 것이었다. 그중 대표적인 것이 세곡 운반선을 위해 태안반도에 운하를 건설하는 방안이었다. 이는 조선 후기까지도 계속되었다. 정조는 태안반도 운하 건설에 관한 내용을 과거시험 문제로까지 출제했다. 하지만 당시 기술 수준이나 이런저런 사정으로 인해 제대로 추진되지는 못했다.

다시 변산으로

삼척부사에서 파직된 지 채 반년도 안 된 1607년 12월에 허균은 공주목사로 부임하지만, 얼마 지나지 않아 파직된다. 이때 허균은 한양으로 올라가지 않고 남쪽으로 향한다. 바로 부안 바닷가인 변산이었다. 연이은 파직은 아무리 자유분방한 허균일지라도 크나큰 스트레스였을 것이다. 그는 부안 골짜기로 들어가 살기로 마음먹었다. 마침 변산의 우반동 골짜기 아름다운 곳에 정사암(靜思菴)이라는 거처가 있었다. 그곳 출신 김청택의 별장이었다. 그는 이미 죽은 후였다. 어느 날 그의 아들이 허균을 찾아와, 선친이 지은 정사암이 너무 떨어져 있어 지키기 어렵다며, 허균더러 수리해 지내주길 제안했다. 허균은 너무 기뻐 이재영 등을 데리고 그곳을 찾아갔다. 정사암은 낭떠러지 바위 위에 지어져 있었다.

허균은 이러한 내력을 〈중수정사암기(重修靜思菴記)〉에 적었다. 현재 정사암의 정확한 위치는 알려지지 않았다. 다만 선계폭포 부근에 있었던 것으로 알려져 있을 뿐이다. 허균이 〈중수정사암기〉에서 묘사한 정사암의 풍경은 대략 이렇다.

> 시냇물을 따라 동쪽으로 올라가다가, 늙은 당나무를 지나서 정사암에 이르렀다. 암자는 겨우 네 칸 남짓 되었는데, 낭떠러지 바위 위에 지어졌다. 앞으로는 맑은 연못이 내려다 보였고, 세 봉우리가 우뚝 마주 서 있었다. 폭포가 푸른 바위 벽 아래로 쏟아지는데, 마치 흰 무지개가 뻗은 것 같았다.

반계서당

반계 유형원은 과천에서 살다가 32살 때 가족과 함께 이곳 우반동으로 이사하여 세상을 떠날 때까지 살았다.

정사암이 있던 우반동은 허균 다음 세대 인물로 실학의 토대를 마련했다고 알려진 반계 유형원이 서른 넘어 낙향한 동네이기도 했다. 함열과 마찬가지로 우반동 또한 허균과 관련된 곳은 그 흔적이 남아 있지 않지만, 유형원이 머물던 유적지는 잘 보존되고 있다.

서두에 이야기했지만, 철저한 성리학 사회에서 유교반도와 역적의 죄명으로 능지처참을 당한 허균이기에, 그에 관한 많은 흔적이 불명확

반계서당에서 내려다본 우반동

하다. 일반적이라면 후손이나 제자들이 보존하고 기록할 법한데, 허균은 그러지 못했다. 조선이 망할 때까지 복권되지 못한 건 그의 이름뿐만 아니라, 그의 모든 흔적이었다.

우리나라 최초의 한글 소설이라는 문학사적 위치를 차지하고 있는 『홍길동전』도 언제 어디서 지었는지는 불명확하다. 다만 여러 정황상 이 시기에 정사암에서 지은 것으로 추측하기도 한다. 그와 연관해서 혹자는 이 때 허균이 변산의 깊숙한 산속에 터전을 만들어 이를 기반으로 동지들을 규합해 혁명을 준비할 생각이었다고 주장했다. 산속에 물도 풍부하여 많은 사람이 오래 머물 수 있는 곳이니 충분히 그럴 수 있었다. 뒷날 혁명에 실패하여 심문을 받을 때 허균의 동지들은 그가 이 시기에 많은 추종자들을 끌어들였다고 자백했다. 물론 예나 지금이나 고문에 의한 자백은 그리 크게 믿을 만한 것은 못되지만, 허균의 삶의 궤적을 종합해 볼 때 가능성이 전혀 없는 시나리오는 아니었다.

그러나 허균은 이곳에도 오래 머물지 못했다.

집안 일로 한양에 다니러 갔다가, 그만 큰형 허성의 추천으로 승문원 판교라는 벼슬자리를 얻은 것이다. 그리고 곧 사은사의 종사관에 뽑혀 중국으로 떠났다. 예로부터 종사관은 시를 빨리 짓고 문장이 좋은 사람들 가운데서도 가려 뽑았다. 사신 만나면 시 짓고 노는 게 일이고, 또 빨리 잘 지을 수 있는 사람이라면 허균이 적격인 건 모두 알고 있었던 셈이다. 허균이 총 4차례나 종사관이 된 건 당시에도 그의 재주를 인정했다는 의미이다.

『남궁선생전』도 정사암에 머물 때 썼다고 전해진다.

부안에 머물 때 남궁선생이 찾아와 해준 말을 바탕으로 신선 사상을 가미해 쓴 이야기였다. 허균이 남궁선생에게 보낸 척독이 존재하는 걸로 봐서 허균의 다른 작품 주인공과 마찬가지로 그도 실존 인물로 보인다. 그는 변산 바로 위인 임피에 사는 아전 출신으로 묘사되었다.

허균은 늘 벼슬을 버리고 자연으로 돌아가 살고 싶어 했다.

하지만 현실은 늘 마음먹은 대로 흘러가지 않는 법이다. 귀거래사의 꿈은 시 속에서나 가끔 투정 부리는 것에 지나지 않았다. 그러나 당시 정사암으로 갈 때는 결행 모드로 전환한 듯 보였다. 때 마침 맘에 쏙 드는 거처도 수월하게 구했고, 더구나 부안은 매창이 있는 곳이었다. 매창은 변산 안쪽에 있는 암자인 월명암에 자주 다녔다. 이 시기에 허균과 매창이 만났는지 여부는 딱히 전하는 자료가 없다. 다만 이때 매창이 허균을 다시 만나 함께 노닐며 그의 영향을 받아 참선을 시작했을 거라고 추측하는 글이 있고, 두 사람의 관계를 고려할 때 만났을 개연성이 크지 않을까.

Guide's Pick

변산에 가시걸랑 월명암에 오르자

현재 변산은 많은 변신을 준비하고 있다. 원래의 해안도로 외에도 변산 바깥쪽을 직선으로 통과하는 도로가 새로 개통했고, 대표적 해수욕

장인 변산해수욕장 인근은 새롭게 재정비를 하는 중이다. 비결서에 따라 변산을 십승지에 넣기도 하고 빼기도 하지만, 확실한 건 『격암유록』을 쓴 남사고는 "변산이 호남 제일의 길지"라고 했다. 뿐만 아니라 변산은 우리나라 미륵 하생신앙의 진원지다. 미륵이 이상세계인 용화세계로 수많은 사람들을 인도하기 위해 처음 내려오는 곳이 변산이라는 것이다. 그리고 그러한 미륵신앙의 산실 중 한 곳이 바로 월명암이다.

월명암은 변산반도의 대표적 명소인 변산해수욕장과 격포항 사이에 있다. 변산읍에서 내변산으로 조금 들어가면, 월명암에 오르는 등산로가 보인다. 쌍선봉 아래 자리 잡은 월명암은 691년에 선운사의 말사로 창건되었다. 매창은 이곳에 자주 올라왔다. 어쩌면 월명암의 중창과 관련이 있을 수도 있다. 조선 선조 때 고승인 진묵대사가 월명암을 중창하여 17년 동안 머물렀다는 기록이 있는 걸로 보아, 매창도 이 시기 전후해서 월명암에 오르지 않았을까. 월명암은 대둔산 태고사, 백암산 운문암과 함께 호남의 3대 기도터로 꼽힐 만큼 영험한 곳이다. 매창은 험난한 길을 오르고 올라 무슨 기도를 하였을까.

높은 산에 있는 대개의 암자가 그렇지만, 월명암도 암자가 바라보는 곳을 함께 바라봐야 한다. 눈앞에 펼쳐진 내변산의 기암 절봉을 바라보면 누구나 가슴이 탁 트인다. 혹시 안개라도 깔릴라치면 선계(仙界)가 따로 없다. 변산에는 예부터 '변산 8경'이 유명한데, 그중 하나가 월명무애(月明霧靄)다. 즉 월명암에서 바라보는 내변산의 구름바다. 또한 월명암의 뒷산을 오르면 낙조대가 있는데, 이곳에서 바라보는 서해낙조(西海落照)도 8경 중 하나다.

월명암은 예부터 산상무쟁처(山上無諍處) 중 하나로 알려졌다. 빼어난 경

월명암

앞쪽으로는 내변산의 수려한 절경이 있고,
뒷산에 올라 바라보는 서해낙조는 변산 8경 중 하나다.

치와 땅 기운의 조화로 번뇌마저 끊어져 가라앉을 정도의 길지라는 것이
다. 그러니 변산에 가시걸랑 월명암을 잊지 말고 올라보시길 권한다.

허균의 부안(변산) 사랑은 예상보다 컸던 듯하다.

그 정확한 이유야 알 수 없지만, 공적으로든 사적으로든 호남을 몇
차례 다녀가면서 변산 반도를 마음에 둔 건 아닌가 싶다.『홍길동전』
이 추구하는 이상사회를 준비하거나 구현하기엔 변산의 반도 지형이
좋은 입지조건을 가지고 있다고 볼 수도 있다. 특히 내변산 안쪽은 율
도국의 모델을 실험할 만한 땅으로 손색이 없었다. 또한 바로 앞 바다

건너에는 신선이 노닐 만한 섬인 선유도와 위도 등 몇 개의 섬이 있었는데, 이 또한 율도국을 연상하기에 손색이 없어 보였다. 이 중 위도(蝟島)는 고슴도치를 닮았다고 해서 붙은 이름으로 혹자는 율도국의 실제 모델로 추측하기도 했다. 가끔 변산에 오면, 율도국까지는 아닐지언정 혁명하기 좋은 땅임을 느낀다. 변산은 산이면서도 섬이다. 반도 3면은 바다고, 한쪽은 드넓은 만경평야가 마치 바다같다. 그러니 홍길동이 도모할 만한 땅이다. 미륵이 용화세계를 펼치려 처음 하생하는 땅이 변산인 건 결코 우연이 아닌 셈이다.

허균은 나중에 또 부안을 찾았다.

기록상으로는 세 번째 걸음이다. 지난번에는 공주목사 파직 후였는데, 이번에는 함열 유배에서 풀려나자마자 부안으로 갔다. 그러나 이제 매창은 없었다. 일 년 전쯤에 그녀는 이승과 하직하고 먼저 광한전 백옥루로 올라갔다. 허균은 매창의 부음을 듣자, 율시 두 수를 짓고 몹시 슬퍼했다. 『허균 평전』에 시가 실려 있다.

> 아름다운 글귀는 비단을 펴는 듯하고
> 청아한 노래는 구름도 멈추게 하네
> 복숭아를 훔친 죄로 인간 세상에 내려오더니
> 불사약을 훔쳐 인간 무리를 두고 떠났네
> 부용꽃 휘장엔 등불이 어둑하고
> 비취색 치마엔 향내 아직 남았는데
> 이듬해 복사꽃 필 때쯤이면

허균은 매창을 중국의 명기이자 여류시인인 설도에 비유했다.

허균의 절친인 권필 또한 당대 최고의 여류 시인이며 친구의 마음속 정인이었던 매창의 죽음을 안타까워하며 시를 지었다.

아, 이렇게 짐승들이 판치는 세상에서 선녀가 살기는 힘들었을 것이야

홀로 거문고를 껴안고 저무는 그 봄날을 얼마나 원망했을까?

이젠 줄도 끊어지고 애타는 마음도 끊어졌으니

누가 있어 이 아름다운 여류 시인의 가락을 들어주나

허균과 매창이 처음 만난 그날 밤, 둘 사이에 무슨 일이 있었는지는 아무도 모른다.

평소 자신의 일상에 대해 습관처럼 글로 남기고, 기생들과 보낸 그 많은 밤을 사실대로 기록했던 허균이었다. 그런 그가 그날 밤에 매창과는 아무 일도 없었다고 적었으니 믿지 않을 도리가 없다. 다만 우리는 경험상 안다. 자신의 연인에 대해 친구에게 하는 말을 들어보면, 그가 그 연인에 대해 어떻게 생각하고 어떤 마음으로 대하는지 알 수 있다. 권필의 시를 보니, 허균이 매창에 대해 친구에게 어떻게 이야기했는지 짐작하는 건 어렵지 않을 것 같다.

홍길동을 기다리며

국문학사적으로 우리나라 최초의 한글소설의 위치를 차지하고 있는 『홍길동전』은 우리나라 사람이면 남녀노소 누구나 알고 있는 책이다. 그리고 대다수 사람들이 허균이 쓴 책이라고 알고 있다. 그럼에도 『홍길동전』은 오랫동안 저자 논란에 휩싸였다. 애초에 작가의 이름도 없이 민간을 통해 전해지던 책이기 때문이다. 당시 조선의 신분제도 불평등과 사회체제 모순을 비판하면서 새로운 이상사회를 꿈꾸는 내용이었기에, 만약 작가가 드러나면 곧바로 반국가사범으로 체포되어 역적의 율로 다스려질 게 빤하였다. 더구나 당시는 길고 긴 전란으로 국가가 완전히 피폐해졌는데도, 지배층이란 작자들은 명의 은혜에 보답해야 한다는 재조지은의 망상에 빠져 대명 사대주의만 외치고 있었고, 자기 당파의 권력 집권에만 몰두했으며, 자기들만의 성리학적 이상에만 빠져 민생은 나 몰라라 하고 있을 때였다. 당시 명나라 관원들마저도 조선의 학문은 오직 자기들만의 성리학적 명분에만 사로잡혀 있다고 비판했다고 하니 더 말해 무엇 하랴.

이런 시대적 상황에서 이 책은 집필 의도를 분명히 드러내보였다.

그러니 자신이 썼다고 세상이 알리고 싶어도, 누가 책 한 권과 자신의 목숨을 바꾸겠는가. 특히 허균은 이런저런 일로 반성리학적 인사로 낙인찍혀 있었고, 마음속에 실제 혁명을 꿈꾸고 있었으니, 자신의 이름을 드러내는 게 더더욱 쉽지 않았을 것이다.

작가 미상임에도 불구하고 『홍길동전』의 저자가 허균이라고 생각하는 가장 주된 근거는 그의 제자인 이식이 쓴 『택당집』에 나오는 다음의 내용이다. "허균, 박엽 등이 그 책(『수호전』)을 좋아했으며, 그 도적 두목들의 별명을 각각 따서 별호로 삼고 서로 놀렸다. 균은 또한 『수호전』을 모방하여 『홍길동전』을 지었다. 그의 무리 서양갑과 심우영 등도 그 도적의 행동을 직접 행하다가 한 마을이 결딴났다. 균도 또한 역적으로 죽었다." 어떤 이는 허균이 지은 한문소설 다섯 편의 주인공 모습을 합성하면 바로 홍길동의 모습이 되는 것도 내재적인 증거라고 주장했다.

그럼에도 허균이 언제 『홍길동전』을 지었는지는 아직도 불확실하다.

앞에서도 말했듯이, 허균이 공주목사에서 파직된 후 내려간 부안의 정사암에서 1608년 즈음에 지었다는 주장도 있고, 그보다 뒤인 함열 유배 후 다시 내려간 부안에서 1612년 전후에 지었다고도 한다. 또한 1613년에 일어난 '칠서의 난' 이후에 이를 모티브로 지었다고 주장하는 사람도 있다. 그렇지만 당시 시대 상황과 허균의 행적을 고려하면, 대체적으로 '칠서의 난' 이전에 지은 것으로 추정된다. 1611년 함열에 귀양 가서 엮은 문집 『성소부부고』에 『홍길동전』이 없으므로 그 이후에 쓴 것으로 추정하는 사람도 있지만, 이는 그다지 신뢰하기 힘든 주장이다. 앞서 언급했듯이, 목숨과 바꿀 생각이 아니라면 함부로 문집에 넣지는 않았을 것이기 때문이다.

많은 사람들이 알고 있듯이, 홍길동은 실존 인물이다.

연산군 때 유명한 도적이다. 성호 이익은 조선의 3대 도적으로 홍길동, 임꺽정(명종), 장길산(숙종)을 언급했는데, 이 중 두 사람이 허균보다 이전 사람이다. 그래서 혹자는 허균이 실존 인물인 홍길동에서 이름을 따오고, 백정인 임꺽정으로부터 신분제도를 부정하는 명화적의 모습을, 임진왜란 중 난을 일으킨 이몽학에게서 서얼의 욕구 불만을 가져와 『홍길동전』을 지었다고 주장한다.

개인적으로 『홍길동전』이 흥미로운 건 그 소설 배경이 세종 대라는 점이다.

소설은 "조선 세종대왕 즉위 15년에 흥화문 밖에 홍문이라는 재상이 있었다"라며 시작한다. 세종 15년이면 1433년이다. 공교롭게도 세종이 31년 7개월간 재위했으니 그 한가운데를 배경으로 설정한 셈이다. 세종은 조선의 왕 중 최고의 성군으로 꼽히는 인물이다. 세종에 대한 평가가 허균 당대에도 크게 다르지 않았다면, 왜 허균은 신분제도의 모순과 사회개혁을 위한 혁명의 이상사회를 그리는 소설 속 배경으로 세종 시대를 택했을까? 특히나 세종 대는 정치·경제적으로 태평성대로 꼽히는 시절이었는데 말이다. '그런 시대에도 홍길동 같은 인물이 있는데, 선조와 광해군으로 이어지는 혼란의 암흑기에는 더 이상 말해 무엇 하랴'와 같은 극적 효과를 노린 걸까? 알 수 없는 노릇이다.

다만 개인적으로 짚이는 데가 있다.

허균, 아니 홍길동이 꿈꾸는 롤모델이 바로 세종 대에 있었기 때문이 아닐까. 서얼차별이 본격적으로 시작된 것은 태종 대부터지만 그래도 조선 초, 특히 세종 대는 그리 심하지 않았다. 조선 최고의 장인이자 과학자인 장영실의 어머니가 관기인 건 많이 알려진 사실이다. 그런데 장영실보다 더 많이 알려진 또 한 명의 인물이 있었다. 바로 황희 정승이다. 영의정만 18년을 하며 정승으로 무려 27년을 재임함으로써 조선 역사상 가장 오래 정승의 자리에 있었으며, 명재상의 대명사인 황희 또한 첩의 자식이라는 말이 퍼져 있었던 것이다. 물론 세종 당대의 기록에는 이런 내용이 등장하지 않는다. 그러나 「단종실록」의 1452년 7월 4일 기사에 등장한다. 당시는 「세종실록」 편찬 준비로 한창 바쁠 때였다. 어느 날 정인지, 김종서, 성삼문 등 편찬위원들이 모여 회의를 열었다. 사관인 이호문이 기록한 황희와 관련된 내용이 문제가 되었다. 구체적으로 적시되지는 않았지만 대개는 관작을 팔고 뇌물을 받는가 하면, 박포의 아내와 불륜을 저질렀다는 등 황희에 대해 부정적인 내용과 함께 '황희는 황군서의 얼자(孽子)이다'는 기록이 있었던 것이다. 이때 정인지의 모두발언이 흥미롭다. "'황희는 황군서의 얼자'라 한 것은 일찍이 이러한 말이 있었다. 황희도 또한 일찍이 스스로 말하기를, '나는 정실의 아들이 아니다'라고 하였다. 그러나 나머지 그 밖의 일은 전에 듣지 못하였다." 즉 이전부터 황희가 얼자라는 말이 세간에 떠돌고 있었고 황희 스스로도 인정했지만, 나머지 기록인 황희의 부정적인 행위들은 듣도 보도 못했다는 취지의 발언이었다. 실록의 이 기록만으로 황희가 첩의 자식이라고 단정 지을 순 없지만, 그 진실과 별개로 당시 이러한 말이 떠돈 것만은 확실해 보인다.

허균도 이러한 내용을 들어서 알고 있지 않았을까.

그러니 허균이 『홍길동전』의 배경을 세종 대로 설정한 것은 일종의 '오마주(Hommage)'가 아닐까. 허균을 만나 물어볼 수도 없는 노릇이니 상상 속에서 추측만 할 뿐이다.

주인공 홍길동의 신출귀몰한 재주, 활빈당의 활약, 율도국이라는 이상사회 건설 등『홍길동전』의 내용을 모르는 사람은 거의 없다. 다만 대개는 율도국을 홍길동이 만든 나라라고 생각하는데, 율도국은 이전부터 있었다. 이를 홍길동이 무리를 이끌고 쳐들어가 빼앗은 것이다. 물론 홍길동이 다스린 후 "임금의 덕과 어진 가르침이 나라 안에 고루 퍼지니 길에 물건이 떨어져 있어도 제 것이 아니면 줍는 사람이 없는" 이상사회가 되었지만 말이다.

허균은 이러한 율도국의 이미지를 어디서 얻어온 걸까?

소설은 작가의 순전한 상상에 의해 지어지지만, 대개는 현실 속에서 그 모티브를 얻기 마련이다. 앞서 율도국의 모델로 변산 앞에 있는 섬 위도를 언급했지만, 많은 사람들은 율도국의 모델로 유구국을 언급하곤 한다. 역사학자 이이화 선생님은 "허균 당대에 식자층 사이에 널리 읽혔던『표해록』은 지은이 최부가 제주도에서 표류하여 중국의 남쪽 지방을 거쳐 북경을 통해 다시 조선으로 건너온 이야기인데, 여기에 유구국 이야기가 나온다. 허균 또한 이 책을 읽어 유구국의 존재를 알고 있을 가능성이 크다"면서 율도국이 유구국이라는 주장을 폈다.

유구국은 지금의 오키나와다.

그러고 보면 그 지역은 조선이나 일본 사람들에게 이상향으로 여겨지는 땅이었는지도 모른다. 우리나라에서 영화로도 만들어진 오쿠다 히데오의 소설『남쪽으로 튀어』에서 주인공인 아버지가 가족을 이끌고 찾아간 이상사회도 오키나와였다. 『표해록』이 아니더라도, 유구국의 존재는 이전부터 조선에 잘 알려졌었다. 임진왜란 이후 고추가 들어오기 전까지 주요 향신료 중 하나는 후추였다. 고려와 조선에서도 후추의 소비가 적지 않았는데, 조선 초 후추의 공급 루트 중 가장 중요한 곳이 유구국이었다. 유구국은 그 지정학적 위치상 중계 무역이 번성했는데, 인도와 동남아에서 많이 생산되는 후추도 그중 하나였다 (현재도 후추의 최대 생산국은 베트남이다). 또한 『조선왕조실록』에는 조선 초부터 유구국의 사신이 왕래했으며, 조공을 바치기도 했다는 기록이 있다. 이후로도 조선과 유구국은 계속 교류하였다. 특히 항해술이 발달하지 못한 당시에는 조선 사람이 유구국에 표류하기도 하고, 반대인 경우도 많아, 이들의 송환 처리와 관련한 기록이 실록에 많이 등장한다.

『홍길동전』은 홍길동의 신묘한 둔갑법처럼 우리가 모르는 사이에 영어로 번역되어 세계로 뻗어나갔다. 말하자면 가장 먼저 영어로 번역된 우리나라 고대소설이다. 번역한 사람은 선교사로 들어와 고종의 주치의가 된 알렌으로, 1889년에 번역하였다. 한 가지 흥미로운 것은 2005년도 통계에서 미국 아동 도서 1위가 『The Legend of HONG KIL DONG』이라고 한다. 참고로 2018년 9월에는, 명성황후가 알렌에게 준 '화조도접선'이라는 부채가 130여 년 만에 알렌 후손의 기증으로 우리나라에 돌아왔다.

여하튼 『홍길동전』은 대표적인 해피엔딩 소설이다.

홍길동은 가슴에 쌓인 원한을 풀었으며, 그 가족은 효도와 형제의 우애를 완전히 이루었다. 백성들도 율도국에서 모두 행복하게 살았다. 그렇지만 그러한 해피엔딩이 마음 한쪽에선 왜 그리 씁쓸할까. 지배층이 주입하는 성인의 가르침을 거부하고, 하늘이 내린 본능대로 살기를 다짐하고, 같은 인간으로 태어나 차별과 착취에 시달리는 서얼과 천민과 함께 모두가 행복한 이상사회를 꿈꾸었던 허균은 참혹한 엔딩을 맞이했기 때문일 것이다. 허균은 스스로가 홍길동이 되어 혁명을 꿈꾸었다. 그렇지만 결안(結案)도 없이 능지처참을 당하고 만다. 그의 혁명동지 대부분은 민중이었다. 홍길동은 70년간 율도국을 다스린 후 하늘로 올라갔지만, 어쩌면 허균의 드라마는 아직 끝나지 않았을지도 모른다.

Guide's Pick

조선의 로빈슨 크루소, 최부

최부는 추쇄경차관에 제수되어 제주에 간 다음해인 1488년에 부친상을 당했다. 급히 배편을 마련해 고향인 나주로 가려하지만, 제주 선원들은 배를 띄우기가 위험한 날씨라면서 만류했다. 하지만 최부의 고집도 만만치 않았다. 상복을 입은 채로 무조건 배를 띄우라고 명령했다. 결국 배를 띄워 나주로 향했다. 배를 띄우자, 상인 등을 포함해 총 43명이 승선했다. 그러나 나주에 도착하기 전에 풍랑을 만나 표류하기 시작해 달포 가량 동중국해를 떠돌았다. 해적선을 만나 물건을 모두 빼앗기는 등 몇 번의 죽을 고비를 넘기고 나서야 중국 절강성 영파에 상륙했다.

영파는 당시 중국에서 왜구가 가장 많이 출몰하는 곳이었다.
최부 일행도 왜구로 오인 받아 죽을 뻔했으나 가까스로 살아남았다. 일행들이 조선 관복을 입으면 오해가 금방 풀린다고 간청해도 최부는 상복을 벗지 않았다. 우여곡절 끝에 조선 관원인 것을 인정받은 일행은 북경으로 보내졌다가 만주의 육로를 통해 조선의 청파역으로 돌아왔다. 그러자 당시 임금인 성종은 최부에게 그간의 일을 기록한 일기를 쓰라고 명했다. 결국 최부는 8일 동안 '중조문견일기'를 지어 바친 후에야 나주로 내려가 여막을 지킬 수 있었다. 이때 지은 148일간의 여정이 바로 『표해록』이다. 이 책은 에도시대에 일본에도 번역되어 널리 읽혔다.

한 가지 흥미로운 일화는, 최부가 중국에서 그곳 관료와 나눈 이야기다.
중국 관료는 "당신 나라에 무슨 장기가 있어 수당의 군대를 물리칠 수 있었냐?"고 물었다. 즉 그때까지도 중국인들에게는 고구려가 수나라와 당나라의 대군을 물리친 기억이 크게 각인되어 있었던 것이다. 하긴 수양제의 100만 대군이 살수에서, 당태종의 30만 대군이 안시성에서 대패하였으니, 그 기억이 얼마나 오래 갈 것인가. 이런 의식은 임진왜란 당시 명군이 참전을 결정할 때도 작동하였다. 그들의 의식 속에는 "수와 당의 대군을 물리쳤던 나라가 왜국 따위에 패해서 우리에게 지원을 요청한단 말인가? 이거 혹시 속임수 아닌가? 조선이 왜와 연합해서 우리 명을 치려는 계책은 아닌가?"와 같은 의심이 잠재해 있었다.

최부는 김종직의 제자로, 몇 번의 죽을 고비를 넘기고 돌아온 지 10년 후인 1498년 무오사화 때 귀양을 갔다가 1504년 갑자사화 때 처형당했다.

후대인 숙종 때 문신 남구만은 최부의 『표해록』을 보고 나서 시를 썼다. 이 시는 그의 저서 『약천집』에 실려 있다. 시를 한마디로 요약하면, "차라리 표류하던 그때 돌아가시지, 왜 살아남아서 그런 험한 꼴을 당하십니까?"였다. 서인범 교수의 책 『명대의 운하길을 걷다』에서 인용한다. 시 제목은 〈최부의 『표해록』을 보다〉로 되어 있다.

천만 가지 위험과 어려움을 겪으며
몇 겹의 창해와 몇 겹 산을 지났던가!
청류로서 화 당할 줄 일찍이 알았던들
물고기 먹이 됨이 되레 편안했으리라

『정감록』은 누가 썼을까?

내가 역사 연구자라면 혹은 『정감록』 연구자라면, 『정감록』 저자의 가능성으로 허균을 연구할 것이다. 대중에게 널리 알려진 조선시대 작품 중 작자 미상으로 알려진 대표적인 것이 『정감록』과 『홍길동전』이다. 『홍길동전』은 명확한 근거 자료는 없지만 이런저런 사유로 허균이 쓴 것으로 받아들여지고 있다. 제자인 이식이 『택당집』에서 언급한 증언이 결정적인 역할을 한 것처럼 보인다. 그러나 『정감록』은 여전히 오리무중이다. 어쩌면 『홍길동전』보다 더 많은 사람들에게 회자되고, 신흥종교마다 사상적 토대를 위해 끌어다 쓰고, 많은 연구자들이 있음에도 아직 저자를 특정하진 못하고 있다.

그런데 나는 허균에 대해 알면 알수록 '허균이 『정감록』의 저자가 아닐까?' 하는 의심이 들었다. 더구나 당대에 이상사회를 추구한 두 편의 작품이 모두 작가 미상이라는 사실이 내겐 공교롭게 여겨졌다. 그래서 가끔은 소설 같은 상상을 하곤 한다.

허균은 「광해군일기」에 "천지간의 한 괴물"로 묘사되어 있다.

그것도 사헌부와 사간원이 합사(閤司)하여 광해군에게 올린 상소에 적힌 표현이다. 아무리 역모를 꿈꾸었다 하더라도 좀 과도한 표현이다. 조선시대 내내 역모를 꾀한 사람은 많지만, 이런 모욕을 당한 사람은 허균뿐이다. 과연 다른 사람들의 역모와 허균의 역모는 무엇이 다른가? 더구나 허균은 이시애, 이괄, 이인좌처럼 실제 군사를 일으키지도 않았다. 그렇다면 혹시 문제가 된 건 물리적인 역모가 아니라 정신적인 역모가 아닐까? 단발적인 반란보다 무서운 건 백성들의 마음을 세뇌시키는 것이다.

그런데 앞과 동일한 상소문에서 "허균이 일생 동안 해 온 일을 보면 악이란 악은 모두 갖추어져" 있는데, 그중에서 "요망스러운 '참언을 만들어내는 것(造讖)'이야말로 그의 장기"라고 했다. 여기서 '참(讖)'은 흔히 참서(讖書), 비결서를 의미한다. 이는 단순히 말이 아니라 글을 의미한다. 특히 참서를 만드는 게 장기라고까지 했으니, 당시에는 그렇게 주장할 만한 이유나 증거가 있지 않았을까? 『홍길동전』과 같은 소설을 가지고 참서라고는 하지 않으니, 최소한 여타의 참서에 준하는 글을 허균이 썼다고 추론하는 게 상식적이다. 어쩌면 기존의 참서보다 훨씬 더 과격하고 불온한 참서를 썼을 수도 있다. 그래야 "괴물"이란 소리를 들어도 덜 억울할 것이다.

『정감록』은 저자뿐만 아니라 그 집필 시기도 불명확하다.

그냥 16세기부터 18세기까지 광범위하게 추측될 뿐이다. 그러나 모든 유행은 그 시대를 반영한다. 책도 마찬가지다. 지금도 선도하는 작품이 나오고 사람들의 관심이 모일 때 관련 분야의 책이 쏟아지곤 한다. 16세기는 한편으론 비결서의 시대였다. 조선이 건국되고 100년이 넘어서면서 툭 하면 사화를 일으켜 수백 명이 죽거나 유배를 당했다. 훈구파와 외척들의 횡포는 날로 심해졌다. 조정에 출사하기 시작하던 지방의 사림들도 기묘사화와 을사사화를 겪으면서 벼슬의 꿈을 접고 낙향해 은거하기 시작했다. 세상이 혼탁하고 어지러울 때면 비결서가 등장하기 마련이다. 당시도 그랬다. 『토정비결』을 쓴 토정 이지함과 『남사고비결』을 쓴 격암 남사고가 활동하던 시대였다. 둘은 비슷한 시기에 활동했으며, 허균의 바로 앞 세대 인물이었다. 모든 분야의 책을 두루 섭렵하던 허균은 이들의 비결서를 봤을 가능성이 크다. 더구나 앞서 상소에서 밝혔듯이, "요망스러운 참언을 만드는 게 장기"라는 말이 사실이라면 분명 읽었을 것이다.

그렇지만 『정감록』과 같이 왕조를 뒤엎을 만한 엄청난 비결서라면 그것을 집필하게 만드는 계기가 있어야 한다. 나는 그 단초가 1589년이 아닐까 싶다. 1589년은 허균 개인에게도, 조선 역사에도 중요한 일이 일어난 시기였다. 당시 허균은 21살로, 전도유망하고 패기 넘치는 나이였다. 그러나 전년도에 아버지이자 스승과도 같던 작은형 허봉이

객지를 떠돌다 억울하게 죽었다. 그 슬픔이 채 가시기 전에 유일한 동복형제인 누이 허난설헌마저도 한 많은 짧은 생을 마감했다. 당시 허균의 심리상태는 굳이 언급하지 않아도 이해할 수 있다.

1589년 10월에 조선의 최대 공안정국이 시작되었다.

바로 정여립 모반 사건이다. 천여 명이 죽거나 유배당했다고 알려질 만큼 대형사건으로 발전한 이 사건의 여파는 쉽게 끝나지 않았다. 무려 만 2년이 지나고서야 겨우 마무리되었다. 그 과정에서 지배층 사대부들의 당파는 갈라지고 당쟁은 격화되었다. 하지만 백성들은 더 큰 시련을 맞이해야 했다. 뒤를 이어 곧바로 임진왜란이라는 살육 전쟁이 시작된 것이다. 허균 또한 피란길에 아내와 아들을 잃었다. 나는 이 기간 동안 허균 같은 캐릭터와 능력, 사연을 가진 인물이라면 『정감록』 같은 이상사회를 꿈꾸는 비결서를 쓸 토양은 마련되었을 거라고 생각한다.

그리고 그때 발화된 글감을 구체화시킨 건 부안의 변산을 찾은 후가 아닐까 싶다.

나는 허균 같은 사람이 변산에 들어가서 『홍길동전』처럼 짧은 소설 한 편만 썼을 거라고는 생각하지 않는다. 분명 더 많은 글을 썼을 것이다. 그중 하나가 『정감록』이 아닐까 의심한다. 무엇보다도 변산은 『정감록』과 같은 비결서를 쓰기에 안성맞춤인 땅이었다. 기록상으로 허균은 변산을 최소 3번 이상 찾아갔다.

남사고가 "호남 굴지의 길지"라고 할 만큼 변산은 피란처로서 뿐만 아니라 사람이 살 만한 땅으로써도 훌륭한 곳이다. 변산은 산이면서도 그 자체가 일종의 섬이다. 변산반도 삼면은 바다고, 한쪽은 드넓은 만경평야가 마치 바다 같다. 그러니『홍길동전』의 율도국이나『정감록』의 해도진인이 있는 이상향의 섬을 상상하기에 우리나라에서는 가장 적합한 입지조건인 셈이다. 또한 들에서 나는 산물과 바다에서 나는 산물, 깊은 산에서 나는 산물까지 모든 산물을 얻을 수 있는 곳이다. 즉 하나의 완전한 세계의 모습을 갖추고 있다고 해도 결코 과장이 아닐 만한 땅이다. 그래서 그런가. 나 또한 가끔 변산에 가면 혁명하기 좋은 땅임을 느낀다. 홍길동이 도모할 만한 땅이자, 진인이 이상사회를 세울 만한 땅인 것이다.

더구나 변산은 우리나라 미륵하생신앙의 진원지다.

석가모니 사후 56억 7천만 년이 지나면 이 땅에 용화세상을 펼치기 위해 미륵이 처음 내려오는 곳이 바로 변산이다. 미륵의 용화세상은 곧『정감록』의 진인이 추구하는 이상세계와 같다.『정감록』에 보면 진인이 세운 나라에서는 불교도가 중용된다고 했으니,『정감록』의 저자는 집필하기 전에 이미 불교적 이상세계, 즉 미륵의 용화세상을 진인의 이상세계로 상정해놓았을 개연성이 높다.

허균은 이미『호민론(豪民論)』과『유재론(遺才論)』을 통해 이상사회를 꿈꾸고 있었다.

『호민론』은 "천하에서 가장 두려운 존재는 오직 민중뿐이다"로 시작한다. 이는 곧 그가 꿈꾸는 사회가 민중을 바탕으로 세워진다는 것을 밝힌 것이다. 글에서 '호민'은 사회가 혼란과 폭정에 시달릴 때 민중의 이상사회를 세우기 위해 들고 일어나는 세력이다. 그러한 사회에서는 『유재론』에서 밝혔듯이 "원망을 품은 사람"이 없고, 서얼 차별 없이 "재주 있는 사람은 누구든 중용"되었다.

마지막으로 한 가지만 덧붙이면, 『홍길동전』과 『정감록』은 그 배경 설정 방식이 유사하다. 허균은 『홍길동전』을 쓰면서 그 배경이 되는 시기로 세종 대를 설정했다. 왜 그랬는지는 알 수 없다. 그런데 『정감록』은 그보다 조금 위로 올라가 작품 속 화자를 이성계의 선조인 이심, 이연 형제와 정몽주의 선조인 정감으로 설정했다. 물론 『정감록』이라는 제목에서 알 수 있듯이, 주인공은 정감이고, 그의 예언 기록이란 의미이다.

또한 둘 다 이상사회를 꿈꾼다는 점에서도 동일하다.

그렇다면 이렇게 추측해볼 수도 있다. '허균은 두 작품의 시대 배경을 역설적으로 현실의 불합리와 대비되는 가까운 과거에서 찾은 건 아닐까?' 홍길동은 도적이지만 조선에서 가장 태평성대로 칭송받는 세종 대에 활약하도록 설정하고, 정감은 당시의 조선과 다른 개혁을 꿈꾸다 좌절한 정몽주를 모티브로 설정한 것이다. 주자 성리학만을 강요하며 사람을 차별하는 사회가 아니라, 불교, 노장사상, 여타 모든 지식과 학문이 공존하고, 서얼 차별도 없는 상태였던 조선 건국 이전의 시기를 배경으로 삼은 셈이다. 마침 정여립 모반 사건 때 '목자망전읍흥(木子亡奠邑興)'이라는 말이 널리 퍼졌다. 우연의 일치일까. 고려 말에는 『도선비기』의 '목자득국(木子得國)', 즉 이씨가 새 왕조를 세운다는 예언이 사람들 사이에 회자되었다. 이러한 예언들은 혁명적 변화가 요구될 때 등장하는 법이다. 당대의 예언은 이렇게 말하고 있었다. "오래전에 일어난 '목자(이씨)'는 이제 망하고, 새로운 '전읍(정씨)'이 새 왕조를 개창한다!" 그러니 정감의 이상사회는 정몽주를 떠올리게 하고, 대동사회를 꿈꾸던 정여립을 떠올리게 하지 않았을까.

기실 대동사회란 특정 왕가의 권력 세습을 부정하는 개념에서 출발한다.

왕은 대동사회를 만들도록 위임받은 백성의 대리인일 뿐이다. 그 일을 제대로 수행하지 않으면 언제든 잘릴 수 있었다. 더 덕이 있고, 능력 있는 사람으로 대체되는 것이다. 유가(儒家)에서 하나라의 걸왕을 내쫓고 은나라를 세운 탕왕과 은나라의 주왕을 내쫓고 주나라를 세운 무왕을 성군으로 대접하는 것도 그 때문이다. 그것이 곧 역성혁명이다. 따라서 유학에서는 역성혁명을 부정하지 않는다. 맹자가 주장한 왕도정치의 핵심 중 하나도 이것이다. 정여립의 대동사회와 『정감록』의 사상적 기반 또한 여기에 그 연원이 있다.

그리고 또 한 사람의 정씨, 정몽주와 함께 개혁을 꿈꾸었고 결과적으로 둘 다 이방원에게 죽임을 당했지만 서로 다른 길을 간 정도전을 떠올렸을 수도 있다. 태종 이래로 정도전은 만고의 역적이자 간신으로 평가받았다. 그러나 허균의 생각은 달랐다. 정도전은 역성혁명을 기획하고 완수한 혁명가였다. 허균을 역적의 주모자로 탄핵한 기준격의 상소문에는 이런 구절이 나온다. "허균은 한평생 정도전을 흠모하여 항상 '현인(賢人)'이라고 칭찬하였으며, 『동인시문(東人詩文)』을 뽑을 때에도 정도전의 시를 가장 먼저 썼다." 물론 당시 역적의 대명사인 정도전을 흠모하는 것도 역모의 증거라는 취지의 진술이기에 사실관계의 신뢰성을 따져봐야 한다. 허균 또한 이에 대한 변론 상소를 통해, 정도전이 국초(國初)의 인물이었기 때문에 자료를 조사하여 써넣다 보니 자연스레 정도전의 것을 제일 앞에 수록한 것이고, 이는 다른 시선집인『동문선』이나『청구풍아』도 마찬가지이며, 자신이 송도의 정몽주 고택을 들렀을 때 정도전을 극력 배척하는 시를 지었다고 주장했다. 이 둘의 진술을 종합해보면, 허균이 평소에 주변 사람들에게 정도전을 언급하고, 정도전과 정몽주의 개혁사상과 그 결과에 대해 고민한 것은 사실인 듯 보인다. 이렇듯『정감록』의 '정씨'는 특정인이 아니라, 변화와 혁명을 바라는 여러 '정씨'의 복합적 산물일 수도 있다.

인류가 이 땅에 온 이래 예언은 인간의 삶과 늘 함께 했다.
즉 인간의 DNA에 박혀 면면이 이어져오는 특성이다. 그러다 때를 만나면 가끔씩 발화한다. 분명 허균이 살던 시대는 그 특성이 발화할 시대였다. 대형 공안정국이 끝나기 무섭게 참혹한 전쟁이 찾아왔고, 그 전쟁이 끝나자 북쪽에서 또 다른 전쟁의 불씨가 낌새를 노리며 지펴지고 있던 시대였다. 지금은 서문만 전하는『서변비로고』라는 책에서 허균은 변방의 오랑캐를 대비하기 위해 고려시대의 방비책을 소개하고 북방의 산천과 성채를 기록하고, 북쪽 변방을 지키는 군사의 수와 군량을 기록했다. 국제 정세에 밝은 허균이기에 가능한 일이었다. 하지만 조정에서는 그런 일에는 신경도 쓰지 않고 당권 경쟁에만 몰두했다. 그런 상황에서 어쩌면 절박한 심정으로 허균은『홍길동전』과『정감록』을 써내려가지 않았을까. 물론 이 또한 여행자의 자유로운 상상이다. 『정감록』의 저자는 아직도 오리무중이다.

간담상조

2014년 7월, 중국 시진핑 국가 주석이 한국을 방문해 서울대에서 강연한 적이 있었다. 그날 그가 한 말 중에 "간담매상조 빙호영한월(肝膽每相照 氷壺映寒月)"이 있었다. "간과 쓸개를 늘 서로 꺼내 보이니, 깨끗한 얼음 담은 병에 차가운 달이 비치는 듯하다"는 의미이다. 그는 양국 간 우호의 의미를 표현한 말로, 허균의 시 중 한 구절을 인용한 것이다. 원래 '간담상조'는 속내를 그대로 드러내는 절친한 친구 사이를 뜻하는 중국의 사자성어이고, '빙호'는 한 점의 티도 없이 깨끗함을 나타내는 말이다.

허균도 간담상조하는 친구들이 여럿 있었다.

대표적으로 명의 '전후칠자'를 흉내 낸 친구들인 '전후오자'가 있었다. 당시 명나라의 새로운 문학 흐름은 의고주의(擬古主義)였다. 의고주의란 옛것, 즉 고대의 전형을 숭배하여 유교의 경전인 육경 등 이전 시대의 학문을 연구하는 복고주의 경향을 말한다. 이러한 흐름은 조선에도 영향을 끼쳐 17세기 이후 일부 남인 계열의 학자들을 중심으로 원시유학인 육경학 연구로 이어졌고, 그 한 줄기가 조선후기 실학으로까지 연결되었다. 당시 시대 분위기를 반영하듯, 임금인 정조도 육경학에 심취하였다. 이 흐름을 주도한 명나라의 일곱 시인을 전칠자라 불렀고, 이후에 다시 일곱 명을 꼽아 후칠자라 불렀다.

허균은 당시 명의 학문 흐름에 익숙했을 뿐만 아니라, 의고파의 책을 적극적으로 조선에 소개했다. 허균의 캐릭터에서 보면 어쩌면 당연한 귀결일지 모른다. 의고주의는 당시 조선의 주류인 주자 성리학에 반하는 흐름이었기 때문이다. 기존의 틀에 얽매이기를 싫어하고 자유분방한 허균은 확실히 당대의 얼리어답터(early adopter)였다. 허균은 친구 중에 권필, 이안눌, 이재영, 허적, 조위한을 전오자라 칭하고, 정응운, 조찬한, 기윤헌, 임숙영을 후오자라 했다. 후오자에는 네 명의 이름만 전하는데, 칠서지옥에 연루된 사람이어서 일부러 한 명을 뺀 것으로 추정된다. 혹자는 심우영일 거라고 말한다. 편지 등 남아있는 기록을 보면, 특히 권필, 이재영과 깊이 사귄 듯 보인다. 앞에서 이야기했듯이 권필은 매창이 죽었을 때 일종의 추모시를 쓴 친구였다. 허균은 시를 가장 잘 짓는 사람으로 친구인 권필을 꼽기도 했다.

권필은 호가 석주이다.

허균과는 동갑내기 친구로, 허균과 마찬가지로 자유분방하고 구속받기 싫어하는 성격이었다. 한때 허균은 조위한에게 편지를 보내 "벼슬이란 때때로 가난 때문에 하기도 하는 법"이니 권필이 동몽교관이라는 낮은 벼슬이라도 받아들이도록 설득해 달라고 부탁했지만, 권필은 끝내 벼슬하지 않은 채 야인으로 살았다. 허균이 권필에 대해 쓴 시 중에 "자연으로 돌아가자던 우리의 본래 기약을 결단 못하는 나야말로 정말 겁쟁이일세"라는 문장으로 봐서, 둘이 만날 때면 시골에 내려가 조용히 살자며 자주 의기투합했던 것 같다. 요즘도 은퇴 전후의 사람들이 만나면 흔히 하는 푸념 반 희망 반의 의기투합과 비슷했을 것이다.

당대 최고의 시인 중 한 명이었던 권필의 마지막은 마치 결기 있는 시인의 운명을 이야기하듯, 시와 술이 함께 했다. 그를 죽음으로 내몬 건 광해군을 풍자한 그의 시 「궁류시(宮柳詩)」였다. 여기서 버드나무를 뜻하는 '류(柳)'는 광해군의 왕비인 유씨를 비꼰 것이다. 권필은 허균의 '후오자' 중 한 명인 임숙영이 과거시험에서 외척의 전횡을 비판하는 글을 지었다고 급제가 취소됐다는 소식을 듣고 분개해 이 시를 지었다(결과적으로 이 급제 취소는 번복되어 임숙영은 급제를 한다). 1612년에 일어난 이 필화 사건으로 화가 난 광해군은 권필을 고문한 후 해남 유배형을 내린다. 해남으로 떠나기 전, 동대문 밖 주막에서 친구들이 주는 위로주와 행인들이 주는 동정주를 거푸 마신 권필은 결국 고문과 폭음이 겹쳐 그다음 날 깨어나지 못하고 죽었다. 이 소식을 들은 허균은 친구가 시 때문에 억울하게 죽었다며, 자신 또한 다시는 시를 짓지 않겠다고 맹세한다. 이는 허균이 1613년 4월에 금산군수인 이안눌에게 보낸 편지에 전해진다. 허균과 권필은 비슷한 성향의 절친으로 둘 다 광해군에 의해 죽임을 당하지만, 허균이 조선에서 끝내 복권되지 못한 반면, 권필은 인조반정 후 바로 복권되고 후일 송시열이 그의 묘갈을 쓰기도 했다.

허균이 "같은 병 함께 앓는 적막한 나그네"라고 했던 이재영은 허균이 공주목사 시절 함께 지낸 '삼영' 중 한 명일 뿐 아니라, 파직 후 부안 정사암으로 내려갈 때 동행한 친구였다. 이재영은 기생의 자식이었으나 임진왜란 때 허통되어 1599년 과거에 급제했다. 하지만 기생의 자식이라는 이유로 삭과된 후 평생을 힘들게 살았다. 글을 잘 지었는데, 이이첨의 아들들을 부정하게 합격시킨 것이 이재영의 소행이었다 하여 인조반정 후 고문을 받고 죽었다.

아름다운 편지, 아름다운 사람

흔히 그가 쓴 글을 보면 대략 그 사람이 어떤 사람인지 알 수 있다. 특히 남들에게 보여주기 위한 글이 아닌, 사적인 편지에는 그 사람의 참모습이 오롯이 담겨 있다. 그래서 한 번쯤은 누군가의 편지를 가만히 들여다보며 곱씹어보는 것도 그 사람을 이해하는 데 필요하다. 허균의 편지글 중 몇 개를 추려 그의 속을 들여다보자.

"때마침 우유술을 빚어서 젖빛처럼 하얀 술이 술동이에 뚝뚝 떨어지니, 얼른 와서 맛보는 게 좋겠네. 바람 잘 드는 마루를 쓸어놓고 기다리고 있네."
(권필에게 쓴 편지, 『누추한 내 방』에서 인용)

큰 고을을 맡아 복을 누리면서도 가난한 친구를 돕지 못해 부끄러움이 많았네. 봄이 되어 고을의 창고에는 곡식 한 톨이 옥구슬 하나처럼 귀한 물건이네. 보내는 곡식은 겨우 말 한 필에 실어 보낼 분량이지만 그래도 그것이 내한 달 녹봉의 반절이라네. (…) 부끄러워 땀이 솟는 심정이네

(공주목사 시절 조위한에게 곡식을 보내며 쓴 편지, 『허균의 생각』에서 인용)

"나는 큰 고을의 수령이 되었는데 마침 자네가 사는 곳과 가까우니 어머니를 모시고 이곳으로 오시게. 내가 의당 절반의 봉급으로 대접하리니 결코 양식이 떨어지는 지경에는 이르지 않을 것이네. 자네와 나는 처지야 비록 다르지만 취향은 같네. 자네의 재주는 진실로 나보다 열 배나 뛰어나지만 세상에서 버림받기는 나보다도 심하니, 이 점이 내가 언제나 기가 막혀 하는 일일세. (중략) 세상의 불우한 사람은 모두 우리들의 책임이네. 밥상을 대할 때마다 부끄러워 문득 땀이 나며, 음식을 먹어도 목에 넘어가지 않으니 빨리빨리 오시게. 비록 이 일로 비방을 받는다 해도 나는 전혀 개의치 않겠네."

(공주목사 시절 이재영에게 쓴 편지, 『독서광 허균』에서 인용)

"처마에는 비가 부슬부슬 내리고, 향로에는 향이 하늘하늘 피어오르는 지금, 두어 명 친구와 웃옷 벗고 맨발로 편히 앉아 연근을 썰고 참외를 쪼개 먹으며 번뇌를 씻어 보려 하네. 이런 때 우리 여인(汝仁, 이재영의 자)이 없어서야 되겠나. 여기 온다고 하면 자네 마나님은 필시 사자처럼 으르렁거려 자네가 겁먹은 고양이 얼굴을 하게 만들 테지만, 늙은 홀아비 모양 위축되지 마시게. 문지기가 우산을 들고 가니 가랑비를 피하기엔 충분할 걸세."

(이재영에게 쓴 편지, 『나는 나의 법을 따르겠다』에서 인용)

"한창 익은 차좁쌀로 빚은 술 걸러놓고 그물 엮어 시내에 쳐놓았으니, 그대를 기다려 잉어회를 칠 생각입니다. 석순과자라도 안주거리로 장만해야겠지요. 저야 평생토록 먹고사는 문제에만 매달린 탓에 술과 음식으로 청하는 것이니, 먹는 것만 탐한다고 비웃지 마소서. 간절히 바라옵니다."

(어느 벗을 청하는 편지, 『누추한 내 방』에서 인용)

Guide's Pick

사우재기(四友齋記)

허균은 서재 이름을 '사우재(四友齋)'라고 명명하고, 그 이유에 대한 기문을 썼다. 살펴보면 대략 이렇다.

「'사우'라고 이름 지은 것은 내가 벗하는 이가 셋이 있는데, 자신을 넣어서 모두 넷이 되었다. 세 사람은 누구인가? 오늘날의 선비가 아니고 옛사람이다. 내 성품은 세상일에 서툴고 호탕하여 세상과 화합하지 못하니, 사람들이 무리 지어 욕하고 배척한다. 문 앞에 찾아오는 이도 없고 밖에 나가도 함께 갈 사람이 없다. (…) "온 세상 사람들이 나와 교제하지를 않으니 내가 어디 가서 벗을 구할 것인가? 어차피 그렇다면 옛사람 중에 교유할 만한 사람을 택해서 그를 벗으로 삼으면 되겠다."」

여기서 세 사람은 도연명, 이태백, 소동파다.
이들의 초상화를 그린 후 각각 찬을 지어 방에 걸어두고 속세를 벗어나 은거하면서 한가롭게 지낼 요량이었다. 이 작업에 참여한 사람이 허균의 벗이자 당대 최고의 화가 이정과 명필 한석봉이었다. 허균은 이들보다 여러 살 어렸지만, 예술적 유대 관계로 맺어지면서 가까운 벗으로 지냈다.

허균을 상징하는 문구가 몇 개 있는데, 그중 대표적인 게 바로 '불여세합(不與世合)'이다. 이는 '사우재기'에 등장하는 문구다. 허균은 스스로를 "세상과 화합하지 못한다"고 했다. 그래서 현 세상이 아닌 옛사람에게서 벗을 구한다는 것이다. 허균에게는 많은 친구들이 있었으니 물론 이는 핑계다. 그러나 스스로를 자조하는 핑계로는 가장 그럴싸하다. 세상과 화합하지 못하는 사람이 어디 허균뿐이겠는가. 사실 화합하지 못한 건 허균만의 잘못이 아니다. 또한 동서고금 막론하고 화합할 만한 세상이라야 화합할 이유가 생긴다. 그래서 우리는 늘 자문해야 한다. "지금 살고 있는 세상은 화합할 만한 세상인가?"

서얼 차별의 역사

흔히 조선 건국의 기획자라 불리는 정도전은 늘 자신의 한미한 출신으로 인한 자격지심을 안고 살아야 했다. 외가가 노비, 즉 천민이기 때문이다. '이성계의 장량'을 자처하며, 오로지 자신의 능력으로 한 나라의 개국공신이 된 그의 마지막 벽은 태종 이방원이었다.

제1차 왕자의 난을 일으킨 이방원이 정도전 일파를 죽일 때 죄목으로 삼은 것 중 하나가, 그들이 '어린 얼자'를 세자로 세워 자신의 형제들을 죽이려 한다는 것이었다. '어린 얼자'라 하면 세자인 방석을 말하는데, 익히 알다시피 방석은 이방원의 이복동생이다. 방석의 어머니인 신덕왕후 강씨는 태조 이성계의 계비지만, 본처이자 이방원의 어머니인 신의왕후 한씨가 살아 있을 때 이성계와 혼인하였기에 당시 기준으로 보면 첩인 셈이다. 당시 본처는 함흥에 머물고 있었는데, 개성에서 활동하던 이성계는 자신의 기반이 되어 줄 권문세족이 필요했다. 그래서 혼인을 맺은 게 바로 강씨였다. 결국 본처인 신의왕후 한씨는 조선의 개국을 보지 못하고 개국 1년 전인 1391년에 죽는다.

참고로 조선시대에는 왕이나 양반의 본처가 죽은 후 재혼한 후처(계비나 계모)는 정실부인의 지위를 그대로 승계하고 그 자녀도 적자의 지위를 받지만, 본처가 살아 있을 때 혼인한 부인은 모두 첩이 되고 그 자녀는 서얼이 된다. 그러니 어떤 사람이 '계비'라고 하면 정실왕비이지 후궁이 아니다.

결과적으로 야심 많은 이방원의 두 걸림돌인 정도전과 방석은 모두 서얼이었다.

그래서 서얼금고 제도가 시작된 것도 태종 때부터다. 당시 우대언(우승지) 벼슬에 있던 서선은 정도전이 서얼이었기에 난을 일으켰으니 서얼에게는 벼슬길을 막자고 상소하였다. 태종이 이를 받아들임으로써 서얼의 자손을 차별하기 시작했다. 이후 성종 때『경국대전』을 새로 펴낼 적에 강희맹이 '자손'이라는 말을 '자자손손'으로 고쳐 끼워 넣음으로써 서얼의 아들과 손자만이 아니라 자손 대대로 벼슬길을 막았다. 그 뒤에도 서얼인 유자광의 횡포가 심하여 내쫓고 난 뒤 서얼금고법은 더욱 가혹해졌다.

물론 서얼금고를 철폐해야 한다는 주장도 조선시대 내내 계속 있었다. 이를 가장 강력하게 주장한 이는 조광조였다. 인재가 드문 나라에서 적서를 차별해서는 안 되며, 서얼이라고 해서 충의의 마음이 다를 수 없다는 논거를 내세웠다. 이후에도 조헌, 류성룡, 성혼 등이 허통을 주장했고, 율곡 이이는 병조판서 시절 서얼과 천민들에게 양곡을 받고 허통해 양병(養兵)에 활용하자며 '납미허통'을 건의하기도 했다. 조선 최초의 서얼 출신 임금인 선조도 "해바라기가 해를 따라 움직이는 것은 곁가지도 다르지 않다"는 말까지 했었지만, 임진왜란 중에 하급 관리직에만 일부 서얼 등용을 허용했을 뿐이다. 이마저도 전쟁이 끝난 후 도로아미타불이 되었다.

문제는 본처는 한 명인데 첩은 여럿을 거느린 양반이 많고, 상대적으로 젊은 첩의 출산율이 높다 보니 조선 후기로 갈수록 서얼들의 인구가 증가하였다. 그 결과 숙종 대에는 서얼이 백성의 절반 가까이 되었다. 상황이 이러하자 숙종 대 이후로 서얼들의 집단 상소가 일어나기 시작해, 영조 즉위년인 1724년에는 5천 명의 서얼들이 집단 상소를 했다. 영조는 1772년 통청을 허락하는 교서를 내리고, 서얼도 호형호제할 수 있도록 하였다.

홍길동의 한(恨)이 영조 대에 와서 풀리긴 했지만, 그나마 서얼들이 관직에 폭넓게 진출하기 시작한 건 정조 대에 와서다. 이덕무, 박제가 등이 규장각의 검서관으로 등용되면서 서얼의 관직 진출이 상당히 확대되었다. 이후에도 집단 상소가 여러 차례 이어지다가 1894년 갑오개혁 때 와서야 서얼 차별이 거의 사라지게 되었다.

미완의 혁명

우리는 인도의 카스트 제도를 들을 때면, "어떻게 그럴 수가 있지?"라며 민감하게 반응하지만, 조선의 사농공상이라는 신분 차별에 대해서는 무감각하다. 어쩌면 마치 자신의 선조는 모두 양반이라는 듯이 너무 관대하기까지 하다. 하지만 당시에 양반이 몇이나 될까? 조선 전기와 후기가 다르겠지만, 어떤 통계는 전체 인구의 1퍼센트도 안 된다고 하고, 어떤 통계는 많을 때도 7퍼센트 내외라고 한다. 사실 어느 사회건 지배층의 숫자는 그리 많지 않다. 권력을 가급적 나눠먹지 않으려는 인간의 저열한 본능적 속셈은 동서고금을 막론하고 별반 다르지 않다.

조선사회는 사농공상이라는 신분 절벽을 만든 것도 부족하여, 적서에도 차별을 두었으며, 여자들이 재가를 못하게 막고, 재가한 여인의 자식들은 벼슬길을 막았다. 또한 전체 인구의 약 3분의 1이나 되는 그 많은 노비들은 자손대대 상속될 뿐 아니라 거래되기도 했다. 그러다 보니 노비가 아들을 낳으면 주인은 소나 말이 새끼를 낳는 것보다 더 값진 재산으로 쳤다. 그리고 보면 백성의 대다수가 가슴 속에 한을 품고 사는 나라가 오백 년을 유지한 것도 참으로 이상한 일이다.

결국 광해군 5년인 1613년에 서자들의 역모 사건이 터졌다.

명문 집안의 서자 일곱 명이 적서차별에 불만을 품고 반란을 일으키려다 미수에 그친 사건이었다. 심우영, 서양갑, 박응서, 이경준, 박치인, 박치의, 허홍인의 일곱 서자가 주동이 되었다고 해서 칠서지옥 혹은 칠서의 난이라 부르기도 하고, 계축년에 일어나서 계축옥사라고 부르기도 한다. 이 사건은 대략 이렇다.

이들은 일찍이 1608년 서얼금고 철폐를 요구하며 연명으로 상소했으나 묵살당했다.

그러자 여주 강변에 무륜당(無倫堂)이라는 집을 짓고 함께 살면서 강변칠우 혹은 죽림칠현이라고 부르며 무력 봉기를 준비했다. 허균도 이들과 가깝게 지내며 미래를 준비했다. 그러던 1613년 봄, 박응서가 조령에서 은 장수를 죽이고 재물을 빼앗다가 잡혀 문초를 받았다. 당시 실세인 이이첨이 이 소식을 듣고 한 가지 계책을 떠올렸다. 이 사건을 엮어 정권의 눈엣가시이자 근심거리인 선조의 적자 영창대군을 죽이고자 했다. 박응서를 꼬드겨 영창대군을 왕으로 옹립하려 했다는 시나리오를 꾸며낸 이이첨은 관련자를 모두 잡아들여 큰 옥사를 일으켰다. 인목대비의 아버지 김제남이 사사되고, 영창대군은 강화도에 위리안치되었다가 이듬해 강화부사에게 살해당했다. 이 사건은 결국 1618년에 인목대비가 폐위되어 서궁에 유폐되고서야 끝났다.

이 당시 허균은 전라도 태인에 머물고 있다가 옥사 소식을 듣고 부랴부랴 서울로 올라왔다. 하지만 국문장에서 허균의 이름은 끝내 나오지 않았다. 그래도 일각에선 이미 허균이 이들의 반란을 배후조종했다는 소문이 돌았다. 목숨에 위협을 느낀 허균은 소과 합격 동기이자 대북파 정권의 실세로 옥사의 주동자였던 이이첨에게 접근했다. 평소 같으면 상종도 안 하는 사람이었으니 어쩌면 궁여지책이었을 것이다. 이이첨은 정권 유지를 위해서 허균처럼 글을 잘 짓고 똑똑한 전략가가 필요했던 터였다. 허균 또한 꿈꾸던 혁명을 위해서는 궁내 권력의 필요성을 인식했을지도 모른다.

맘먹고 일을 하면 잘하는 허균은 이때부터 광해군의 신임을 얻기 시작했다.

그러던 중 이이첨의 사주를 받고, 나중에 자신의 아킬레스건이 되는 인목대비 폐모론을 주장해 성사시켰다. 그러나 이는 결국 허균의 마지막 일이 되었다. 그리고 허균이 복권되지 못하는 결정적 요인으로 작용했다.

허균이 실제 혁명을 준비했는지 등 허균의 마지막 행적에 대해선 의견이 분분하다.

여하튼 역사는 허균을 역적으로 기록했다. 그 시작은 기준격의 비밀 상소였다. 기준격은 허균이 역모를 꾸미고 있으며, 오래전 '칠서의 옥'까지 언급하며 허균이 그 우두머리라고 고발했다. 기준격은 허균의 제자였다. 또한 같은 대북파의 일원이었던 기자헌의 아들이었다. 기자헌은 당시 영의정으로 폐모론을 반대하다 유배되었는데, 그것이 허균의 짓이라고 여긴 기준격은 허균에게 원한을 가지고 있었다. 기준격의 상소는 처음엔 별 반향이 없었다. 그때까지만 해도 허균은 권력의 중심에서 폐모론을 추진하던 때였다. 그러나 폐모론이 일단락되고, 특히 허균의 딸이 세자의 후궁으로 간택될 조짐이 보이자 이를 괘씸히 여긴 이이첨이 움직였다. 세자빈이 바로 이이첨의 외손녀였기 때문이다. 이이첨이 누구인가. 조선 최고의 모략가가 아니던가. 이이첨은 유생들을 움직여 허균을 탄핵하기 시작했다. 물론 그 이전에도 기준격의 상소를 빌미로 유생들의 탄핵 상소는 있었다. 그러나 이이첨이 맘을 먹은 이상 허균의 방어막은 모두 사라졌다. 허균의 심복부터 잡아들이기 시작하더니 결국 허균도 옥에 갇히고 말았다. 이때까지도 허균은 이이첨을 믿고 있었다. 하지만 그 믿음은 죽음으로 되돌아왔다. 이이첨은 막판까지도 허균의 반역을 미심쩍어하던 광해군을 속이고, 결안도 없이 허균을 신속하게 처형했다. 뒤늦게 이이첨에게 속은 걸 안 허균이 "할 말이 있다"고 소리쳤지만 소용없었다. 허균은 그렇게 "천지간의 괴물"로 실록에 기록되는 비참한 최후를 맞았다.

허균을 위한 변명

서자의 한계에 막힌 스승 이달의 좌절, 세상의 등불과 같았던 작은형 허봉의 좌절과 죽음, 가장 행복했던 한때를 함께 한 난설헌의 좌절과 죽음, 피란 중에 맞은 아내의 출산과 죽음, 갓 태어난 아들의 죽음 등 젊은 날 허균을 둘러싸고 일어난 일련의 사건들은 아끼는 사람들의 좌절과 죽음의 연속이었다. 아직 홀로서지 못한 나이에 감당해야 했던 그 좌절과 죽음의 그림자는 허균의 감성 속에 어떤 식으로든 영향을 끼쳤을 것이다.

허균이 칠서를 비롯한 서얼들의 뒤를 봐주고 함께 혁명을 준비하는 모습 속에 이달의 얼굴이 언뜻언뜻 스쳐 지나가고, 친구인 권필과 이재영의 호기와 재기 발랄함을 볼 때면 능력이 있으면서도 제대로 그 뜻을 펴보지도 못하고 객사한 허봉의 모습이 겹쳐지고, 매창이 읊조리는 시를 들으면서는 허난설헌의 환한 웃음 뒤에 감춰진 태생적인 아픔이 떠올랐을 것이다. 어쩌지 못하는 것을 정말 어쩌지 못할 때 오는 한계와 좌절, 이는 탈출구를 허락하지 않은 당시 조선이라는 사회의 자화상이었다. 그래서 허균은 그들 조선의 법 대신에 자신의 자유로운 본능을 따르기로 결심한다.

"그대들은 모름지기 그대들의 법을 지키게, 나는 나름대로 내 삶을 이루겠네."

내가 허균을 이해하기 시작한 건 바로 이 문장을 보면서부터였다. 자신도 어쩌지 못하는 유한한 삶을 모든 생명체는 감당해야 한다. 어디 죽음뿐이던가. 조금이라도 더 오래, 조금이라도 더 잘 살아남기 위한 생존의 경쟁을 감당해야 하고, 사회가 가하는 온갖 압박과 차별과 편 가르기를 감당해야 한다. 제도와 법이라는 이름으로 가하는 제약과 폭력을 감당해야 한다. 지배층은 그렇게 감당하고 참는 것이 우리들 인간이라는 생명체가 지켜야 할 윤리라고 가르친다. 그러면 언젠가 좋은 날이 올 거라는 희망의 독약을 주입한다. 그러다 보면 흙수저도 언젠가 금수저 비슷한 삶을 살 수 있다면서, 육체뿐 아니라 정신까지도 지배하려 든다. 나는 허균의 저 선언이 이러한 모든 제약과 폭력에 통쾌한 어퍼컷을 날린 거라고 생각했다. 누구에게나 한 번뿐인 삶이다. 지나간 시간은 돌아오지 않고, 한 번 죽으면 다음을 기약하지 못한다. 그러니 지금 이 시간을, 지금 이 생을 어떻게 살 거냐고 허균은 묻고 있다. 아마 허균은 그 답을 찾은 듯하다.

    조선의 인물 중에서 그 역할이나 행동에 비해 가장 저평가된 인물이 허균이다.

    최초의 한글소설, 최초의 사설 도서관, 천주교와 양명학과 의고주의를 받아들인 얼리어답터, 당대의 시인이자 문장가, 약자들을 위해 실천한 혁명가, 그리고 복권되지 않은 유일한 인물 등등 허균은 오십이 채 안 된 생애 동안 많은 것을 남기고 떠났다. 조선의 성리학은 단 하나의 길만을 강요했다. 문제는 그 길이 몇 안 되는 양반만을 위한 길이라는 데 있다. 그래서 불교나 도교, 민간신앙 등 다른 믿음을 탄압하고, 다른 신분을 배제하고, 다른 가치를 부정했다. 그런 사회는 태생적으로 다양성을 인정하지 않는다. 다양성을 인정하지 않는 사회는 보편성을 획득하기 어렵다. 그리고 보편성을 상실한 획일화는 언제나 그 한계가 명확하다. 어쩌면 허균은 자신의 사회에 다양성을 주입하고자 했는지도 모른다. 조선의 사대부임에도 불교를 받아들이고, 양명학과 도교를 공부하고, 한글소설을 쓰고, 천주교를 유입하는 등의 행동은 그 몸부림이 아니었을까. 그러나 그러한 노력이 아무 소용도 없다는 걸 깨닫고, 궁극적으로 혁명을 준비한 건 아닐까. 이제 와선 아무도 알 수 없다. 그렇지만 분명한 건, 허균은 때를 잘못 만났기에 용이 되어 하늘에 오르지 못한 이무기였다는 사실이다. 이무기는 눈썹으로 교미한다고 한다. 허균과 함께 이 책을 마무리하면서 갑자기 눈썹이 간질간질하다.

나는 여행자다.

우리나라 구석구석 웬만한 곳은 돌아다녔다. 그러다 보니 이런저런 일화도 생겼다. 서울에서 일 때문에 만난 어떤 친구와 술을 마시다 그 친구의 고향이 포항이라는 말을 듣고, 나는 대뜸 오천에 있는 사찰인 오어사에 다녀온 이야기를 했다. 오래전, 회사를 퇴직하고 달랑 배낭 하나 들러 매고 혼자 전국을 여행할 때였다. 그랬더니 그 친구 왈, "서울로 대학 온 이후에 만난 사람 중에 오어사를 다녀온 건 고사하고 오어사라는 절을 아는 사람을 처음 봤다"고 했다. 내가 그 옆 문덕이라는 동네의 꽤 큰 찜질방에서 잤다고 했더니, 바로 그 옆이 자기 고향집이라며 신기해했다. 이제까지 수십 번 이상 다녀온 곳도 제주도, 예산, 서산, 섬진강, 변산반도, 강진, 통영, 남해, 김해, 울진, 강릉, 안동, 태백 등등 수두룩하다. 문득 맘이 동하면 혼자 차를 끌고 가깝게는 서산이나 예산, 멀게는 통영이나 섬진강을 찾았다가 저녁이 되면 서울로 돌아오곤 했던 적도 여러 번이다. 역마살이라고 핑계대기에도 부족해, 스스로에게 '문득병'이라는 이름도 붙여주었다. 그렇게 문득! 문득! 할 때마다 길을 나섰다. 남들이 보면 미친 짓처럼 돌아다닌 결과의 일부가 이번 책으로 엮인 셈이다. 정민 교수가 일갈했듯, 이 또한 불광불급(不狂不及)이다.

그렇지만 바짓단이 닳아 해어지도록 길바닥을 돌아다닌다고 해서 책으로 엮을 수는 없는 노릇이다.

특히 인문여행서를 표방하는 책이라면, 알게 모르게 내 앞을 걸어간 거인들의 어깨를 빌릴 수밖에 없다. 요즘은 역사나 과학을 포함하여 어떤 학문이든 웬만한 연구 성과는 대중에게 노출되어 있다. 누구든 원한다면 그 정보를 구할 수 있다. 나 또한 만유인력을 발견한 아이작 뉴턴처럼 우리 역사 연구자들의 여러 어깨에 올라탈 수 있었기에 이 책을 완성해나갈 수 있었다. 그 고마움을 어찌 글로 할 수 있겠는가. 이번에 어깨를 내준 거인들의 면면은 〈참고도서〉 목록에 따로 적어두었다. 책 속에서 일일이 언급하지 못한 부분에 대해선 정중히 양해를 구한다. 아울러 언제부터인가 내 머릿속에 기억된 내용은 〈참고도서〉 목록에 넣지 못했다. 누군가의 어깨를 빌려서 섭취한 것일 터이니, 이 또한 양해를 구한다.

이 세상에는 역사 연구자들이 많이 있다.
연구자들은 이전의 연구에 최소한 자신의 연구 성과를 몇 줄은 더

넣을 수 있어야 한다. 거인의 어깨 위에 올라갔으면 단 몇 센티미터라도 더 멀리 봐야 하는 것이다. 그러지 못하면 나 같은 여행자와 다를 바 없다. 그렇지만 여행자는 몇 줄을 더 추가하는 사람이 아니다. 연구자들의 성과를 즐기고 흡수하고 활용하고 퍼뜨리는 사람이다. 마치 야구로 치면 연구자들은 필드에서 뛰는 선수들이나 더그아웃에서 지시를 내리는 감독이다. 하지만 여행자는 관중석 어디쯤에 앉아서 맥주 한 캔 마시며 야구를 즐길 뿐이다. 물론 필드에서 열심히 뛰는 감독과 선수들을 열심히 응원한다. 이 책 내내 나는 그러한 여행을 즐겼다. 때론 외야 관중석에 멀찍이 떨어져서도 보고, 때론 더그아웃 바로 뒤에서 고래고래 소리 지르면서 응원도 했다.

이 책은 어느 날 술자리에서 친구가 툭 내뱉은 말이 도화선이 되었다. "네가 쓰는 여행서면 내가 꼭 읽고 그곳에 가볼게." 그 말을 들은 뒤에도 오랫동안 책을 쓰지 못했다. 쉽게 엄두도 내지 못했다. 책 한 권 쓰는 게 얼마나 힘든 여정인지 이미 겪어 알고 있었고, '무명의 저자가 들려주는 인문여행 이야기에 과연 누가 관심을 가져줄까?' 싶었다. 그러면서도 계속 여행을 다녔고, 책을 읽었다. 의식적으로든 무의식적으로든 내 몸의 세포들은 그 친구의 말을 잊지 않고 준비하고 있었다. 그러다가 문득 주사위를 던지고 말았다. 루비콘강을 건너는 카이사르가 되기로 맘먹은 것이다.

최저임금 인상 논란이 한창일 때였다.

언론이나 방송에서는 최저임금 인상으로 곧 기업이 망하고 식당이나 편의점이 문을 닫을 거라는 비판의 목소리를 쏟아낼 때였다. 그때나는 우리 사회가 이제 '시간'에 대한 접근 개념이 바뀌고 있다고 생각했다. 그건 곧 우리 사회 시스템이 바뀌고 있다는 징조였다. 자의건 타의건 직장생활을 위해, 혹은 돈을 벌기 위해 자신의 모든 시간을 쏟아붓는 시대의 종말이었다. 결국 시간이 남는다. 그렇다고 어느 정치인의 말처럼 '저녁이 있는 삶'이 모두에게 생기는 건 아닐 터이다. 누군가는 부족한 생활비를 위해 '투잡'을 뛰어야 하고, 누군가는 여전히 직장을 구하기 위해 불철주야 노력해야 한다. 그렇더라도 그중 누군가는 그 시간을 무언가를 위해 소비해야 한다. 그리고 그게 나라면? 역시 여행이다. 그리고 사회가 바뀌면 여행의 방식도 바뀌어야 한다. 단체로 뭉쳐 어딘가 놀러 가서 지칠 때까지 먹고 마시다 쓰러져 잠만 자고 돌아오던 여행은 사라지고 있다. 그런 변화의 일단은 이미 감지되고 있었다. 많은 회사에서 예전처럼 직원들이 퇴근 후 술과 음식을 들이붓던 회식 문화가 사라지고 있었다. 텔레비전이나 인터넷, 그리고 특정 연예인이 추천하는 맛집을 찾아가는 먹방여행이 한창이지만, 이 또한 조금 지나면 입에 물릴 것이다. 생각이 여기까지 이르자, 나는 인문여행을 떠올렸다.

물론 이십여 년 전쯤부터 얼마 동안 비슷한 여행이 성행했었다.
하지만 그때는 베스트셀러가 된 답사 관련 특정 책이 선도하고, 흔히 '대포'라고 불리는 대형 디지털카메라의 붐이 뒤를 받친, 말 그대로 유행이었다. '한 손엔 답사책, 한 손엔 카메라!' 당시에는 흔히 볼 수 있는 풍경이었다. 그렇더라도 단지 유행일 뿐이었다. 유행은 바람이 지나가고 나면 잠잠해진다. 하지만 지금은 사회의 시스템이 변화하고 있다. 유행은 편승할지 말지만 결정하면 된다. 그러나 시스템의 변화는 그 구성원에게 적응을 요구한다.

우리는 주어진 '시간'에 적응해야 한다.

조선 후기의 학자 최한기는 자신의 집에 〈양한정(養閒亭)〉이라는 당호를 붙였다. 한가로움도 양육하고 길러야 한다는 뜻이다. 한가로움이란 곧 잉여의 시간을 활용하는 방법이다. 주말도 없이 직장에서 야근하던 시대에는 한가로움이라는 말조차 떠올릴 수 없었다. 그렇기에 조금의 시간이 주어졌을 때 소파에 누워 리모컨만 만지작거리는 것도 휴식이라는 이름으로 용납이 되었다. 이제 그럴 수 있는 시간이 더욱 늘어날 것이다. 그런데도 주야장천 소파 위에 들러붙어 있을 것인가. 한가로움을 관리해야 하는 시대가 온 것이다. 그래서 나는 이 책을 통해 '시간'과 '한가로움'을 양육하는 한 방법으로써 인문여행을 권하는 것이다.

책 한 권을 쓰는 것은 집을 짓는 과정과 비슷하다.

먼저 전체적인 설계도를 그려야 한다. 어떤 집을 지을지 고민하는 것처럼, 어떤 주제의 책을 어떤 소재들로 채워 완성할지 정해야 한다. 설계가 완성되었으면, 각각의 텍스트들을 써야 한다. 대문부터 현관문, 창문 등 각종 문을 만들고, 벽을 세울 벽돌을 만들고, 지붕을 이을 기와를 만들 듯이, 서문부터 시작해 내용을 채울 각각의 본문들을 만들고, 맺음말까지 텍스트를 따로따로 만들어놔야 한다. 그다음으로는 이미 만들어 놓은 재료들을 가져와 집을 쌓듯이, 애초의 설계에 맞게 각각의 글 재료들을 엮어줘야 한다. 여기서 가장 중요한 것이 흔히 맥락이라고 표현되는 콘텍스트다. 그러한 수고로움 뒤에 집이 완성되듯이, 책 한 권의 모양새도 갖춰졌다. 이제 남은 건 최종 점검이다. 혹시 창문과 벽 사이에 틈이 벌어진 곳은 없는지, 지붕의 기와는 제대로 올렸는지, 물은 잘 나오는지, 타일이 떨어진 곳은 없는지 꼼꼼하게 감리를 보듯이, 책 또한 전달하고자 하는 주제를 위해 누락된 것은 없는지, 앞뒤 문장 연결이 부자연스러운 곳은 없는지, 본문의 글들이 논리정연하게 배열되었는지, 사소하게는 오탈자는 없는지 등등의 퇴고의 과정이 필요하다.

　이렇듯 내 집을 짓는 마음으로 설계, 텍스트, 콘텍스트, 퇴고의 과정을 꼼꼼하게 고민하고 확인했다. 글을 쓸 때마다 느끼지만, "적절한 것과 거의 적절한 것의 차이는 번갯불과 반딧불의 차이와 같다"던 마크 트웨인의 가르침은 여전히 유효하다. 단어 하나를 고를 때나 문장 하나를 만질 때에도 가장 적절한 것을 찾기 위해 고심에 고심을 거듭해야 한다. 집을 지을 때 목재 하나, 타일 하나, 마감재 하나도 섣불리 대충 하면 나중에 꼭 동티가 나기 마련이다. 세상일이라는 게 그렇게 노력해도 나중에 아쉬움이 남는 법이다. 어쩌면 마크 트웨인은 '적절

함'을 찾기 위해 고심해야 그나마 '거의 적절한 것'에 도달할 수 있다는 말을 하고 싶었던 건 아닐까. 누군들 자기 이름으로 쓰는 글이 대충 완성되길 바라겠는가. 그럼에도 부족한 부분이 눈에 보인다면 글을 쓴 사람의 능력 부족이다. 다만 너른 양해를 구할 뿐이다. 이제 준비가 되었으면 옛사람들을 만나러 시간여행을 떠나보자. 그 길 위에서 대동여지도를 그린 김정호의 심정으로 자기만의 인문여행 지도를 조금씩 그려보자. 이 책이 그 지도를 위한 첫걸음이 되길 바란다.

마지막으로, 글을 쓰는 긴 시간 동안 불쑥불쑥 찾아오는 외로움과 허전함을 달래준 건 BGM으로 틀어놓은 쇼팽의 〈녹턴〉이었다. 그 피아노 선율이 끝까지 글을 쓰게 만들었다. "명곡은 영원하다"는 말로 고마움을 대신한다.

참고도서

- 『다산 정약용 유배지에서 만나다』, 박석무, 한길사
- 『유배지에서 보낸 편지』, 정약용, 박석무 편역, 창비
- 『뜬세상의 아름다움』, 정약용, 박무영 옮김, 태학사
- 『정약용의 고해』, 신창호, 추수밭
- 『다산의 한평생 - 사암선생연보』, 정규영, 송재소 옮김, 창비
- 『다산 정약용 - 유학과 서학의 창조적 종합자』, 금장태, 살림
- 『삶을 바꾼 만남 - 스승 정약용과 제자 황상』, 정민, 문학동네
- 『정선 목민심서』, 정약용, 다산연구회 편역, 창비
- 『다산선생 지식경영법』, 정민, 김영사
- 『정약용 & 최한기 : 실학에 길을 묻다』, 임부연, 김영사
- 『절망의 시대, 선비는 무엇을 하는가』, 허권수, 한길사
- 『사람의 길 배움의 길』, 조식, 경상대학교 남명학연구소 옮김, 한길사
- 『서재에 살다』, 박철상, 문학동네
- 『허균 평전』, 허경진, 돌베개
- 『누추한 내 방』, 허균, 김풍기 옮김, 태학사
- 『독서광 허균』, 김풍기, 그물
- 『허균의 생각』, 이이화, 교유서가
- 『나는 나의 법을 따르겠다』, 허균, 정길수 편역, 돌베개
- 『역사스페셜 5 - 미스터리 인물들의 숨겨진 이야기』, KBS 역사스페셜 제작팀, 효형출판
- 『홍길동전』, 김성재 글, 김광배 그림, 현암사
- 『허난설헌 평전』, 장정룡, 새문사
- 『임진왜란과 한중관계』, 한명기, 역사비평사
- 『병자호란 1,2』, 한명기, 푸른역사

- 『박시백의 조선왕조실록』, 박시백, 휴머니스트
- 『조선평전』, 신병주, 글항아리
- 『한 권으로 읽는 조선왕조실록』, 박영규, 웅진지식하우스
- 『성호, 세상을 논하다』, 강명관, 자음과모음
- 『이이화의 못다 한 한국사 이야기』, 이이화, 푸른역사
- 『낯선 세계로의 여행』, 박희병, 정길수 편역, 돌베개
- 『미쳐야 미친다』, 정민, 푸른역사
- 『매천야록』, 황현, 허경진 옮김, 서해문집
- 『명대의 운하길을 걷다 - 항주에서 북경 2500km 최부의 '표해록' 답사기』,
  서인범, 한길사
- 『정감록 미스터리』, 백승종, 푸른역사
- 『유성룡인가 정철인가』, 오항녕, 너머북스
- 『이산 정조대왕』, 이상각, 추수밭
- 『보는 즐거움, 아는 즐거움』, 이광표, 효형출판
- 『맹자 사람의 길』, 도올 김용옥, 통나무
- 도올 TV : https://www.youtube.com/user/hoozcom01
- 국사편찬위원회 조선왕조실록 홈페이지 : http://sillok.history.go.kr/main/
  main.do
- 한국고전번역원 홈페이지 : http://www.itkc.or.kr/